사회복지학개론

정주석 · 김정화 · 심의경 · 이연복 · 조미경

창지사

머리말

최근의 사회현상은 빠르게 대규모로 변화하고 있다. 사회복지학은 사회현상을 주요 대상으로 다루는 심리학, 사회학, 경제학, 정치학 등의 사회과학 이론들을 응용하여 인간의 욕구와 문제해결을 위하여 종합적, 실천적으로 접근하는 학문이다.

본서는 사회복지사가 되고자 하는 사회복지과 및 사회복지 관련 학과 신입생들과 사회복지학을 처음으로 공부하는 학생에게 사회복지학 전반에 관하여 이해하고 체계를 세우는 데 도움을 드릴 목적으로 집필하였다. 저자들은 각 대학에서 다년간 사회복지개론 또는 사회복지학개론 수업을 진행하고 있다. 매 학기 수업을 준비하면서 사회복지학개론 수업에서 무엇에 중점을 두어야 할지를 고민해 왔다. 소위 말하는 각론 분야를 장황하게 안내하여야 할 것인가 아니면 총론 분야를 좀 더 충실하게 다룰 것인가를 놓고서 고민한 끝에 저자 일동은 총론 분야를 좀 더 충실하게 다루는 교재를 집필하자는 데 의견을 모았다. 각론 분야는 각 대학에서 사회복지사 자격을 취득하기 위한 필수과목 또는 선택과목으로 한 학기 분량으로 별도로 배울 기회가 있기 때문이다.

이에 사회복지학을 처음 공부하는 학생들이 사회복지학에 관하여 기본적으로 알고 공부하면 더 좋을 내용들을 중심으로 사회복지학 교과목 지침에 근거하여 목차를 구성하였다. 총론 분야에 중점을 두고 집필하였으며, 각론 분야는 핵심 위주로 요약하여 제시하였음을 밝혀둔다.

본서는 제1부 사회복지의 기초, 제2부 사회복지의 역사와 복지국가, 제3부 사회복지의 대상과 실천방법, 제4부 사회복지의 정책분야와 실천영역 등 4부로 나누어 구성하였다.

제1부 사회복지의 기초에서는 1장 인간의 삶과 사회복지의 필요성, 2장 사회

복지의 개념과 사회복지학, 3장 사회복지의 동기, 가치와 윤리, 4장 사회복지의 구성요소 등을 다루었다. 제1부에서 다루는 내용을 잘 이해하게 되면 사회복지학개론 뿐만 아니라 매 학기 배우게 될 사회복지 과목들을 이해하기 쉬울 것으로 본다.

제2부 사회복지의 역사와 복지국가에서는 5장 사회복지의 역사를 사회복지 역사 연구의 중요성, 서양 사회복지의 역사, 한국 사회복지의 역사로 나누어 집필하였고, 6장 사회복지와 복지국가에서는 복지국가의 개념과 역사, 복지국가 발전론, 복지국가 유형론, 복지국가의 위기와 재편을 정리하였다.

제3부 사회복지의 실천방법에서는 7장 사회복지의 실천대상과 공급자를 정리한 후, 8장 미시적 실천방법과 9장 중범위 및 거시적 실천방법을 다루었다.

제4부 사회복지의 정책분야와 실천영역에서는 10장에서 사회복지정책을, 11장에서 사회복지실천 영역을 대상별로 나누어 정리하였으며, 12장에서는 각 분야별 단체와 관련 기관을 구분 정리하였다. 13장에서는 사회복지의 전망을 사회적 가치와 제도의 변화, 4차 산업혁명시대의 사회복지, 사회복지의 대응으로 나누어 제시하였다.

원고를 탈고하고 보니 부족한 부분이 하나 둘 보이고 부끄러움이 앞선다. 저자들은 사회복지학을 처음 시작하는 분들이 사회복지학을 쉽게 이해하고 체계를 세우는 데 도움이 될 수 있도록 가급적 빠른 시간 내에 부족한 부분을 개정할 것을 약속드리며, 선배 동료들의 고언과 질정을 청한다. 아울러 어려운 여건임에도 불구하고 부족한 원고의 출판을 허락해 주신 창지사 김기섭 사장님과 편집부 여러분에게도 깊은 감사를 드린다.

2024년 2월

저자 일동

차례

제1부 사회복지의 기초 • 9

제2부 사회복지의 역사와 복지국가 • 113

제3부 사회복지의 대상과 실천방법 • 147

차례

제1부

사회복지의 기초

1장

인간의 삶과 사회복지의 필요성

학습목표

- 인간의 욕구와 사회복지에 대해 이해할 수 있다.
- 사회복지 분야 및 목표를 파악할 수 있다.
- 생애주기별 욕구, 사회적 위험 및 사회문제에 대해 이해할 수 있다.

1절 인간의 욕구와 사회복지

1. 인간의 욕구

인간의 삶과 욕구는 매우 복잡하고 다양하다. 일반적으로 욕구(need)는 유기체가 건강한 삶을 누리고자 하는 감정으로 자신에게 부족한 것을 채우기 위해 노력하는 것을 의미한다(윤선오 외, 2023). 플랜트와 테일러(Plant Lesser & Taylor Gooby, 1980)는 인간이 특정 상황에서 지니고 있는 목적 달성에 필요한 어떤 조건이나 대상을 확보하지 못함으로써 발생된 결핍 상태라고 하였다. 즉, 욕구(Need)는 '인간이 도달하고자 하는 상태'라고 표현될 수 있으며 우리는 이를 기본적 욕구라고 한다. 이러한 욕구는 모든 인간에게 있어서 공통적이며 필수적인 요소이며 인간이 인간답게 살아가는 과정이라고 할 수 있다. 윤찬영(2013)은 욕구와 관련하여 다음과 같이 제시하며 사회복지의 이론적, 실천적, 제도적 출발점은 '인간의 욕구'라고 하였다.

- 인간은 생존해야 한다.
- 생존을 위해서 먹어야 한다.
- 일하기 위해 일자리가 제공되어야 한다.
- 일할 수 없는 자는 사회가 먹여줘야 한다.
- 인간의 욕구는 '인간적'인 것이다.
- 욕구를 기준으로 분배해야 한다.

기본적 욕구는 해결을 목적으로 하는 사회적 서비스의 양과 질에서 충족될 수 있다. 기본적 욕구라는 의미 안에는 인간이면 누구나 최소한의 생활수준이 보장되어야 한다는 규범적 의미가 포함되어 있는 것이다. 따라서 사회복지 안에서의 욕구에 대한 의미는 인간의 생존, 자립, 안녕(well-being) 상태를 위협하는 기회와 조건, 또는 필요한 자원의 결핍이나 부족 상태로 규정할 수 있으며 사회구성원의 기본적인 욕구를 충족하기 위한 원조활동이라고 할 수 있다. 욕구충족을 위한 원조활동은 누가, 누구를 대상으로, 무엇을, 어떻게 하느냐에 따라 사회복지를 구성하는 활동이나 내용이 달라질 수 있다.

2. 욕구이론과 사회복지

매슬로우(Maslow, 1971)는 인간은 생리적 욕구, 안전에의 욕구, 사랑과 소속감의 욕구, 자아존중의 욕구, 자아실현의 욕구를 가진다고 하였다. 인간은 일반적으로 욕구가 충족되면 만족감과 쾌감을 느끼고, 충족되지 못하면 고통과 불안을 느낀다. 매슬로우(Maslow, 1971)의 욕구 단계설에 따르면, 인간은 하위욕구가 충족되면 상위욕구를 충족하고자 하며, 한 국가의 사회경제적 수준이 높아짐에 따라 욕구의 내용과 수준이 다양화되고 심화된다고 하였다.

브래드쇼(Bradshaw, 1972)는 욕구인식에 따라 규범적 욕구, 감지된 욕구, 표현된 욕구, 비교적 욕구 등 네 가지로 구분하였다. 규범적 욕구는 전문가의 전문적인 판단에 따라 규정된 사회적 조건과 상황에서 정의한 욕구를 의미하는 것이며 감지된 욕구는 욕구상태를 느끼고 있는 당사자의 느낌에 의해 인식되는 것으로 욕구를 가진 당사자가 생각하는 욕구를 말한다. 표현된 욕구는 사람들이 어떤 서비스가 필요하다고 인지하는 욕구를 의미하며 욕구를 가진 당사자가 실제상황에서 표현하는 욕구이다. 마지막으로 비교적 욕구는 특정 집단성원의 욕구를 그 집단과 유사하다고 인식되는 다른 집단성원의 욕구와 비교할 때 나타나는 욕구이다. 이는 욕구를 가진 사람과 비슷한 처지에 있는 다른 사람의 욕구를 비교하여 서비스 수준의 차이를 파악하기 위해 사용된다.

다양한 욕구들은 인간의 삶에 영향을 미치며, 인간의 삶은 이러한 욕구들을 충족시키는 과정으로 이루어진다. 욕구를 충족시킨다는 것은 인간의 삶을 더욱 가치 있고 의미 있게 만드는데 중요한 역할을 한다는 것을 알 수 있다. 이러한 욕구들을 만족시키는 것이 인간의 성장과 발전에 중요하고 인간이 만족해야 하는 필수적인 요소이며, 만족하지 못하면 정신적으로나 신체적으로 문제가 발생할 수 있다. 특히 욕구들이 충족되지 않을 때 불안, 스트레스, 우울 등의 감정을 느낄 수 있다. 왜냐하면 인간의 삶은 욕구를 통해 개인의 성장과 발전, 사회와의 관계, 심리사회적 문제 등 다양한 측면과 상호작용하기 때문이다. 즉 욕구는 인간의 사회적인 관계, 자아의 성장과 발전에 필요한 요소와 작용하며 욕구가 충족이 되지 않을 때에는 문제가 발생할 수 있다. 이러한 문제에 대응하는 방법 중에 하나가 사회복지이다.

사회복지는 복잡하고 역동적으로 변화하는 인간과 사회가 요구하는 모든 부분의 인간욕구를 충족하기 위한 사회구조적 대응방안 중의 하나라고 할 수 있다(Johnson & Schwartz & Tate, 1997). 그러나 사회복지적인 차원에서 모든 사람의 개인적 욕구를 모두 충족할 수는 없기 때문에 사회복지가 '무엇을 어느 정도 해결하고 원조해야 하는가?'를 명확하게 하기 위해서는 인간이 갖고 있는 욕구에 대한 이해가 선행되어야 한다. 사회복지는 인간의 욕구 중에서 모든 개인이 갖고 있는 공통적이면서 생존과 자립에 필수 불가결한 기본 욕구를 사회 최저기준(social minimum) 이상으로 충족하는 데 관심을 갖는다(Richards, 1997).

3. 사회적 욕구와 사회복지

현대사회에서 일반적인 욕구는 인간이 살아가는 데에 필수적이며 사회생활을 하는 가운데 대부분 충족될 수 있는데 이를 '사회적 욕구'라고 불린다. 사회적 욕구(social needs)란 "사회적 위험으로 인해 개인의 욕구를 충족시키지 못하는 구성원이 발생했을 때 그들이 당면하고 있는 사회적 위험을 사회가 공동으로 대처하려는 욕구"를 말한다(김상균, 2011).

산업사회 이후[1] 개인이나 가족 등의 비공식 지원체계의 노력에도 불구하고 욕구를 충족하지 못한 사회구성원의 수가 다수에 이르게 되었고, 이러한 상태에서의 대응과 개선방안은 필요했다. 이러한 해결방향은 사회적으로 인정될 인간 욕구 즉, 사회적 욕구로 전환되었다. 따라서 사회적 욕구는 '사회구성원의 다수가 처해 있는 상황이 일정한 목표나 기준에서 미치지 못해 기준선 이상의 회복, 개선 등이 이루어져야 할 필요가 있다고 사회적으로 인정되는 욕구'로 규정할 수 있다.

1) 현대 경제체제에서 세계화, 저성장, 사회의 복잡성 증가 등과 같은 흐름들은 사회를 급격하게 변화시키고 있다. 이러한 흐름들은 새로운 욕구의 증가와 새로운 서비스에 대한 요구로 이어진다. 지난 몇십 년 동안 인구통계·경제 변동은 인구별 욕구에 있어서 중요한 변화들을 가져왔다. 기대 수명 연장, 여성의 노동시장 진입 증가, 외국인 노동력 유입, 지식기반경제 출현 등은 이러한 변화들의 대표적인 예이다. 이러한 사회 발전 흐름들은 동시에 새로운 해결 방안이 필요한 사회문제이기도 하다. 여기에는 고령인구 돌봄을 위한 개선 방안, 새로운 관점과 개입으로의 아동보호, 다문화가정에 대한 새로운 정책수단, 교육체계 개선 등이 포함된다. 좀 더 확대된 차원에서는 기후변화와 자연자원 고갈에 대한 적절한 대응방안을 찾는 사회적 요구들도 포함할 수 있다(정관영, 2019).

사회적 욕구의 내용과 범위는 인간이 사회생활을 영위하는 데 필요한 기본 욕구의 내용이나 범위와 밀접한 관계를 맺고 있다. 게이츠(Gates, 1980)는 적절한 직업, 소득, 주거, 보건, 지식, 사회참여, 개인의 자유 등을 사회적 욕구에 포함하고 있다.

목슬리(Moxley, 1989)는 소득, 주택, 고용, 직업, 건강보호, 정신건강, 사회적 인간관계, 여가선용과 휴양, 일상생활의 활동, 이동수단, 법적 요구, 교육 등을 사회적 욕구라고 규정하고 있다.

도얄과 고프(Doyal & Gough, 1991)는 욕구를 해석하는데 있어서 참여를 강조하며 인간의 욕구가 사회적 삶으로 참여하기 위한 보편적인 전제조건이며 모든 인간이 욕구만족을 위해 최선의 노력을 가진다고 보았다. 결국 기본적인 욕구를 삶의 사회적 형태로의 성공적이고 비판적인 참여를 위한 보편적인 선결과제로 인식하였으며 육체적 건강과 자율성이 기본적 욕구를 구성한다고 판단했다.

하지만 사회적 욕구의 범위에 속한다고 해서 모든 사회적 욕구가 사회복지의 개입 또는 원조 대상이 될 수는 없다. 사회복지에서 관심을 기울이고 개입해야 하는 사회적 욕구는, 다양한 인간 욕구 중에서 기본 욕구라고 볼 수 있다(오세영, 2019). 사회복지의 고유 영역과 관련되어야 하고, 사회의 제한된 자원의 범위 내에서 수립된 비영리적 사회대책으로 해결 또는 완화가 가능한 것이어야 한다. 욕구는 사회 안에서 끊임없이 변화하며 인간이 사회적 관계를 통해 충족되기 때문에 사회자원이 제한되어 있는 관계로 해결되어야 할 사회적 욕구의 우선순위와 원조나 개입의 대상을 결정하기 위한 기준을 설정하여 그 기준에 속한 사람이 사회적 욕구를 우선적으로 충족하게 된다. 따라서 사회복지는 사회복지정책을 수립하여 급여나 서비스의 형태로 사회적 욕구를 제공하고 국가는 '일정한 목표나 기준'을 설정하여 제시한 후, 그 기준에 속하는 사회적 욕구에 대해 원조해야 한다.

2절 사회복지의 분야 및 목표

1. 사회복지의 분야

현대사회의 다양한 사회문제를 해결하고 그 속에 개인을 보호해야 할 필요성이 생기면서 사회복지제도가 등장하게 되었다. 인간의 삶과 욕구는 매우 다양하고 복잡하기 때문에 욕구를 충족시키는 방식은 개인마다 차이가 있을 수 있지만 사회적으로 수용가능한 방법과 규칙을 준수하면서 욕구를 충족시켜야 한다. 욕구를 충족하고 이를 개선하고 보호하기 위한 대응방안 중에 하나로서 사회복지 서비스를 제공하게 되었다. 아동, 청소년, 노인, 장애인, 가족, 여성, 다문화 등 다양한 계층에 대한 사회복지는 의료, 교육, 식음료, 주거, 노동, 심리상담, 사례관리 등 다양한 분야를 포함하고 있다. 사회복지는 모든 국민이 인간다운 생활을 영위하고 제반 문제나 사회적 욕구에 효과적으로 대처할 수 있도록 원조하는 사회제도이다. 사회복지는 '개인, 집단, 지역사회가 사회적 또는 개인적 만족과 독립을 성취할 수 있도록 원조하는 인간관계에 관한 과학적 지식과 기술을 바탕으로 한 전문서비스'로 정의할 수 있다(Friedlander & Apte, 1980).

사회복지는 다양한 분야에서 이루어지며 다음과 같은 분야를 포함한다.

1) 보호와 지원: 아동학대, 가정폭력, 성폭력 등에서 피해자를 보호하고 지원한다.

2) 교육과 훈련: 교육적 지원과 자격증 취득 등을 통해 개인의 능력을 향상시킨다.

3) 주거와 생활환경: 주거환경 개선, 재난 대처 및 대응, 건강하고 안전한 환경 조성 등을 통해 개인의 삶의 질을 향상시킨다.

4) 직업과 노동: 취업 지원, 창업 지원, 직업 교육 등을 통해 경제적 안정을 돕는다.

5) 건강과 복지: 의료 서비스, 보건 교육, 장애인 지원 등을 통해 개인의 건강과 복지를 증진시킨다.

우리나라에서의 사회복지 대상별 분야에 대한 특징은 다음과 같다.

1) 아동복지: 과거에 비해 아동의 권리는 많이 개선되었지만, 여전히 아동은 사회적 약자이다. 아동복지법에 따라 18세 미만에 대해 서비스를 제공하며 아동을 보호하여 이들을 사회적 위험으로부터 돌보는 것이 아동복지의 중심이다.

2) 청소년복지: 가장 변화가 심한 생애주기에 있는 청소년의 사회적 위험에 대한 대처방안에 대해 도움을 준다.

3) 가족복지: 가족 개개인이 아닌 가족 구성원 자체를 지향하며 현대로 오면서 사회 및 노동환경의 변화에 따라 가족이 가지는 본질적 기능의 상실을 보완하기 위해 '가족 돌봄'의 중요성이 부각되고 있다.

4) 노인복지: 고령화 사회(aged society)로 진입하게 되면서 이들이 처하고 있는 각종 사회적 위험에 대처하기 위한 노력을 함께 기울인다. 이 분야의 사회복지는 노인의 신체적, 심리적, 사회적, 경제적 측면에 중점을 두고 있다.

5) 장애인복지: 사회의 대응모습에 따라 장애의 개념이 변화하는데 과거에는 개별적이며 자선적 접근방법이었다면 현대에는 사회적 제도적 접근으로의 변화되고 발전된 모습을 보인다. 장애인복지의 목표는 장애인이 가능한 독립하여 살아가고 이들의 일상생활을 지원하는 것이다.

6) 여성복지: 여전히 성차별주의(gender discrimination)로 인해 사회적 약자의 위치에 놓여 있으며 여성의 빈곤화, 소극적인 정치참여 등을 개선해야 할 것이다.

7) 의료사회복지: 병원, 의료기관의 환자와 가족을 대상으로 하며 환자의 회복, 재활 및 가족의 문제를 원조하거나 도움을 준다. 사람들의 신체적, 정신적 건강에 영향을 미치는 요인을 분석하고 처리하여 직접 의료서비스를 제공하기도 한다.

8) 교정사회복지: 교정시설에 수용 혹은 퇴소한 클라이언트를 대상으로 사회적응능력을 향상시킨 후 사회구성원으로 살아가는데 지원한다.

9) 학교사회복지: 아동과 청소년의 학교 교육을 지원하는 사회복지를 말하며 학교라는 주된 실천 장소에서 학교교육에 대한 목적을 달성하는데 지원한다.

10) 지역사회복지: 개념은 나라마다 다르나 개인보다는 보다 넓은 개념을 의미하며 복잡한 사회문제를 보다 효과적으로 해결한다.

11) 정신건강사회복지: 현대사회에 들어와서 증가하고 있는 개인 또는 집단에 대해 불안, 우울 등 정신적 장애를 치료하기 위해 지원한다.

일반적으로 사회복지(Social Welfare)는 다양한 분야에서 어려움을 겪거나 불이익을 받는 사람들에게 복지와 사회적 안녕을 제공하기 위한 정책과 서비스를 말한다. 윌렌스키와 르보(Wilensky & Lebeaux, 1965)는 중요한 활동기준을 언급하면서 사회복지주체는 공식적인 조직이어야 한다고 하였다. 개인적인 관계로 도와주거나 일시적인 방법으로 행해진 자선행위는 엄격한 의미에서 사회복지라고 할 수 없고, 사회복지는 국가나 민간 조직 등 공식적인 조직을 통해 이루어진 실천 활동을 의미한다. 또한 사회복지 실천 활동은 사회적으로 승인된 목적과 방법을 이용해야 하며 문제해결이나 욕구충족에 대한 책임을 가지고 수행되어야한다고 보았다.

사회복지는 사회적 취약계층, 장애인, 여성, 노인, 아동 등 다양한 계층에서 나타나는 사회문제를 해결하고, 개인의 복지와 안녕을 증진시키는 것을 목적으로 한다. 따라서 사회복지는 사회적 약자를 돕기 위한 정책과 서비스이며, 정부나 비정부 기구, 자원봉사자 등이 참여하여 이루어진다. 이것은 개인과 사회 전반에 걸쳐 긍정적인 영향을 미치며, 사회적 평등과 안녕한 사회를 구축하는 데 중요한 역할을 한다. 다시 말해 사회복지는 인간의 삶을 보호하고 개선하고 발전시키기 위한 활동으로, 인간의 기본적인 욕구를 파악해서 이를 충족시키고, 개인과 집단의 문제를 해결하고, 사회적 안녕과 공정성을 실현하는 것을 목표함으로 인해, 인간의 삶과 사회적 문제를 이해하고 해결하기 위해 노력한다. 즉, 사회복지란 사회나 국가의 문화적 요인, 정치적 요인, 사회구성원 간의 관계를 포함한 제반 사회적 요인이 반영되기 때문에, 국가와 사회의 역사적 흐름과 그 특성을 반영하는 사회적 결과물이라고 할 수 있다.

2. 사회복지의 목표

사회복지의 주요 목표는 다음과 같다.

1) 삶의 질 향상: 사회복지는 개인과 집단의 삶의 질을 향상시키기 위해 노력

한다. 이는 경제적 안정, 교육의 기회, 건강 서비스, 주거 지원, 문화 참여 등을 포함한다.

2) 사회적 불평등 완화: 사회복지는 사회적 불평등을 완화하고 공정성을 증진시키기 위해 노력한다. 경제적, 사회적, 문화적으로 소외된 개인이나 집단에게 보호와 지원을 제공하여 평등한 기회와 자원에 접근할 수 있도록 한다.

3) 보호와 안전 확보: 사회복지는 개인과 지역사회의 안전과 보호를 위해 다양한 서비스와 정책을 제공한다. 아동 및 청소년 보호, 가정 폭력 예방 및 교육, 노인의 안전 지원, 장애인의 권익 보호 등을 포함한다.

4) 자립과 자활 지원: 사회복지는 개인과 가정이 자립적으로 삶을 영위하고 자기 개발과 사회적 참여를 할 수 있도록 지원한다. 직업 훈련, 취업 지원, 재능 개발, 재활 지원 등을 통해 개인의 잠재력을 발휘할 수 있는 기회를 제공한다.

5) 사회적 연대 강화: 사회복지는 사회적 연대를 강화하고 사회적 관계망을 형성하는 데 기여한다. 지역사회의 활성화, 자원봉사 활동, 지역사회 기반 서비스 제공 등을 통해 사회적 상호작용과 협력을 촉진한다.

사회복지는 인간의 삶 본질에 초점을 두는 상담학, 상담심리학, 철학, 사회학 등 일반적인 사회과학분야에서 더 나아가 인간에게 실천적으로 접근하는 학문이다. 따라서 사회복지에서는 인간을 둘러싸고 있는 다양한 환경적인 요소들과의 상호관계를 탐색하면서 인간의 내면과 심리사회적 문제들을 사회복지 관점에서의 전문적인 기술과 지식을 활용하여 실천서비스를 제공한다. 사회복지는 개인차원에서는 사회적 기능 향상을 도모하고, 사회영역에서는 부적절한 환경적 요인을 개선하는 노력을 함과 동시에 인간 삶의 불편을 초래하는 사회문제를 해결하고, 궁극적으로는 모든 사람의 인간다운 삶을 보장한다.

3. 사회복지의 목적

사회복지의 목적은 다음과 같다(박용순, 2009).

1) 인간의 존엄성: 인간의 존엄성은 한 개인이 인종, 종교, 연령, 성별 등의 차별 없이 한 인간으로서 존엄한 가치를 지닌 존재라는 것이다. 오늘날 복지국가를 지향하는 모든 국가에서도 '요람에서 무덤까지'를 목적으로 하며 복지적 노력을 강구하고 있다. 즉 인간다운 생활을 통해 인간의 존엄성이 유지되는 것으로서 인간의 존엄성은 사회복지 최고의 목적이기도 하다.

2) 개인의 자립성: 타인에 의한 의존성에서 벗어나 스스로 독립적인 삶을 영위하는데 있다. 사회복지실천에 있어서 개입의 목표는 클라이언트 스스로 자신의 문제를 인식하여 해결할 수 있도록 개입하는 것을 말한다. 특히 개인의 자립은 일정한 교육을 통해서 동기가 발생될 수도 있으나 중요한 것은 자신의 능력에 따라 일에 흥미를 가지고 긍정적인 태도로 열심히 노력하도록 동기부여를 하는 것이 사회복지의 목적이다.

3) 개별적 성장성: 사회복지는 인간의 문제를 해결·예방하는 것은 물론, 개인, 가족, 집단, 지역사회, 국가 등이 성장·발전할 수 있는 잠재력을 갖도록 하는데 그 목적이 있다. 또한 사회복지의 목적은 개별적으로 지닌 잠재력을 발견하여 활용하도록 하는데 있다. 그러므로 모든 인간이 개인적으로 각자의 능력에 따라 성장 발전할 수 있도록 원조하는 것에 초점을 두어야 한다.

3절 인간의 생애단계와 사회복지

1. 생애주기별단계

인간은 전 생애에 걸쳐서 변화를 경험하는데 이러한 인간의 변화를 인간발달이라고 한다. 인간발달을 이루고 있는 요소는 생물학적 성장, 심리적 발달, 그리고 사회문화적 경험이다. 이러한 발달적 속성에 따라 특성이 나타나며 이를 근거로 변화의 과정을 구분한 것이 인간발달 단계이다. 발달단계는 발달상 어떤 과업의 성취가 특정한 측면의 발달을 강조하는 삶의 기간을 의미한다. 발달단계에 따라 특별한 기대와 과업이 부여되지만 예측할 수 있는 생애전환이나 예상하지 못한 삶의 위기가 생활주기마다 발생하고 이것이 발달과업을 성취하는데 영향을 미치게 된다.

생애주기(life cycle)란 인간의 삶에 있어서 일련의 연속적인 과정이며 태아기, 영아기, 아동기, 청소년기, 청년기, 중년기, 장년기, 노년기의 연령층을 포함한다. 인간은 생애 단계의 발달과 관련된 욕구를 경험하며 개인적 경험을 하고 사회적 구조와 변화에 따라 변화한다. 이렇게 인간은 삶을 살아가면서 생애주기별로 욕구의 공통적인 면을 가지고 있으며 이러한 욕구를 충족하지 못할 때 인간은 문제에 부딪히거나 위험에 빠질 수 있다. 따라서 이러한 생애주기를 이해하고 파악하는 부분은 중요하다.

에릭슨(Erikson, 1950)이 제시한 생애주기별로 나타나는 인간의 욕구와 필요성에 대한 설명은 다음과 같다.

1) 영아기(출생~2세): 생존과 안전에 대한 욕구가 가장 크며, 돌봄을 필요로 한다. 또한, 주 양육자가 기본적 욕구를 안정적으로 충족한다면 감정적인

안정감과 적극적인 상호작용을 받는다.

2) 유아기(3세~5세): 체육활동과 탐구에 대한 욕구가 높아지며, 학습 및 인지적 발달이 이루어지기 시작한다. 또한, 사회성과 자아정체성 형성에 대한 욕구도 커진다.

3) 아동기(6세~12세): 사회적 적응, 학습, 친구와의 관계, 자립성을 강조하게 된다. 이 시기는 자신감발달에 중요한 시기이며 인지적 발달과 신체적 발달도 진행되는 시기이다.

4) 청소년기(13세~18세): 타인의 관점에 대해 걱정하고 고민하게 되는 시기이다. 또한 성정체성(sexual identity)을 발달시킨다. 정체성과 자아개발에 대한 욕구가 강해지며, 동료관계, 독립성, 자립성 등에 대한 필요성이 높아진다.

5) 청년기(19세~29세): 자아정체성이 확립되는 시기이며 직업, 인연, 결혼, 가족 등에 대한 욕구가 높아진다. 이 시기에는 주로 경제적인 자립과 자아실현에 대한 욕구가 크다.

6) 중년기(30세~50세): 직장, 가족, 경제 등에 대한 안정적인 상황을 원한다. 또한, 인생의 목적과 의미를 찾는 데 중점을 둔다.

7) 장년기(51세~64세): 성취감, 안락함, 건강 등에 대한 욕구가 크며, 자아실현이나 새로운 도전보다는 안정적인 상황을 원한다.

8) 노년기(65세 이상): 건강, 자립성, 사회적 관계 등에 대한 욕구가 높아진다. 과거의 삶을 돌아보는 회고하며 평가하는 시기이다. 이때에는 사회적 역할 상실로 인한 사회적 접촉의 기회와 감정적 심리적 차원의 욕구를 필요로 한

다(심의경 외, 2019). 인간관계와 가족 등의 중요성이 높아진다.

또한 김종서 외(1982)는 한국인의 생애주기를 평생교육적 관점에서 유아기(0~6세), 아동기(6~12세), 청년전기(12~18세), 청년후기(18~25), 성인전기(25~35세), 성인후기(35~60세), 노년기(60세 이후)의 7단계로 구분하고 각 단계마다 지적영역, 정신적 영역, 사회적 영역, 신체적 영역에 속하는 발달과업을 설정하여 세시하였나.

에스핑 앤더슨과 그 동료들은 생애과정 구조틀(life course framework)의 적용이 다음과 같은 것을 가능하게 한다고 하였다(유태균 역, 2006).

- 생애주기의 어떤 특정 단계에서의 복지는 대부분 이전 시기에 발생한 사건과 직접적인 관련이 있기 때문에 각 부분을 하나로 연결할 수 있다.

- 생애과정 관점을 통해서 일시적 어려움과 영속적 어려움을 올바르게 구분할 수 있다.

- 생애과정 구조틀은 불확실한 미래를 엿볼 수 있게 한다. 현시점에 대해 이해하고 향후 발생할 수 있는 부분에 대해 예측할 수 있다.

생애주기를 이해한다는 것은 그에 따른 특징과 과정들을 파악함으로 인해 생애주기별 욕구에 맞는 서비스를 제공하여 사회문제를 예방하고 사회적 위험을 낮출 수 있다는 것을 의미한다(오정수 외, 2010). 사회란 여러 차원을 포함하기 때문에, 우리는 동시에 여러 사회 속에서 살고 있으며(Sennett, 2003), 향후 발생할 수 있는 사회문제와 사회적 위험은 수많은 복합적 인과관계, 그리고 통제하기 어려운 우연적인 변수와 다양한 사건들로 인해 정확히 예측하기는 어렵다. 이에 사회문제를 형성하는 맥락을 밝히는 과정이 반드시 필요하다.

사회복지서비스는 사회적 위험과 문제들에 대해 사회복지적인 대응을 하여 해결하거나 예방하여 인간발달을 증진시키며 특정 생애주기에서 발생하는 문제를 해결하는 것을 목적으로 하기 때문에 생애주기 구조틀 안에서의 발달 단계의 특성을 파악함으로써 인간의 문제는 욕구와 어떤 상호 관련성이 있고 그 단계에 속한 사람의 부족한 욕구에 대해 충족시킬 수 있는 자원을 파악하여 사회문제를 해결·예방할 수 있다.

2. 사회적 위험

인간의 욕구는 사회적 위험을 초래하기도 한다. 사회복지는 사회적 위험에 직면한 사회적 취약계층과 개인들에게 자원을 제공하고 연결하는데 중점을 두고 있는데 사회적 위험은 사회문제와 매우 밀접한 관련이 있다. 사회적 위험(Social Risk)이란 개인의 인간다운 생존을 위협하는 질병, 장애, 노령, 실업, 사망 등을 의미한다. 사회적 위험은 사회 안에서의 다양한 요인들로 인해 발생할 수 있다. 빈곤, 시장경제에서의 경쟁, 교육의 부족, 정치적 불안정 등이 그 예이다. 이러한 사회적 위험은 개인과 집단 모두에게 영향을 미치며, 개인의 신체적 ·심리적·사회적 문제, 가족의 해체 등을 초래할 수 있다.

1915년 국제노동기구(ILO)는 사회보장의 최저기준에 관한 조약(ILO Convention NO. 012. Concerning Minimum Standards of Social Security)을 통해 질병, 분만, 실업, 노령, 직업능력의 상실, 산업재해, 직업병, 자녀의 양육, 부양자 사망 등 아홉 가지 사회적 위험을 규정하였다. 이 밖에도 타인의 도움 없이 생존이 어려운 장애인, 부양의무자가 없는 가정, 빈민, 아동, 청소년 등의 요보호 상태에 대해서도 사회적 위험과 마찬가지로 취급된다(윤찬영, 2013).

현대사회에 들어서면서 전통적인 사회적 위험 외에 새로운 사회적 위험이 등장하고 있다. 인구 및 가족구조의 변화, 노동시장의 변화, 사회적 양극화 현상 등이 나타나면서 인구의 고령화, 노인의 사회적 부양부담, 다문화 가족의 문제, 아동의 빈곤, 노인의 빈곤 등 새로운 사회문제가 발생되고 있다. 특히 세계화(Globalization)로 인해 국가 간의 경계가 허물어지고 국제적 접근성, 압력과 간섭이 증대하게 되면서 국민국가 수준의 경제, 이념, 노동, 교육, 복지, 의료, 환경문제에 직면하게 되었다. 이처럼 국가 간의 교류와 연대가 확장되면서 특정 개별국가 내부에서 발생하던 각종 사회문제들, 인권침해, 빈곤, 환경오염 및 파괴, 인구의 고령화 등에 대해서도 국제적인 관심과 지원이 필요하다는 적극적-긍정적 의미의 대응이 국가 차원의 문제로 확장하고 있다. 여기에는 시민사회, 국가, 시장이 상호 협력하는 협치(governance)가 주목받게 되면서 국가수준의 사회복지에 대한 관심과 기대는 높아지고 있다(권중돈 외, 2021). 세계화로 인한 복합적인 체계 간의 예측하지 못하는 결과들과 관련되면서 사회문제와 사회적 위험이 극대화되고 있으며 이는 꾸준히 증가하고 있는 것이다.

사회복지는 사회적 위험에 공동으로 대처하려는데 중점을 두고 있다. 사회복지는 이러한 부분에서 사회적 위험을 예방하고, 위기 상황에서 개인들이 복지와 안녕을 유지할 수 있도록 지원한다. 예를 들어, 요보호 아동에게 교육적 지원을 제공하거나, 가정폭력 피해자를 보호하고 지원하는 서비스를 제공하며, 경제적으로 어려운 가정에는 급여나 식량 지원 등의 경제적 지원을 제공하고, 사랑과 소속감의 욕구를 충족시키기 위해 이들에게 가족 상담 서비스를 제공하는 것이다.

또한 사회복지는 개인이나 집단적으로 위험에 노출되었을 때 지원하는 것뿐만 아니라, 사회적 구조적인 문제를 개선하는 것에도 중요한 역할을 한다. 예를 들어, 불공평한 근로조건을 개선하거나, 사회적 평등을 증진시키는 복지정책을 제정함으로써 사회적 위험을 줄일 수 있다. 이와 같이 사회적 위험은 위험의 발생 원인이나 욕구가 충족되지 않는 원인이 사회구조적인 부분에 있기 때문에 사회가 공동으로 해결할 수밖에 없다는 의미를 내포하고 있다.

사회복지는 인간에 대한 원조활동을 바탕으로 새로운 사회적 위험에 대한 체계적 대응과 제도의 기능적 수행에 대한 의미를 담고 있다. 따라서 사회문제라는 개념을 이해하고 해결하기 위해서는 다양한 변화에 대한 사회 구조적인 원인을 파악하며 사회복지적 비전을 제시해야 할 것이다.

3. 사회문제

인간은 삶에서 다양한 상호작용을 하는데 사회적 관계에서 삶에 부정적 영향을 받게 되는 경우에는 그 문제가 개인의 문제가 된다. 그러나 사회적 가치에 비추어 바람직하지 못하고, 상당수의 사람들이 그 현상과 관련되어 고통, 손해 또는 부당한 처우를 당하고 있으며, 사회제도나 사회구조의 결함이나 실패가 이런 불편의 원인이며, 다수 또는 일부 영향력 있는 사람들이 그런 사회적 조건을 문제로 인식하며, 사회가 전반적으로 개선하기를 원하며, 문제의 개선이 가능하며, 집단적인 사회적 노력으로 이를 해결할 수 있을 때 그 문제는 사회문제가 된다(Rubington & Weinberg, 1981). 이와 같이 사회문제는 '사회적 원인'에 의해 형성되고, 상당수의 사람들이 문제로 인식하며, 사회가 그 상태의 개선을 바라는 '사회적 상태'로 규정할 수 있다.

이러한 사회문제는 어떤 분류기준을 선택하는가에 따라 다양하게 분류할 수 있다. 즉, ① 빈곤문제, 노동문제, 농촌문제 등의 사회구조적 문제, ② 가족문제, 여성 문제, 아동문제, 청소년문제, 노인문제 등의 가족과 세대 문제, ③ 환경문제, 인구문제, 보건의료문제, 여가문제 등의 삶의 질 문제 ④ 범죄, 성매매, 자살, 약물중독 등의 일탈문제, ⑤ 사이버 범죄와 같이 사회변동에 의해 새롭게 등장하는 문제 등으로 구분할 수 있다.

주요학자들의 사회문제에 대한 정의는 다음과 같다(임종호, 2023).

- Merton & Niabet(1971) : 사회문제를 사회질서의 많은 부분이 일반적으로 받아들이고 있는 하나 또는 그 이상의 규범을 위배하고 있다고 간주되는 행동양식으로 정의한다.

- Perry & Perry(1976): 사회문제를 사회의 대다수 사람이 가치와 윤리기준에 따라 사회질서를 위협한다고 판단한 사회적 행동으로 보며, 개선이 가능하다고 생각되는 사회현상을 의미한다고 정의한다.

- Etzioni(1976): 사회문제를 사회적으로 형성되고, 사람들이 일반적으로 문제로 인식하며, 사회가 그 상태의 개선을 바라는 사회적 상태라고 정의한다.

- Shepard & Voss(1978): 사회문제를 한 사회의 영향력 있는 다수의 사람이 바람직하지 못한 것이라고 생각하고, 그러한 상태가 변화되기를 요구하는 사회적 상황이라고 정의한다.

- Weinberg(1970): 사회문제를 사회구성원이 바람직하지 못하다고 인식하는 행동양식으로서 이에 대한 불만이나 관심을 회합, 시위, 항의 등으로 표출하며, 그들의 의도된 조치가 효과를 거두지 못한 상태로 정의한다.

사회문제와 관련된 이론은 다음과 같다.

- 사회병리론(social pathology): 사회를 유기체에 비유하여 사회라는 유기체 내의 병리적인 현상을 사회문제로 보는 이론이다. 사회문제의 원인은 사회화의 실패에 있고 이에 대한 해결책은 개인을 변화시키기 위한 '도덕적 교육'에 있다고 본다.

- 사회해체론(social disorganization perspective): 사회문제를 인간의 사회적 행위를 통제하는 사회적 규칙에 주목하면서 문제의 원인을 파악하는 이론이다. 이 이론에 따르면 사회문제의 원인은 급격한 사회변동에 따른 사회규범의 붕괴에 있다. 사회문제의 해결은 사회변화의 속도를 늦추거나 사회규범을 강화하는 것이다.

– 낙인이론(labeling theory): 사회문제를 규칙의 위반에 대한 사회적 반응으로 보는 이론이다. 규칙의 위반이 자동적으로 사회문제를 구성하는 것이 아니라 규칙의 위반에 대한 타인의 상호작용, 반응이 있어야 한다는 것이다. 이 이론에 따르면 사회문제의 원인은 궁극적으로 일반대중이나 경찰을 포함한 사회통제기관이 가지는 관심(attention)이다. 만약 관심이 없다면 타인과의 상호작용이 일어나지 않을 것이고 상호작용이 없으면 낙인도 없고 규칙의 위반에 대한 인식도 없다는 것이다.

스펙터와 키추스(Spector & Kitsuse, 1987)는 역기능적 조건에 집중하고 잠재적 문제, 집합적 목적, 통합된 사회체계와 같은 추상적 관념에 흥미를 가졌던 기능주의 관점에서 사회문제를 비판하였다. 사회문제는 생산품 또는 산물이라기보다는 참여자가 정의하는 활동이 사회문제를 구성한다는 것이다. 즉 사회문제는 '어떤 추정되는 조건에 대한 불만과 요구를 주장하는 것, 불만을 제기하는 것, 법적 소송을 제기하는 것, 결의하기, 폭로하기, 신문광고하기, 정부 정책에 대한 지지 또는 반대하기, 시위하기' 등이 포함된다. 사회문제의 원인을 연구하는 것은 그런 활동이 어떻게 나오고 어떻게 유지되는지를 검토하여 밝히는 것이다.

스펙터와 키추스(Spector & Kitsuse, 1987)는 사회문제를 확인하는 과정은 주관적인 과정으로 네 단계를 거친다고 본다. 첫 번째 단계는 변환과정이며 이 과정에서 사적인 어려움을 공적인 쟁점으로 변환시킨다. 이 단계에서는 영향력이 있는 집단, 활동가, 대변자들이 어떤 쟁점에 주목하면서 이를 사회문제로 정의한다. 두 번째 단계는 합법화하는 과정으로 사회문제와 그 문제로 인한 불만을 처리하는 방법을 공식화한다. 세 번째 단계는 갈등단계로 두 번째 단계에서 문제에 제대로 대응할 수 없는 경우이다. 세 번째 단계에서 활동가, 대변자, 문제의 희생자들은 공식적 대응조직에 대해 불신과 냉소감을 갖게 된다. 세 번째 단계의 활동에는 공식 대응체계의 재조정이 포함되는데 과정의 재협상, 실천방법의 개선, 행정적 또는 조직적 재구조화 등이다. 마지막으로 네 번째 단계는 집단들이 기존 체계 내에서 더 이상 활동할 수 없다고 믿게 될 때 시작된다. 대변자들은 기존 체계를 급진적으로 바꾸거나 체계 외부에서 일하는 등 두 가지 선택의 기로에 놓인다.

사회적 위험과 사회문제는 서로 긴밀한 연관성이 있으며, 사회복지는 사회적으로 취약한 이들을 보호하고, 개인과 가족·집단이 안정적인 삶을 영위할 수 있도록 사회복지서비스를 제공한다. 사회복지는 이윤의 추구가 아닌 사회의 공공선을 달성하고자 하는 목적을 지니며, 사회적으로 승인된 목적과 방법을 활용하여 사회적 책임을 이행하며, 공식적 조직에 기초한 노력과 활동이며, 인간의 다양한 욕구를 충족하기 위한 서비스를 제공하며, 인간의 생산적 욕구보다는 소비적 욕구에 더 많은 관심을 기울이는 특성을 지닌다(Wilensky & Lebeaux, 1965).

따라서, 인간의 기본적이고 다양한 욕구를 충족하고 사회문제를 해결하는 부분은 사회구조적인 접근방법으로 개인의 문제 및 개인을 둘러싼 환경 간의 관계성에 의한 문제의 해결은 사회복지실천의 해결 방법으로 접근해야 할 것이다. 사회문제와 사회적 위험의 관련성을 이해하고, 이에 대한 대응 방안을 마련하는 것은 궁극적으로 사회적 안녕과 질서유지에 큰 도움이 된다.

2장

사회복지의 개념과 사회복지학

학습목표

- 사회화와 사회통합의 기능에 대해 알 수 있다.
- 사회복지의 개념에 대해 알 수 있다.
- 사회복지를 바라보는 관점에 대해 이해할 수 있다.
- 사회과학과 사회복지학의 관계에 대해 이해할 수 있다

1절 사회복지의 맥락

1. 사회화의 기능

1) 사회화

사회는 서로 상호작용하며 생활하는 사회적 관계를 말한다. 사회적 관계는 일정한 지리적, 문화적, 역사적, 경제적 조건 아래에서 발생하며, 인간의 상호작용이나 다양한 교류를 통해 복잡한 사회적 구조와 체제를 형성한다. 사회는 다양한

규범, 국가, 문화, 가치관, 인간관계, 기관, 시스템 등으로 구성되어 있으며, 각각의 부분은 서로 연관성을 가지고 상호작용하면서 전체적인 구조와 기능을 유지하며 형성해 나간다.

사회는 인간의 기본적인 욕구(need)를 충족시키기 위한 경제 활동, 정치적 활동, 문화적 활동 등을 포함하고 있으며, 이를 통해 인간은 사회적 신뢰와 상호 의존성, 질서와 안전, 문화적 정체성을 형성하게 된다. 사회는 또한 다양한 사회적 문제들을 해결하고 인간의 복지와 삶의 질적 개선을 위한 노력을 기울이면서 경제, 정치, 문화, 사회 제도와 관련된 기능을 한다.

사람은 사회화됨으로써 비로소 사회의 구성원으로 기능하게 된다. 여기에서 사회화(socialization)란, 사회가 향유하는 일반적 지식, 규범, 사회적 가치, 생활양식 등을 사회구성원에게 전달하는 과정이다. 사회가 하나의 공동체로서 존속되기 위해서는 사회구성원이 어떠한 공통적인 가치관과 행동양식을 필요로 한다. 다시 말해 사회화란 사회에 적응하며 살아가기 위해서는 사회 구성원들과의 상호 작용을 통해 사회생활에 필요한 가치, 기술, 지식, 규범들을 학습하는 것이다. 사회화를 통해 사회구성원 상호 간의 신뢰를 바탕으로 사회적 규범을 따르도록 한다. 사회화의 최초의 장은 가족이며 친구, 학교, 그리고 더 나아가 지역사회가 된다. 이러한 사회화의 장 안에서 그들은 사회유산의 계승과 개인적 성향이 형성된다.

2)사회화의 요소

사회화는 다음과 같은 요소들을 포함한다.

(1) 문화에 대한 학습: 각 문화나 사회는 고유한 규범, 가치, 신념, 행동 양식 등을 가지고 있다. 개인은 문화적인 맥락에서 태어나고 자라면서 해당 문화의 특징들을 배우고 흡수한다.

(2) 역할의 습득: 사회화는 개인이 특정한 사회적 역할을 이해하고 수행할 수 있도록 가르치는 과정이다. 가족 구성원, 친구, 동료, 시민 등 다양한 역할에 대한 이해와 기대를 포함한다.

(3) 규범 및 행동에 대한 통제력: 개인이 사회적인 규범과 행동의 제어 방식을 학습하게 한다. 예절, 도덕적 원칙, 법률, 동반자의 감정을 이해하고 존중하는 등의 행동 양식을 습득하는 것을 의미한다.

(4) 커뮤니케이션 기술: 사회화는 언어와 비언어적인 소통 기술을 개발하고 향상시키는 과정이다. 개인은 말하기, 듣기, 읽기, 쓰기 등의 의사소통기법을 배우고 상황에 맞게 적용하게 된다.

(5) 사회적 상호작용: 사회화는 다른 사람들과의 상호작용과 관계 형성을 위한 기술과 태도를 개발하는 과정이다. 가족, 친구, 동료와의 관계 형성, 협동, 문제 해결, 갈등 관리 등을 포함한다.

인간은 사회화를 통해 인간다운 품성과 자질을 획득해 나가면서 사회적 존재로 살아간다. 즉, 사회화를 통해 개인은 사회에 적응할 수 있으며 동시에 사회를 존속시킬 수 있다. 사회화는 특정 시기에만 이루어지는 것이 아니라 인간의 생애 동안 평생 이루어진다.

특히 우리가 사는 현대 사회는 끊임없이 변화하고 있다. 새롭게 등장한 지식과 가치 등을 학습하는 것은 변화된 사회에 적응하기 위해 누구에게나 필요한 일이기 때문이다. 이처럼 사회 변화에 맞추어 과거와는 다른 새로운 규범과 가치, 지식 등을 내면화하는 것을 재사회화라고 한다. 재사회화(re-socialization)란 사회적으로 소외된 개인이나 집단이 다시 사회에 통합되어 사회적으로 활동하고 참여하는 과정을 말한다. 재사회화는 사회적으로 취약한 계층이나 사회적으로 격리되거나 배제된 개인들을 지원하고 사회적 통합을 촉진하기 위한 정책과 프로그램을 포함한다. 개인 및 집단의 사회적 통합을 촉진하고 사회가 그 기능이 잘 이루어지고 안정을 높이는데 중요한 역할을 한다.

3) 사회화와 사회복지제도

사회의 기능은 다양하지만, 대표적으로는 인간의 삶의 질을 향상시키는 것이라고 할 수 있다. 이를 위해서는 개인들의 기본적인 욕구를 충족시키고, 사회적 평등과 정의를 실현시켜야 한다. 이를 위해 사회복지제도는 매우 중요한 역할을 한다. 이러한 사회의 기능을 충족시키는 것은 사회복지제도의 역할 중 하나이다.

사회복지제도의 역할은 다음과 같다.

첫째, 사회복지제도는 사회 문제의 예방과 대처를 위해 유지·발전되어 왔다. 사회복지제도는 도시화와 산업화 등의 사회변동에 따라 사회구성원의 기본적인 욕구를 충족시킬 수 없는 한계 때문에 공식적인 사회질서의 안녕과 복지 증진을 위한 필수 불가결한 역할을 하게 된 것이다.

둘째, 사회복지제도는 사회적 문제를 예방하고, 대처함으로써 사회적 평등과 정의를 실현시키는데 기여한다. 예를 들어, 가정폭력 피해자를 보호하고, 교육적인 지원을 제공하며 폭력을 예방하는 것이다.

셋째, 사회복지제도는 사회적으로 배제된 개인들의 사회 참여와 경제적 독립성을 증진시킨다. 예를 들어, 발달 장애인들에게 직업 훈련과 일자리를 제공하는 것, 노인들에게 건강관리와 일자리를 지원하는 것 등 사회활동을 지원하는 것이다.

넷째, 사회복지제도는 개인과 집단 모두에게 혜택을 제공하는 것이 아니라, 사회적으로 합리적이고 효과적인 정책을 개발하고 시행하는 데에도 중요한 역할을 한다. 이를 통해 사회적인 문제를 해결하고, 사회 전체의 삶의 질 향상을 하는데 기여한다. 따라서, 사회복지제도는 사회의 기능을 실현시키는데 역할을 하며, 사회적 취약계층과 위험에 직면한 개인들을 보호하고 개인의 자립을 지원한다.

이러한 점을 인식하여 미드그레이(Midgley, 1995)는 개발적(developmental) 사회 복지 관점이라는 통합적 관점을 제시하고 있다. 개발적 관점에서는 사회복지제도를 "경제 개발의 과정과 연계하여 모든 사람의 복지를 증진하기 위한 계획적인 사회 변화의 과정"으로 정의하고 있다. 이 관점은 사회복지의 확대를 지지한다는 점에서 자유주의적 관점과 유사하며, 사회복지급여의 확대가 경제에 긍정적인 영향을 미친다고 보는 점에서는 보수주의적 관점과도 유사하다. 즉, 개발적 사회복지 관점은 경제발전에 긍정적으로 기여하는 사회개입을 지지하는 것으로 경제제도와 사회복지제도의 조화를 강조하며, 노동활동을 조건으로 복지를 제공하는 근로 연계복지(work-fare)[1]라는 개념에 잘 반영되어 있다(김융일 외, 2003). 따라서 개발적 관점에서는 경제발전을 사회발전의 원동력으로 간주하고, 국가는 이 두 부분에 적극적인 역할을 해야 한다고 본다. 예를 들면, 보육서비스, 아동수당, 직업훈련 등의 사회복지 급여나 서비스를 제공함으로써 한 개인의 역량과 기회 그리고 가족기능을 강화해 주면, 사회 전체의 경제발전에도 기여하게 된다고 보는 것이다.

---

1) 근로연계복지정책은 복지수급과 노동을 연계시키는 것을 핵심으로 하며 근로유인을 강화하는 것을 목적으로 한다(김융일 외, 2003). 근로연계복지에 대한 여러 정의들이 있지만 "근로능력이 있는 공공부조 수급자에게 근로관련 활동에 대한 참여를 의무화시키는 정책"으로 정의할 수 있을 것이다. 근로능력이 있는 공공부조 수급대상자에게는 근로참여를 전제로 급여가 지급된다. 즉 자립할 수 있도록 지원하는 복지라는 개념을 바탕으로 하고 있으며 근로능력자에 대한 선별적 급여제공은 근로연계복지정책의 핵심이라 할 수 있다.

2. 사회통합의 기능

사회통합(social integration)이란 사회체계(social system)를 구성하는 사회의 단위 조직들 간의 관계와 관련된 기능을 말한다(배기효 외, 2021). 즉, 일정한 사회 단위 내의 구성원 상호 간 또는 구성원이 사회에 대해 결속력을 갖는 것이다. 이들은 공동의 목표를 공유하며 긍정적인 관계를 유지하는 사회적 결집력을 발생시킨다. 사회통합의 기능은 사람들 스스로 규범을 준수하여 바람직한 행동을 하도록 촉진하는 수단이라고 할 수 있다. 사회통합이 이루어지지 않는다면 인간다운 삶의 보장이나 행복추구를 위한 헌법적 권리를 실현하는 것은 불가능하다. 특히 정보화, 탈 근대화라는 새로운 도약과 발전을 위해서는 분열과 갈등을 극복하고 사회통합이 필수적으로 요구된다. 사회적 통합에 필요한 사회적 가치와 규범을 만들어 내는 사회조직으로 가정, 학교, 종교단체, 지역사회단체 등이 있다.

3. 생산/분배/소비의 기능

사회는 일상생활을 영위하는 데 필요로 하는 재화와 서비스를 생산/분배/소비하는 과정을 통해 이루어진다. 생산(production)은 필요한 자원을 얻고 재화를 만들어내는 과정으로 사람들이 이를 위해 일을 하도록 동기를 지워주고 그 일을 나누어 해나가는 분업을 마련하는 것을 말한다. 분배(distribution)는 누가 무엇을 얼마나 어떻게 갖도록 하는가를 규정해 주는 기능이다. 일반적으로 노동시장에서의 분배는 기여나 노동의 양에 따라 분배가 이루어지지만 사회복지제도는 욕구의 크기에 따라 분배된다는 면에서 공동체적 분배의 속성을 구현한다고 볼 수 있다. 소비(consumption)는 인간이 욕구충족을 위해 생산 분배한 재화와 용역을 소모하고 이용하는 과정이다.

경제제도는 개별적인 사회성원의 차원에서는 생활의 방법과 가족의 욕구충족 방법에 영향을 주며, 사회 전체의 차원에서는 사회성원들이 어느 정도 자립할 수 있는가를 결정짓고, 또한 건강한 생활을 영위하는 데 필요한 재화와 서비스를 어느 정도 제공받을 수 있느냐를 결정하게 된다. 오늘날 사람들은 의식주, 보건, 교통, 고용, 여가생활 등과 관련된 다양한 영역에서 재화 및 서비스 같은 기본적인 욕구를 충족시키기 위해 서로 의존하고 있다. 이러한 경제적 기능은 개별적인 욕구를 충족시키는 기능을 가지고 있지만 사회구성원 전체의 차원에서는 구성원들이 어느 정도 자립할 수 있는가를 결정짓고 나아가 건강한 생활을 영위하는데 필요한 재화와 서비스를 제공받을 수 있는가에 의해 결정된다.

4. 사회통제의 기능

사회적 통제(social control)란 사회가 그 구성원들이 일정한 가치와 규범을 지키도록 순응하게 하는 것을 말한다. 사회규범의 위반을 예방하고 사회통합을 유도하기 위해서 사회규범을 집행하려는 노력이 사회통제이다. 규범을 준수하도록 하는 강제력(coercive power)이 결여되면, 사회질서가 파괴되어 비행과 범죄가 만연되는 사회해체(social disorganization)현상을 낳게 된다.

사회통제의 방법에는 기본적으로 세 가지가 있다.

첫째 규범의 내면화(internalization of norms)이다. 이는 개인이 그 규범을 자기 것으로 만드는 것이다. 규범의 내면화는 어린 시절 가정에서 형성된 도덕성에 바탕을 두고 있는데 사람들은 사회가 원하는 것과 규제하는 것을 자신의 도덕성에 기초하여 사회적 규범에 따른다.

둘째, 비공식적 사회통제(informal)이다. 이것은 사람들의 행동에 대해서 법이나 제도로서 다스리지 않고 사적으로 규제하는 것을 말한다.

셋째, 공식적 사회통제(formal)이다. 이질적이고 복잡한 사회일수록 친근한 인간관계나 연대의식이 부족하고 이기주의화가 되기 때문에 자연스럽게 공식적 통제가 필요하게 된다. 이러한 구체적인 행위로서 국가는 법을 제정하여 그 권위를 나타낸다. 사회통제를 공식적으로 담당하는 일차적인 기관은 정부로서, 정부는 경찰력과 사법권을 통해서 보편적으로 적용될 수 있는 법을 집행하는 강제력을 발휘한다. 한편, 가정, 학교, 교회와 지역사회기관들도 부분적으로 사회통제의 기능을 수행한다.

5. 상부상조의 기능

상부상조(mutual support)는 사회구성원들이 자기들의 욕구를 충족할 수 없는 경우에 필요하게 되는 사회적 기능을 말한다. 개인과 가정은 누구나 빈곤, 질병, 사망, 실업, 사고 등의 사회적 위험 등으로 스스로 생활할 수 없는 경우가 발생할 수 있으며, 이러한 경우 외부로부터의 도움을 받지 않을 수 없다. 과거의 전통적 사회에서는 상부상조의 기능은 주로 가족과 친척, 이웃, 자선단체와 같은 일차적(primary) 집단에 의해서 수행되었으나 현대 산업사회에서는 그러한 기능이 정부, 지역사회, 민간사회복지단체, 종교단체, 경제단체, 자조집단 등 이차적(secondary) 집단으로 옮겨지게 되었다. 특히, 정부에 의해서 수행되는 공공사회복지와 민간복지단체를 중심으로 행해지는 민간사회복지는 현대 상부상조의 핵심적인 기능을 수행하고 있다.

2절 사회복지의 개념

1. 사회복지의 기본적 개념들

1) 어원적 의미

사회복지라는 용어는 'social welfare'라는 영어 표현에서 유래하였다. "Welfare"라는 단어는 14세기 후반부터 중세 라틴어에서 유래한 "welferen"이라는 단어에서 기원을 찾을 수 있다. "welfare"는 "well"과 "fare"의 복합어인데, "well"은 "satisfactorily(만족스럽게)", "successfully(성공적으로)", "properly(적절하게)" 등의 의미를 포함하며, "fare"는 "state of things(상태)"를 의미한다. 따라서 'welfare'는 '불만이 없는 상태, 만족할 만한 상태, 안락하고 만족한 상태' 또는 '이를 달성해 가는 과정'이라는 의미를 가진다.

19세기 말, 영국에서 고통받는 계층을 지원하고자 창설된 자선조직협회(COS: 'Charity Organization Society')[2]에서 사회복지라는 용어를 사용하였다. 자선조직협회에서는 개인적인 자선보다는 공공복지와 조직화된 사회복지가 필요하다는 주장이 나왔고, 이러한 시도를 통해 '사회복지'라는 용어를 사용되게 되었다. 이렇게 사회복지는 사람과 사람과의 관계 속에서 모두가 평안하고 만족스러운 상태를 추구한다는 의미를 내포하고 있다. 즉 사회구성원들이 더불어 행복하게 사는 상태를 의미한다. 또한 사회복지는 이념적 의미와 실천적 의미를 나타내며

2) 자선조직협회(COS: 'Charity Organization Society')는 빈곤책임은 개인에게 있으며 공적 구제활동이 빈민의 자존심을 파괴하며 의존성을 심화시킨다는 논리에 기초하였다. 구호활동의 중복을 방지하고 서비스의 효과성을 높이기 위해 빈곤가정을 등록하게 하고 빈민의 상황을 조사하기 위하여 개별 가정방문과 면접을 실시하였다. 주된 활동의 초점은 자원봉사자인 우애방문가(friendly visitor)를 활용하여 빈민들의 생활방식을 변화시킬 수 있도록 인격적 감화를 주는데 있었다. 우애방문가는 사회복지사(social worker)의 전신으로 볼 수 있으며 이러한 자선조직협회의 활동은 미국으로 건너가 전문사회사업의 개별사회사업 실천방법으로 발전하게 되었다(오정수 외, 2023).

'사람들과 교류하는 과정에서 만족스러운 삶을 영위'한다는 의미를 포함하고 있는 것이다.

이를 종합해 보면, 사회복지라는 용어는 '사람들과 사회적 관계를 맺으면서 물질적 풍요와 정신적 안정이 확보된 만족스러운 삶을 영위하는 상태' 또는 '이를 실현해 나가는 공동의 노력'이라고 할 수 있다. 이념적인 의미에서 인간생활의 이상적인 상태이며 실천적인 의미에서는 이념의 달성을 위한 조직적인 활동이라고 할 수 있다. 사회복지의 목표는 개인의 복지와 행복뿐 아니라, 사회의 전반적인 복지와 번영을 추구하는 것으로 사회적 배제와 불평등을 줄이고, 모든 인간이 더 나은 삶을 살아 갈 수 있도록 지원하는 것이다.

로웬버그(Loewenberg, 1974)는 사회복지란 "사회복지는 인간의 정서적·지적·신체적·사회적 기능을 향상시키고 유지하는 것을 일차적 임무로 하는 사회제도"라고 정의하였다.

미국사회사업가협회(NASW)의 정의에 의하면 사회복지(social welfare)란 "사회의 유지에 필요한 기본적인 사회적·경제적·교육적·건강적 욕구를 충족하도록 돕는 프로그램, 급여 및 서비스에 관한 국가의 체계이며, 지역사회나 사회의 집합적 행복의 상태"이고, 사회사업(social work)은 "사람들이 효과적 수준의 심리·사회적 기능을 수행하도록 돕고, 모든 사람의 행복(well-being)을 증진시키도록 사회 변화에 영향을 미치는 응용과학으로, 개인, 집단, 지역사회가 사회적 기능을 수행할 수 있도록 그들의 능력을 증진시키거나 회복시키도록 돕고, 이러한 목표에 적절한 사회적 조건을 조성하는 전문적 활동"이라고 하였다.

〈표 2-1〉 사회복지의 개념에 대한 정의

Loewenberg(1974)	- 사회복지는 인간의 정서적, 지적, 신체적, 사회적 기능을 향상 시키고 유지하는 것을 일차적 임무로 하는 사회제도이다.
Bell(1983)	- 사회복지는 인간의 기본적 욕구를 충족시키는 데 필요한 대책으로서 법, 프로그램, 급여 및 서비스를 말한다.

Zastrow(2006)	– 사회복지란 사회구성원의 사회적 기능 향상과 각자가 지닌 사회적, 재정적, 건강 및 여가 욕구충족을 위한 사회제도로서 사회문제를 예방하고 완화하거나 또는 문제해결에 기여함으로써 개인, 집단, 가족, 조직 및 지역사회의 복지를 직접적으로 향상시키는 것을 말한다.
Popple와 Leighninger(2002)	– 사회복지는 인간의 기본적 욕구를 충족시키기 위한 사회적 급여와 서비스로서 시장 외부의 경제적 이전(economic transfers), 즉 소득재분배 기능을 수행한다.
미국 사회복지사협회	– 사회복지는 사회유지에 필수적인 사회적, 경제적, 교육적, 보건 의료적 욕구를 충족시키는 것을 돕는 국가의 프로그램, 급여, 서비스체계로서 사회구성원 전체의 일반복지(general well-being)에 관련된 광범위한 것이다.

2)사회복지의 정의

사회복지(social welfare)란 사회적으로 발생하는 많은 문제를 해결하면서 인간의 삶의 질을 향상시키기 위한 다양한 실천(practice)인데 그 개념을 정의하기란 쉽지 않다. 왜냐하면 시대상황에 따라 전통적 또는 현대적으로 구분할 수 있고, 포괄범위를 기준으로 협의와 광의의 개념으로 나누어 볼 수도 있으며 보는 관점에 따라 정의하고자 하는 바가 다르게 분류할 수도 있기 때문이다.

이렇게 사회복지는 인간을 위한 서비스이므로 인간을 둘러싼 주위환경의 변화 및 새롭게 나타나는 사회문제에 따라 시대적 개념은 조금씩 달라진다. 전통적 의미에서의 사회복지란 인간의 기본적인 욕구(need)의 불 충족을 개인의 책임에 두는 것으로 예를 들면 상부상조나 자선사업, 인보관사업 등이 이에 해당한다. 현대적 의미의 사회복지란 개인의 기본적 욕구충족을 해결하지 못하는 사회구조적 문제를 집단적 원조체계가 요구되는 사회적 책임에 두는 것으로 사회복지 영역을 개인의 책임이 아닌 국가의 책임으로 보려는 개념이다(권육상, 2007).

또한 사회복지는 휴먼서비스(human service)로 개인과 가족, 집단 등을 대상으로 실질적인 지원을 제공하여 개인과 사회의 복지를 증진시키는 것을 목표로 한다. 이를 위해 개인의 문제를 전문적으로 분석하고, 그에 맞는 최선의 지원 방법을 제공하는 것을 강조했다. 구체적으로 다문화, 장애인, 노인, 아동 및 청소년, 가정폭력 피해자, 사회적 취약계층, 심리적인 문제를 겪는 사람들에 대한 지원을 제공하며 사회복지는 심리, 의료, 상담, 교육, 보건, 재취업, 법률 등 다양한 분야와 연계하여 지원한다.

이런 맥락에서 사회복지는 인간의 복지를 증진시키기 위해 사회적으로 배제된 개인이나 집단, 그리고 사회적 위험에 노출된 사람들에게 경제적, 사회적, 심리적 지원을 제공하여 그들의 삶에 스스로 자립하도록 도움을 주고 그들의 삶의 질을 향상시키는 것을 목적으로 하는 학문이라고 볼 수 있다. 구체적으로 사회복지는 전문적인 사회복지 인력이 제도를 활용하여 사회적 약자들을 지원하며 그들이 생활하는 환경을 개선하는 것을 목적으로 하는 사회적 정책 및 프로그램이다. 즉 식량, 주거, 교육, 의료, 일자리 등의 기본적인 인권을 지원하는 것을 포함하며, 사회적 불평등을 줄이고 사회적 약자들의 삶의 질을 향상시키는 것을 말한다. 다시 말해서 사회복지는 사회문제의 해결 또는 사회적 욕구 충족의 기능을 수행하는 제도라고 할 수 있다(박용순, 2008).

사회복지에 대한 정의는 다양하지만, 학자들의 의견을 종합해 보면, 사회복지란, 사회문제의 해결 또는 사회적 욕구 충족의 기능을 수행하는 사회제도이다. 사회복지(social welfare)는 인간이 인간다운 질 높은 삶을 살아갈 수 있도록 돕는 하나의 사회적 제도이며, 휴먼서비스(human service)이자 학문 분야이다(Mehr & Kanwischer, 2004; Zastrow, 2000). 사회복지를 사회제도, 전문직 또는 학문 분야 중 무엇으로 이해하든지 간에 그 대상이 생태학적 관점에서 바라보는 '환경 속의 인간(person in environment)'이라는 점만큼은 동일하다. 그러므로 사회복지가 무엇이고, 사회복지 실천을 접근하고 이해하는데 있어서 인간과 이를 둘러싼 사회환경, 이들 간의 상호작용에 대한 정확한 이해가 필요하다(권중돈, 2021).

던햄(Dunham)은 "사회복지란 인간 노력의 광범위한 분야이고, 인구의 일부 또는 전체의 경제적 조건, 건강과 경제력을 개선 유지함으로써 사회적 행복을 증진시키려는 조직적 활동이다"라고 정의하였으며, 장인협 외(2009)는 "인간의 행복을 증진시키기 위해 정부나 민간이 프로그램, 서비스 또는 시설을 통해 사회적 장애(social dysfunction)를 예방하고 경감시키려는 체계적·조직적 노력이다"라고 하였으며, 표갑수(2002)는 "인간의 사회적 욕구와 사회문제를 해결하기 위한 사회적 노력"이라고 하였다. 김영모(1982)는 "인간의 요구와 사회문제에 대한 서비스로 평등과 보장을 의미하며, 기존 사회구조에 적응하는 것"을 목적으로 한다.

미국 사회사업가협회(1973)는 사회사업이란 "개인, 집단, 지역사회가 그들의 사회적 기능을 향상시키거나 회복하도록 돕고, 그들의 목표를 달성하는 데 필요한 적절한 사회적 조건을 만드는 전문적 활동"이다. 이렇게 사회복지는 인간의 복지와 사회질서 유지에 기본적인 것으로 인정되는 사회적 욕구를 충족시키기 위한 제반 준비를 확보하고 강화하는 법률, 프로그램, 급여 및 서비스 체계이다(Friedlander & Apte, 1980). 사회복지의 최종목적은 모든 사람이 만족스럽고 편안하며 행복한 삶을 누릴 수 있도록 하는 것이라고 볼 수 있다.

프리드랜더와 앱트(Friedlander & Apte, 1980)는 사회복지를 "국민의 복지와 사회적 기능 수행에 기본이 되는 사회적 욕구를 충족할 수 있는 급여를 강화하고 확고히 하는 제반 법률, 프로그램, 급여 및 서비스의 체계이면서 인간관계에 대한 과학적인 지식과 기술을 기반에 둔 전문직업적 봉사활동이며 대인이나 집단 속의 개인을 도와서 그들의 사회적 내지는 개인적 만족과 독립을 성취하도록 하는 서비스"로 정의하였다.

마틴과 잘드(Martin & Zald, 1981)는 "사회복지는 사회와 인간이 기능을 수행할 수 있는 최저 수준을 획득하도록 인간을 촉진하려는 시도"라고 규정하고 있다. 재스트로(Zastrow, 2000)는 사회복지를 "모든 사회구성원의 사회적 재정적 건강과 여가에 대한 요구를 충족하고, 그들의 사회적 기능을 향상하기 위한 노력"이라고 규정하고 있다. 모란(Moran, 1988)에 의하면 "사회복지란 혼자의 힘으로는 경제적인 유지가 어렵거나 건강한 생활의 유지가 곤란하거나 불가능한 개인 또는 가족들에게 일정한 서비스를 실시 제공하는 일"이라고 주장한 바 있으며, 고뇌나 빈곤의 완화 내지 사회의 사고자들의 조건을 개선시키고자 하는 비영리적 공과 사의 사회적 기능이라고 하였다(Dolgoff와 & Feldstein, 1984).

이들 학자의 사회복지에 대한 개념 정의를 종합해 볼 때, 사회복지는 "모든 국민이 최저한도(minimum) 이상의 삶을 향유하고 개인, 집단, 지역사회, 더 나아가 전체 사회의 차원에서 사회적 욕구 충족과 생활상의 문제를 예방, 경감, 해결할 수 있도록 원조하는 공공과 민간 부문의 조직적인 노력, 즉 제반 법률, 서비스와 급여, 프로그램 등을 총칭하는 체계"로 정의할 수 있다.

3절 사회복지의 관점

1. 광의의 개념과 협의의 개념

1) 광의의 개념

광의의 사회복지는 근대사회 이후부터 현대사회의 사회복지를 이루고 있다. 현대에 와서는 전체 국민의 복지를 증진시키는 모든 보편적 노력을 의미하며 사회문제의 치료와 예방, 인적자원의 개발, 인간생활의 향상에 직접적 관련을 갖는 일련의 모든 과정을 포함한다. 이는 목표이자 수단으로서 사회를 구성하는데 필요한 직접적인 제도와 서비스를 말한다. 사회정책, 사회보장, 주택보장 등을 포함하는데 영국과 미국의 사회복지는 광의의 개념으로 사용되는 경우가 많다.

로마니쉰(Romanyshyn, 1974)은 사회복지는 개인과 사회전체의 복지를 증진시키려는 모든 형태의 사회적 노력을 포함하며, 사회문제의 치료와 예방, 인적자원의 개발, 인간생활의 향상에 직접적 관련을 갖는 일체의 시책과 과정을 포함한다고 하였다. 광의의 사회복지는 국가에 있어서 최저한 또는 평균적인 욕구가 충족되지 않은 개인, 가족, 집단 등에 대한 사회보장, 보건, 의료, 주택, 고용, 교육 등 여러 가지 사회적 서비스를 총칭한다.

우리나라 「헌법」 제10조에서는 "모든 국민은 인간으로서의 존엄과 가치를 가지며, 행복을 추구할 권리를 가진다."고 하였으며, 제31조는 교육을 받을 권리, 제32조는 근로의 권리, 제33조는 노동 3권의 보장, 제34조는 생활권, 제35조는 모든 국민은 건강하고 쾌적한 환경에서 생활할 환경권, 제36조는 혼인과 가족, 보건에 관한 권리를 규정하고 있다. 특히 아동복지법(1981), 생활보호법(1982), 사회복지사업법(1992), 사회보장기본법(1995) 등에서 구체적으로 사용하고 있다. 현행 헌법은 제10조에서 "모든 국민은 인간으로서의 존엄과 가치를 가지며 행복을 추구할 권리가 있다"고 행복추구권을 규정하였다. 또한 제34조에서 "모든 국민은 인간다운 생활을 할 권리를 가진다. 국가는 사회보장·사회복지의 증진에 노력할 의무를 진다…."고 규정하여 사회복지국가의 실현을 위한 국가의 의무를 선언하고 있다.

사회보장(social security)은 사회정책(social policy)과 가장 유사한 동시에 핵심이 되는 제도이다. 주요 차이점은 제도의 범위에 있는데, 사회정책이 사회보장보다 범위가 넓다. 영국의 베버리지 보고서(1942)를 보면, 사회보장은 사회보험, 공공부조, 민간보험으로 구성되어 있고, 사회정책은 사회보장 이외에도 아동 수당, 보편주의 보건서비스 및 재활서비스 및 완전고용을 포함하고 있으며, 독일의 사회법에서도 사회정책을 사회보장 뿐만 아니라 교육, 주택, 환경정책 등을 포괄한다고 규정하고 있다. 사회정책과 사회보장은 지향하는 목표가 빈곤의 예방, 사회통합, 사회적 불평등의 완화, 소득재분배 등으로 같다. 사회보험을 핵심으로 한다는 점에서도 동일하다.

제도적 사회복지, 사회정책, 사회보장, 교육, 주택, 공공위생, 비행, 범죄 등의 사회생활을 영위하는 인간의 정신적 도덕적 육체적 노동 및 경제적 조건에 밀착되는 사회시책으로서 일반 사회구성원을 대상으로 생활의 각 측면에서 나타나는 노력의 일환이라고 할 수 있다.

2) 협의의 개념

사회복지 협의의 개념은 사회사업 또는 사회복지사업과 동의어로 사용되는 것으로 개인, 집단 및 지역사회가 사회적 기능을 향상시키거나 회복할 수 있도록 돕고 이를 위해 사회적 여건을 조성하는 구체적인 실천 활동을 의미한다. 일반적으로 "사회생활상의 곤란 또는 장애를 받고 있는 자, 즉 장애인, 노인, 아동 등의 요보호대상자에 대한 보호, 육성, 지도, 치료, 재활 등의 여러 가지 서비스"를 말한다. 전통적으로 과거 영국의 구빈법(poor law)에 근거한 공적 구제제도와 병행하여 민간에서 실시된 자선사업, 박애사업으로 가족이나 시장기구로부터 탈락된 자들에게 정상적인 사회생활을 유지할 수 있도록 원조하는 활동이 초기의 형태라고 볼 수 있다. 현대의 공공부조, 사회복지서비스 등이 여기에 속한다.

협의의 사회복지는 개인이 가지고 있는 문제가 무엇인지를 파악하고 실천 속에서 자원을 연계하여 신체적 정신적 경제적 자립을 지원한다. 국가부조를 받고 있는 자, 장애인, 아동, 기타 원조, 육성을 필요로 하는 자로 하여금 자립하여 그 능력을 발휘 하는 데 필요한 생활지도, 재활서비스, 신체적·경제적·정신적 서비스를 행하는 것이라고 볼 수 있다. 이는 사회 내에 존재하는 경로를 통해 각 개인의 욕구(need)가 적절하게 충족될 수 있음을 전제로 한다. 욕구가 충족이 안 될 경우 국가나 사회는 개인의 사회복지에 대해 소극적 태도를 보일 수 있다. 협의의 사회복지란 정상적인 사회생활을 영위할 수 없는 사람들을 대상으로 하여 이들이 일반적인 생활을 유지할 수 있도록 구제·보호·예방·회복 등의 원조를 행하는 사회복지 실천 활동을 말한다.

이를 종합해 보면, 협의의 사회복지는 "사회구성원 개개인이 기존의 사회제도를 통하여 자신의 기본적인 욕구를 충족시키는데 어려움을 겪고 있거나 어려움이 예상될 때, 그 욕구를 충족시킬 수 있도록 도움을 제공하는 조직화된 사회적 활동의 총체"라 할 수 있다(장인협 외, 2009).

2. 잔여적 개념과 제도적 개념

사회복지는 인간의 복지와 사회적 정의를 추구하며, 사회적 이슈에 대응하고 사회문제를 해결하기 위해 개인, 집단, 지역사회, 사회의 복지를 증진하는 실천 학문이다. 사회복지는 이론과 실천을 결합한 전문적인 접근 방식이며, 경제적, 정치적, 문화적 차원에서 발생하는 사회적 배제와 불평등 문제를 다루면서 정부나 민간 단체, 비영리 단체, 학계 등에서 활동하며, 사회복지실천현장에서 이론적인 연구를 통해 개인을 둘러싼 다양한 문제들을 해결하는 것을 강조한다.

사회복지의 목적은 사회적 이슈에 대응하여 개인과 집단의 문제를 해결하고, 사회적으로 취약한 계층의 복지를 보호하고 지원하여 사회의 안정과 발전에 기여하는 것이다. 사회복지는 개인의 인권, 자율성, 안녕과 행복을 추구하는데 중점을 두며, 인간중심적인 접근 방식을 채택한다.

1) 잔여적 개념

사회복지의 잔여적(the residual) 개념이란, 예전에는 사회복지가 주로 빈곤한 사람들을 돕는 자선적인 활동으로 인식되어 왔기 때문에, 그 개념이 잔여적으로 남아 있는 것을 의미한다. 즉, 사회복지가 단순히 가난한 사람들에게 음식, 의료 서비스 등을 제공하는 것이 아니라, 사회적 정의와 인권을 실현하고, 사회적 문제를 해결하며, 개인과 집단, 사회의 복지를 증진시키는 학문과 실천 분야로서 인식되어야 한다는 것을 강조한다.

과거의 사회복지는 자선사업이나 구호활동 등으로 이루어졌기 때문에, 그 개념이 자선이나 구호와 연관되는 것으로 생각되어 왔다. 하지만 현재의 사회복지는 이러한 개념에서 벗어나서, 사회적 문제의 원인을 파악하고, 이를 해결하기 위한 구조적인 변화를 추구하는 방향으로 발전하고 있다.

사회복지의 잔여적 개념은 이러한 구조적인 변화를 강조하지 않고, 사회의 기능이 제 역할을 하지 못할 경우에 나타나는 문제를 보완하거나 임시적인 기능을 수행하는 것을 의미한다. 또한 유연한 서비스의 변화를 추구하며 개인의 능력을 중시하기 때문에 능력에 따라서 얻을 수 있는 재화들이 차이가 나게 된다. 이로 인해 개인들 간의 자연스런 경쟁을 유도할 수 있고, 이는 사회적 약자를 자연스럽게 도태시키게 되며 사회구성원들의 능력 개발을 촉진시키는 원인이 된다.

사회복지의 잔여적 개념의 입장은 자본주의 사회에서 복지는 가족과 시장제도를 통해서 기본적으로 충분히 달성가능하다고 본다. 즉 정상적인 가족의 기능을 하지 못하거나 또는 경제적 능력이 부족한 일부 사람들에 대해 국가가 사회적 도움을 제공해야하는데 이러한 도움을 제공하기 위한 제도가 바로 사회복지라고 본다(공공부조). 사회복지의 잔여적 개념은 가족이나 시장으로부터 탈락된 개인에게 정상적인 삶을 살 수 있도록 주로 응급조치의 기능을 단기적으로 수행하는 보충적 활동을 말하며, 정상적인 사회조직인 가족과 시장이 제 기능을 발휘할 때는 사회복지활동을 중지해야 하는 것으로 보고 있다.

잔여적 개념에 대한 요약은 다음과 같다.

① 사회복지를 개인의 욕구가 일차적으로 가족과 시장에서 충족되고, 그렇지 못할 경우에만 잠정적, 일시적으로 사회가 나서서 돕는 것으로 간주한다. 즉, 개인의 문제를 그의 과실로 인해 발생하는 것으로 가정하여 개인이 자력으로 문제를 해결할 수 있을 때까지만 구호하는 것이 사회복지라는 것이다.
② 사회복지 대상자는 사회에 의존적인 사람으로서 가급적 의존 상태에서 벗어나기 위해 스스로 노력해야 하는 도덕적 의무가 있으며, 그런 사회적 기대를 저버릴 경우 비난과 경멸의 대상이 된다(스티그마 발생).
③ 가족과 시장을 보완하는 것이 사회복지이고, 가족과 시장을 통해 욕구가 충족되는 상태로 회복되면 사회복지는 중단된다는 점에서 '잔여적'이다.
④ 잔여적 사회복지의 대표적인 예로 영국의 빈민법(스펜서, 하이에크, 프리드먼 등 자유주의자들이 이념적으로 지지)이 있다.

잔여적 사회복지는 구제나 자선, 사후 치료적 서비스를 통해 문제를 해결하는 경향이 강하며, 사회복지급여나 서비스를 국민으로서의 권리가 아니라 시혜로 받아들인다. 그리고 사회복지 급여나 서비스를 받는 개인은 이러한 도움 없이도 자립해야 한다는 도덕적 책임을 가져야 한다고 본다.

2) 제도적 개념

제도적(the institutional) 개념의 사회복지는 사회복지를 체계적으로 이루어지도록 하기 위한 제도적인 방식을 의미한다. 사회복지 제도는 국가나 지방자치단체 등에서 제공하는 사회복지 서비스와 이를 지원하기 위한 제도적 기반을 포함한다. 따라서 사회는 욕구를 가진 사람을 도와야 할 의무가 있고 사회구성원은 사회복지급여와 서비스를 받을 권리가 있다는 관점이다.

사회복지 제도는 일반적으로 사회복지정책과 사회복지 서비스, 사회복지 제도를 운영하기 위한 제도적인 장치 등으로 구성된다. 사회복지정책은 사회복지 분야에서의 방향성을 결정하며, 이를 구체적인 서비스로 제공하는 것이 사회복지 서비스이다. 사회복지 서비스는 개인, 가족, 커뮤니티 등의 복지를 증진하기 위해 제공되는 다양한 서비스를 포함하며, 이를 운영하기 위한 제도적 장치는 사회복지 제도이다. 일반적으로 수급자는 사회복지 원조를 받을 권리가 있다고 간주한다. 또한 개인의 어려운 상황은 환경(사회)에서 기인한다고 보기 때문에 사회는 개인이 제대로 기능을 할 수 있도록 사회제도를 개선하는 데 초점을 두어야 한다.

제도적 개념의 사회복지는 적극적이고 광의의 사회복지 개념으로서, 대상의 범위를 기준으로 하면 보편적 사회복지의 관점과 직접적으로 연결되어 있다. 보편적 사회복지의 관점에서는 국가와 사회가 전체 국민의 복지와 삶의 질 향상, 즉 사회복지 증진의 책임이 있다고 보기 때문에 사회복지의 대상 범위가 매우 넓다. 다시 말해, 보편적 사회복지 관점에서는 사회적 약자뿐 아니라 모든 국민이 사회복지의 대상이 되며, 국가와 사회가 전 국민의 소득, 고용, 건강, 교육, 여가, 주거 등과 관련된 욕구 충족과 문제 해결을 위한 다양한 급여와 서비스를 제공해야 한다고 본다. 제도적 사회복지는 개인의 욕구충족을 목적으로 하는 사회복지가 가족, 경제, 정치, 교육, 종교와 같은 사회제도들과 동등한 수준에서 하는 일차적 정상적으로 제도화되어 있으며 평등주의 이념에 따라 모든 국민들에게 보편적으로 제공되는 것이다(Titmuss, 1974).

현대사회에서 발생하는 여러 가지 어려움에 대해 개인이 가족과 시장을 통해 혼자의 힘만으로는 대처하기가 불가능하기 때문에 이러한 대처가 가능하도록 도움을 제공하는 제도가 필요하다고 본다. 과거와는 다르게 오늘날 사회에서의 핵가족 제도가 아동과 노인 및 장애인의 돌봄에 대해 개인이 전적으로 책임질 수 없는 부분이다. 제도적 개념의 사회복지는 현대 산업사회에서 각 개인의 자립을 돕기 위해 타당하고 정당한 기능을 수행하는 것은 당연하다고 보는 입장이다. 또한 각 개인이 자신의 힘만으로는 충분히 사회나 사회문제에 대처할 수 없다는 것을 알고 있다. 그러나 제도적 개념에서는 사회복지의 대상인 개인에게 낙인을 찍거나 개인을 비정상적인 존재로 간주하지 않으며 이들의 자아실현을 돕기 위한 다양한 급여나 서비스를 적극적으로 제공한다.

제도적 개념의 사회복지는 개인의 힘만으로는 생활에서 발생하는 문제에 적절히 대처할 수 없고 가족이나 시장경제를 통해서 모든 욕구를 적정 수준에서도 충족할 수 없다고 본다. 뿐만 아니라 개인문제나 사회문제의 발생 원인이 개인이나 가족이 아니라 불합리한 사회구조에 있다고 바라본다. 따라서 제도적 개념의 사회복지는 사회문제의 발생을 예방하거나 경감하기 위해서 역기능적인 사회제도를 개선하는 데 초점을 둔다. 그리고 제도적 개념의 사회복지는 모든 국민이 급여나 서비스를 받을 수 있는 권리가 있다고 본다.

로마니쉰(Romanyshyn, 1974)은 국가의 발달 단계에 따라 사회복지가, 잔여적 복지에서 제도적 복지로, 자선적 차원에서 시민의 권리로, 최저 수준에서 적정 수준의 급여나 서비스로, 개인의 변화에서 사회 개혁으로, 민간지원에서 공공지원으로, 빈민을 위한 복지에서 복지사회의 구현으로 발전해 간다고 주장하였다. 하지만 특정 국가의 사회복지제도는 제도적 개념의 사회복지와 잔여적 개념의 사회복지라는 두 가지 속성을 동시에 지니는 것이 일반적이다. 따라서 잔여적 개념의 사회복지와 제도적 개념의 사회복지는 서로 분리된 개념이 아니라 연속선상의 개념(박종삼 외, 2003)이며, 특정 국가의 사회복지는 두 가지 사회복지를 양극단으로 하는 연속선상 중의 어느 한 지점에 속하게 된다고 볼 수 있다.

〈표 2-2〉 잔여적 관점과 제도적 관점

잔여적 관점	제도적 관점
욕구가 예외적인 것	그 욕구가 산업화로 인해 생기는 것
문제의 상황이 긴급하고 위급	문제는 현대생활의 복잡성 속에 잠재되어 있음
자신의 자원을 다 소진한 후 도움을 받음	도움이 마련되어 있음
낙인(stigma)	낙인(stigma)효과 없음
부조는 일시적 개선 또는 최종적인 수단으로서의 시혜나 자선이며 되도록 빠른 종결	서비스는 예방과 재활을 강조하는 제도적인 것이며 영구적일 수도 있음

출처: Johnson(1982), 재인용

3. 선별주의와 보편주의

국가가 사회복지의 자원을 국민에게 제공하는 방식은 선별주의(selectivity), 보편주의(universalism)로 구분된다(박광준, 2004).

1) 선별주의

선별주의(selectivity)는 사회복지의 대상이 사회적 취약계층이며 사회복지에 소요되는 비용을 제한하려는 이데올로기에 근거한다. 선별적 사회복지는 예외주의(exceptionalism)와 보수주의(conservatism) 이념에 기반을 두고 있다(Popple & Leighninger, 2002). 즉, 사회문제는 특정 범주에 속한 사람에게서만 발생하며 사회규범에 비추어 볼 때 예외적이고, 개인의 결함, 사고, 불행한 상황에서 발생한다고 본다. 따라서 선별적 사회복지의 관점에서는 사회복지의 대상을 노인, 장애인, 아동 등의 사회적 약자나 요보호 대상자로 한정하고, 이들의 문제나 고통을 경감하고 해결하는 데 초점을 둔 선별적이고 개별적인 접근방법을 이용한 소극적 서비스를 제공하는 것이 타당하다(김상균 외, 2001).

선별적 사회복지는 비용의 절감을 도모할 수 있다는 장점을 가지고 있으나 부정수급, 과다한 행정운영비로 인한 비용의 비효율성, 수급자와 비수급자 간의 통합 저해 등의 단점이 있다.

2) 보편주의

보편주의(universalism)는 사회구성원 전체를 대상으로 건강, 소득, 주택, 교육, 여가 및 문화 활동 등 광범위한 영역에서 구성원들의 욕구에 대응한 정책이다. 선별적 프로그램이 사후적 조치라고 한다면 보편주의는 예방적인 특징을 가진다.

보편적 사회복지 관점에서 사회문제는 사회체계의 불완전성과 불공평성에 기인하며 공공부문의 노력으로 예방 또는 해결이 가능하다고 본다. 즉, 사회문제가 어느 특정 계층의 사람들에게만 발생하는 것이 아니라 권리로서의 복지로서 모든 국민에게 보편적임을 강조하고 있다. 보편주의는 사회복지의 권리성, 연대의 가치, 사회통합, 사회효과성을 강조한다(사회수당, 사회보험). 그러므로 사회복지의 대상은 국민전체가 되어야 하며, 사회문제를 해결하기 위해서는 보편적이고 집합적인 방법을 사용하여 국가가 더욱 적극적으로 개입하는 것을 타당하다고 본다(Zastrow, 2000).

〈표 2-3〉 선별주의와 보편주의의 장단점

구분	선별주의	보편주의
주요 내용	사회복지 대상자들을 사회적, 신체적, 교육적 기준에 따라 구분한 다음 복지서비스를 제공한다. 자산조사(means test)를 통해 원조의 필요가 있다고 인정된 사람들, 즉 결손가정, 장애인, 무능력자, 노인, 빈민 등만을 복지서비스의 대상으로 본다.	보편주의는 전 국민을 사회복지의 대상자로 삼는 것을 말하는데 시민권(citizenship)에 입각해 하나의 권리로 복지서비스를 제공하고 복지수혜자격과 기준을 균등화한다.

구분	선별주의	보편주의
장점	도움이 필요한 사람에게 서비스를 집중시킬 수 있고, 자원의 낭비가 없으며, 비용이 적게 든다.	최저소득을 보장함으로써 빈곤을 예방할 수 있고, 수혜자에게 심리적 사회적 낙인을 가하지 않으며 행정절차가 용이하고 시혜의 균일성을 유지할 수 있으며 모든 시민의 구매력을 일정 수준에서 유지함으로써 경제적 안정과 성장에 기여한다.
단점	자산조사 과정과 일반 시민들과의 사회적 관계에서 낙인을 피할 수 없다.	한정된 자원을 꼭 필요한 부분에 효과적으로 사용하는데 한계가 있다.

출저: 원석조(2021).

4절 사회과학과 사회복지학

사회과학은 인간관계 현상이나 사회현상을 과학적으로 연구하는 경험과학으로서 사회현상 그 자체를 이론적, 체계적으로 연구하는 것을 주된 목적으로 한다. 순수과학 이론이나 지식을 이용하여 인간사회를 유용하게 사용할 수 있는 지식, 기술 등을 연구하는 것을 말하며, 사회복지학, 사회학, 문화인류학, 지리학, 행정학, 경영학 등이 여기에 속한다. 이러한 학문들은 사회의 구조, 문화, 인간관계, 경제적 상황, 정치적 현상 등을 연구하여 사회적 현상을 이해하고, 사회의 발전을 위한 정책과 방향성을 제시한다.

사회과학은 사회적 경험과 객관적인 수단과 방법을 중시하며, 자연과학에서 발견된 방법론을 적용함으로써 커다란 발전을 가져왔다. 사회과학이 과학으로서의 의미를 가지는 것은 사회현상에 있어서도 인간의 합리성에 입각한 객관적이며 논리적인 규칙성을 발견할 수 있다는데 있다. 사회과학은 과학적 지식에 기초를 두고 인간의 문제에 대한 이해와 해결을 시도하는 학문이다. 특히 사회과학은 인간관계 현상이나 사회현상을 연구하는 순수학문이다.

이에 반해 사회복지학은 각종 사회현상에 내재하는 사회적 욕구나 문제를 해결하기 위한 실천학문의 성격을 보인다. 사회과학은 지식을 습득하고 전파하는 기능을 수행하고, 사회복지학은 실제 사회적 욕구나 사회문제를 해결하는 기능을 수행한다. 즉, 사회과학의 지식은 과학이론이고, 사회복지학의 지식은 실천이론이다. 사회복지학은 그것이 어떠한 현 상태나 표현에 있어서 학문적 연구방법은 사회과학적이어야 하며 사회복지학이 사회과학과 밀접한 관계를 가져야 하는 이유는 아래와 같다.

- 사회과학이 발전시킨 인간에 관한 지식과 사회적 행동에 대한 지식을 충분히 이용하면 사회복지실천에 새로운 통찰을 얻을 수 있다.

- 사회복지의 목적, 기능, 전제조건, 방법 등에 대한 평가, 검증, 수정이 많으면 많을수록 사회복지는 인류에 더 공헌할 수 있다.

- 사회복지는 인간의 생활경험에 대한 풍부한 자료를 바탕으로 사회과학에의 학문적 기여를 할 수 있다.

사회복지학은 다양한 분야의 지식들을 수용하면서 학문적 경계를 갖는 하나의 체계로 구성되어져 왔다. 사회복지는 고정되어 있는 것이 아니라 시대와 시대상황에 따라 변하는 것이기 때문에 각기 다른 개념으로도 사용되어져 왔고 주변 학문과의 성과들에 힘입어 사회복지학은 점진적으로 발전하고 있다. 사회복지학은 본질적으로 인간주의적 관심에 입각한 문제해결의 노력과 그 결과로서 이루어진 지식의 체계인 점에서 사회과학과 전혀 차이가 없다. 사회복지학은 인접한 과학분야들과도 밀접한 교류관계를 유지함과 동시에 과학적 성격, 사회과학의 가치성과 관련된 절충적 성격, 다 학문적 성격과 같은 독특한 성격을 가지고 있다. 여기에 중요한 점은 사회복지는 인간이 만들어 낸 사회제도의 하나로서 다른 사회제도와 구별될 수 있는 특유의 사회적 기능을 갖고 있다는 점이다. 즉 사회복지는 특수대상 층의 복지뿐만 아니라 사회구성원의 안녕을 추구하며 인간생활을 향상시키려는 제반의 노력을 한다. 사회복지학은 사회과학의 하나로, 서로 긴밀하게 연관되어 있으며 사회적 문제를 해결하고 사회 전반의 복지를 증진시키는 데 초점을 둔 분야이다. 사회복지학은 사회 현상을 이해하고, 사회적 문제를 해결하고, 사회 발전을 위한 방향성을 제시하는 데 중요한 역할을 수행한다고 볼 수 있다.

3장

사회복지의 동기, 가치와 윤리

학습목표

- 사회복지의 동기에 대해 알 수 있다.
- 사회복지의 가치와 윤리에 대해 이해할 수 있다.
- 사회복지의 이념과 이데올로기에 대해 설명할 수 있다.

1절 사회복지의 동기

1. 사회복지 동기의 유형

사회복지는 여러 가지 다양한 동기에서 시작된다. 동기(motive)란 사람으로 하여금 행동을 일으키게 하는 내적인 요인을 말한다. 현대의 사회복지는 다양하고 복잡한 동기들의 구체적인 실행결과라고 할 수 있다. 스티어스와 포터(Steers & Porter, 1991)는 동기란, 인간행동을 활성화시키는 원인이며 인간의 행동방향을 설정하거나 목표를 지향하도록 하며 인간행동을 유지 또는 지지시키는 측면이라고 하였다. 이러한 동기부여는 근무의욕을 북돋고 사기를 진작시켜 업무의 생산성을 향상시키며 나아가 사회복지서비스를 제공하는데 있어서 효과성과 효율성을 높이기 위한 중요한 요소이다. 마카로브(Macarov, 1978)가 제시한 사회복지의 동기, 즉 상호부조의 동기, 종교적 동기, 정치적 동기, 경제적 동기, 이데올로기적 동기, 전문직업적 동기들은 다음과 같다.

1) Macarov(1978)가 제시한 5가지 사회복지의 동기

(1) 상호부조의 동기(mutual aid)

가장 오래되고 가장 널리 퍼져 있는 동기 중 하나는 상호부조(mutual aid)의 동기이다. 상호부조의 동기는 '서로가 서로를 돕는다'는 뜻으로 가장 오래되고 보편적인 사회복지 동기이다. 인간이 야생동물과 자연의 위협으로부터 자신의 생명을 지키기 위해 서로 협력한 때부터 시작하여, 오늘날 우리가 일상생활 속에서 접하게 되는 가족, 이웃, 집단, 지역사회, 나아가 다양한 사회복지제도 등 여전히 상호부조의 동기 속에 있다.

현대사회가 점차 개인주의화 함에 따라 전통사회에 비해 상호부조의 동기가 약화되는 것은 사실이지만 상호부조는 인간이 소속된 집단적 관계를 보다 긴밀하게 유지하는 역할을 수행한다. 따라서 상호부조의 핵심은 사회적 연대의 확산이라고 할 수 있으며 이것은 사회복지의 궁극적인 목표와도 일치한다고 볼 수 있다고 논의하고 있다(Mauss, 1990). 한편 상호부조를 확대, 강화하려는 목적으로 시행되는 사회복지제도를 통해 상호부조의 동기는 유지되거나 회복될 수 있을 것으로 전망할 수 있다.

(2) 종교적 동기(religious motives)

종교적 동기는 인간이 종교적 동물의 속성을 가지고 있다는 기본적인 전제에서 출발한다. 즉, 도움을 받는 자와 도움을 주는 자가 한 인간으로서 종교적인 감정과 신념을 갖는다는 것이다. 사회복지의 종교적 동기는 사회복지가 가장 먼저 발달한 영국의 사회복지 역사에서 살펴보면 14세기 전후로 종교가 발달하면서 교회가 중심이 되어 과부나 고아에게 관심을 가지면서 자선활동이 시작되었다. 종교는 다른 사람, 특히 사회에서 소외된 사람들에 대한 책임감을 강조한다. 기독교의 이웃사랑, 불교의 자비 사상 등을 실천하기 위해 많은 종교인들은 자선행위를 한다. 초기 종교적 동기에 의한 자선행위는 주는 자의 심리적 태도에 의해서 이루어지며, 그것을 받는 자에게 미치는 영향은 비교적 중요시하지 않는 경향이 있었다. 즉, 자선행위를 통해 구원을 얻거나 속죄하고자 하는 의도가 강했기 때문에 주는 사람의 종교적 신앙심이 무엇보다 중요했다. 이와 같은 종교적 신념이 바탕이 되어 형제애나 이웃사랑으로 서로 돕고 불우한 타인까지도 구제하는 자선행위는 현대 사회복지제도에서 차지하는 비중은 약화되었으나 여전히 중요한 민간 사회복지의 보편적 배경이 되고 있다.

기독교 이념에서 인간은 병든 자, 약자, 가난한 자, 슬픈 자, 핍박받는 자, 소외된 자, 모두가 하나님 앞에서 평등하며 예수는 불행한 이웃을 사랑하여 영적인 구원을 얻게 한다는 교리에서 사회복지의 종교적인 동기를 찾을 수 있을 것이다. 불교의 기본사상이 자비와 고통받는 중생의 구원이며 인도주의와 이타주의정신, 인간에게 복지의 기본이념인 인간의 존엄성 및 평등성과 같은 맥락에서 이해될 수 있으며 오늘날 교회가 이웃을 돕고 지역사회에 봉사하는 자선활동도 마찬가지로 사회복지의 동기에서 비롯되는 것이다. 종교적 동기에 의한 사회복지는 많이 약화되었지만, 우리의 자원봉사활동이나 종교단체의 복지활동에서는 여전히 중요한 동기이다.

(3) 정치적 동기(구빈법 : 정치적 목적, 권력의 획득, 사회적 불안의 회피, 정치과정 자체의 부산물)

사회복지에서 정치적 동기가 부각되기 시작한 것은 국가 혹은 정부가 사회복지에 대한 관심을 표현하기 시작한 데서 찾을 수 있다. 사회복지의 역사에서 보면 빈민법(혹은 구빈법)의 시대까지 거슬러 가게 된다. 정치적 동기란, 1601년 영국의 엘리자베스 1세 때 제정한 구빈법은 매우 엄격하고 보수적인 법으로 당시의 사회적 상황을 잘 반영하고 있다. 사회복지 서비스의 주요 목적은 노동력 착취와 권력의 유지 수단이었다는 점에서 사회복지의 정치적인 동기를 찾아볼 수 있다. 물론 정부가 사회복지를 제공하는 동기에는 인도주의적 목적이나 경제적 이유 혹은 종교적 신념도 있을 수 있지만, 권력을 가진 정치집단 또는 정부가 사회복지를 정치적인 수단으로 이용한다는 것을 의미한다.

(4) 경제적 동기(사회문제에 드는 비용을 감소, 사회문제가 경제에 부정적인 결과를 초래할 가능성이 있기 때문에 사전 방지)

사회복지의 경제적 동기는 사회복지를 정부가 주도해서 제공하는 것이 다른 방법보다 더 효율적이기 때문에 나타나게 된다. 사회복지활동 과정에 일정한 비용이 필요한 경우라면 사회복지와 경제는 불가분의 관계를 맺는다. 그러나 사회복지에서 경제적 동기는 첫째, 사회문제에 드는 비용을 감소시킬 목적과 둘째, 그러한 사회문제의 존재가 경제에 부정적 결과를 초래할 수 있는 가능성에서 찾을 수 있다. 문제가 발생했을 경우 적은 비용으로도 충분히 사회문제를 감소시킬 수 있음에도 불구하고 적절한 조치를 취하지 않아 사회 전체에 부정적인 영향을 미친다면 이는 경제적으로 큰 손실을 얻게 되는 것이다.

(5) 이데올로기적 동기(타인을 도와야 한다는 신념(altruism), 느낌, 태도)

이것은 개인에 초점을 두지만 사회전체로 확산될 경우 인간중심(humanitarianism)이 된다. 이데올로기적 동기는 19세기의 벤담(Bentham)과 밀(Mill) 등 영국 공리주의자[1]들의 사상에 근거한 것으로 '최대다수의 최대행복'을 보장하는 방향으로의 사회복지를 추구한다. 모든 인간은 가능한 한 자신의 고통을 제거하거나

1) 공리주의(utilitarianism)는 공리성(utility)을 가치 판단의 기준으로 하는 사상이다. 곧 어떤 행위의 옳고 그름은 그 행위가 인간의 이익과 행복을 늘리는 데 얼마나 기여하는가 하는 유용성과 결과에 따라 결정된다고 본다. 넓은 의미에서 공리주의는 효용·행복 등의 쾌락에 최대의 가치를 두는 철학·사상적 경향을 통칭한다. 하지만 고유한 의미에서의 공리주의는 19세기 영국에서 벤담(Jeremy Bentham, 1748~1832), 제임스 밀(James Mill, 1773~1836), 존 스튜어트 밀(John Stuart Mill, 1806~1873) 등을 중심으로 전개된 사회사상을 가리킨다.

회피하고 최대한의 본질적인 쾌락을 추구하고자 한다는 것을 전제하고, 공리주의적 동기에 따라 사회복지를 통해 최대다수의 최대행복을 실현 과제로 보았다. 사회복지의 궁극적 목적이 모든 국민과 사회가 동시에 만족하고 바람직한 사회를 실현하고자 한다.

사회복지의 동기로서 가장 강력한 것 중 하나는 타인을 도와야 한다는 신념, 느낌, 태도 혹은 이데올로기이다. 상호부조의 동기와 다른 점은 원조자와 피 원조자를 단정 지을 수 없다는 점이고, 정치 혹은 경제적 동기와 일치하는 점이 많다고 하더라도 서로 간에 갈등이 쉽게 발생하기 때문에 하나의 중요한 동기가 된다. 사회복지의 이데올로기 동기 중 대표적인 것은 이타주의(altruism)를 들 수 있다. 외부로부터의 어떠한 보상도 기대하지 않고 타인을 이롭게 하는 행동을 수행하는 경우에는 인간 중심주의(humanitarianism)가 된다. 또한 개인주의가 덕으로 여겨지는 경우보다는 협동을 보다 더 요구하는 집합주의(collectivism)에서 사회복지는 한층 더 발전하게 된다. 사회복지의 궁극적 목적은 모든 국민과 사회가 동시에 만족하고 바람직한 사회를 실현하고자 한다는 측면에서 공리주의적 동기에 그 기초를 두고 있다.

(6) 전문직업적 동기

전문직업적 동기(professional motives)는 인권옹호, 인격형성, 정신치료, 신체치료 등과 같이 전문분야가 다를 수 있지만, 결과적으로 사회복지 대상자에게 일종의 서비스를 제공한다는 점에서 그 유래를 찾을 수 있다. 클라크(Clark) 여사는 "오늘날 많은 사람들이 법률이나 의학에 종사하는 것과 마찬가지로 사회복지에 종사하여 도움을 필요로 하는 사람들에게 전문적 서비스를 제공하는 추세"라고 하면서 전문직업적 동기에서 사회복지의 선호도가 점차 증대되고 있다는 것을 강조하고 있다.

사회복지사는 도움을 필요로 하는 사람들에게 바람직한 사회적 기능을 수행함으로써 행복할 수 있도록 변화시키는 과정에서 인간과 사회 환경에 대한 전문가적 지식과 윤리 그리고 실천기술이 요구된다. 이런 측면에서 사회복지는 전문적 동기에 입각하여 충실한 서비스를 수행하고자 하는 노력이 이어지고 있다(윤철수 외, 2011).

이러한 사회복지의 동기들을 통한 인간의 욕구와 문제를 해결하기 위해 노력해 왔고 사회복지의 발달과정 속에서 사회복지를 발생시킨 다양하고 복잡한 동기들을 살펴보았는데 이는 사회복지가 발전하게 된 동기들의 구체적인 실행 결과라고 할 수 있다.

따라서 사회복지는 역사적으로 자선이나 박애 등의 동기에서 유래된 것이지만, 사회복지사가 이와 같은 구제의 사명, 희생의 이타심 등의 원인에 사로잡힐 이유는 없다고 본다. 결론적으로 인간의 욕구를 충족시키기 위해 노력하는 사회복지는 다양한 동기들을 통해 사회복지가 자원에서부터 소득 재분배까지 다양한 요인들의 영향을 받아 발달되었다. 사회복지의 기본가치를 통해 인간의 존엄성, 자기결정권, 차별 없는 사회, 사회적 확신 속에 사회복지 종사자에게 보다 중요한 것은 사회복지사로서 확고한 철학을 갖고 항상 끊임없이 변화되는 사회복지 실천현장에서 앞으로 나아갈 길을 모색해 나가야 할 것이다.

2절 사회복지의 가치와 윤리

1. 사회복지의 일반적 가치

사회복지는 인간의 복지와 안녕을 추구하고, 사회적으로 제외된 사람들의 삶의 질을 향상시키는 데 중점을 둔 분야이다(고명석, 2008). 사회복지는 불평등, 빈곤, 인종차별, 장애 등의 사회 문제를 해결하고 예방하는 데 기여한다. 그러나 사회복지 가치적인 문제는 여러 가지 측면에서 발생한다. 레비(Levy, 1976)는 가치란 인간에 관하여 그리고 인간을 다루는 적절한 방법에 대해 전문직이 갖는 신념으로 본다. 왜냐하면 사회복지는 가치를 기반으로 동기화되거나 기능화되기 때문이다(Reamer, 1998). 일반적으로 가치는 문화, 인간집단, 개인이 바람직한 것으로 생각하는 관습, 신념, 행동기준 및 전문직이 갖는 신념을 의미한다. 사회복지의 일반적인 가치는 다음과 같다.

1) 인간의 존엄성: 사회복지는 개인의 존엄성을 존중하고, 인간답게 살아갈 수 있도록 도우며 사회복지의 철학이면서 가장 중요한 기본가치이다(Compton & Galaway, 1984).

2) 사회적 정의: 사회복지는 사회적 불평등을 해결하고, 모든 사람이 공정하게 살아가는 사회를 추구한다.

3) 삶의 질: 사회복지는 사람들의 삶의 질을 향상시키고, 안전하고 건강한 환경을 조성한다.

4) 인간관계: 사회복지는 사람들 간의 인간관계를 증진시키고, 사회적 연결망을 강화하여 사회적 고립을 예방한다.

5) 공공복지: 사회복지는 공공복지의 중요성을 강조하고, 사회의 기능적 효율성을 높이는 데 기여한다.

2. 사회복지의 가치

이러한 가치들은 사회복지 전문가들이 사회문제를 해결하고 개인과 사회의 복지를 추구하는 데 사용된다. 사회복지는 사회에서 가장 어려운 상황에 있는 개인과 집단에 대한 복지와 안녕을 증진시키는데 초점을 맞추고 있다. 이러한 목적을 달성하기 위해서는 사회복지 전문가들이 일정한 가치와 윤리적 원칙을 준수해야 한다. 사회복지의 일반적인 가치는 개인의 존엄성, 사회적 정의, 인간의 우월성, 연대감, 진실성, 자유, 신뢰와 존경, 책임성, 다문화주의, 다문화성, 예방과 간섭, 그리고 진보와 변경을 포함한다. 이러한 가치와 원칙들은 사회복지 전문가들이 일상적인 업무 수행에서 행동의 기준이 되며, 적절한 서비스 제공을 보장하는 것과 함께, 진보적이고 도덕적으로 적절한 사회체계를 구축한다. 사회복지의 가치와 관련된 것을 살펴보면 다음과 같다(남기민, 2011).

1) 자유

자유(freedom)란 인간이 자신의 책임으로 스스로의 존엄한 생존을 보장할 수 있도록 하는 권리로 현대의 민주주의 사회에서는 인간의 기본 권리로 보호를 받고 있다. 개인이나 집단이 외부적인 강제나 제약 없이 자유롭게 행동하고 선택할 수 있는 능력 또는 상태를 말한다. 이는 개인이 자기 자신을 통제하고, 생각하고, 표현하며, 행동하고, 선택하고, 삶을 살아가는 데 있어서 중요한 부분이다. 사회복지의 가치는 강제가 없는 자유보다는 사회적 권리를 보장할 수 있는 적극적 자유에 초점을 두고 있다.

자유는 권리와 책임이라는 두 가지 측면을 포함한다. 즉, 개인은 자유로운 선택을 할 수 있지만 그 선택에 따른 책임을 져야 하며, 다른 개인의 자유와 권리를 존중하고 서로의 자유가 충돌할 때는 상호 간의 타협이나 균형이 필요하다.

또한 자유는 다양한 분야에서 중요한 역할을 한다. 예를 들어, 경제적인 자유는 개인이 자신의 노력과 능력에 따라 경제적 성취를 이루는데 도움을 주며, 정치적인 자유는 개인이 자신의 생각과 의견을 자유롭게 표현하고, 정치적 결정에 참여할 수 있도록 하는데 중요하다. 자유는 인간의 존엄성과 인간의 권리와 책임의 균형을 보장하는 가치적인 의미도 가지고 있기 때문에, 인간의 본성과 진정한 삶의 의미를 이루는 핵심적인 가치 중 하나로 여겨지고 있다.

2) 평등

평등(equality)은 모든 인간이 인간으로서 동등한 권리와 기회를 가지며, 법 앞에서는 모든 사람이 동등한 지위와 대우를 받아야 한다는 것을 의미한다. 즉, 인종, 성별, 출신, 종교, 재산, 사회적 지위 등의 차이로 인해 불공평한 대우를 받지 않고, 모든 개인이 동등하게 존중받고 인정받는 것이다.

평등은 개인의 권리와 책임을 인정하고 보호하며, 개인이 자신의 역량에 따라 자유롭게 선택하고 발전할 수 있도록 하는 기본적인 가치이다. 평등은 모든 개인이 인간으로서 동등한 가치를 가지며, 인간의 존엄성을 보장해야 한다는 원칙에 기반이다.

평등의 유형은 법적 평등과 사회적 평등으로 구분할 수 있다. 법적 평등은 모든 개인이 법적으로 동등한 지위를 가지고, 법 앞에서는 모두가 동등하게 대우받아야 한다는 원칙이다. 사회적 평등은 경제, 교육, 복지, 문화 등의 분야에서 모든 개인이 동등한 기회와 자원에 접근할 수 있도록 하는 것을 의미한다. 따라서, 평등은 인간의 존엄성과 자유, 인권, 사회적 정의 등 다양한 가치와 연결되어 있으며, 이는 인간의 삶과 사회 전반에 걸쳐 중요한 역할을 한다.

평등의 개념을 크게 세 가지로 나눌 수 있는데, 첫째, 절대적 혹은 수량적 평등으로 사회적 자원을 똑같이 분배하는 것을 의미하는 개념으로 개인의 욕구나 능력을 무시한다는 단점을 지니고 있다. 둘째, 상대적 혹은 비례적 평등으로 흔히 공평(equity)이라는 개념으로 사용하고 있다. 개인의 욕구, 능력, 노력, 기여에 따라 사회적 자원을 상이하게 배분하는 것으로 자본주의사회에서 가장 널리 사용하는 개념이라고 할 수 있다. 셋째, 기회의 평등은 기회만 똑같이 해주는 개념으로 결과중심이 아니라는 점에서 다른 개념과 구별된다. 기회의 평등이라는 가치 아래 연관되는 결과의 불평등을 합법화하는 오류를 나타낸다. 사회복지에서 평등이라고 표현할 때 사회주의 사회의 경우 산술적 평등이 중심가치가 되고 자본주의 사회의 경우에는 비례적평등과 기회의 평등을 강조한다.

3) 사회연대성

사회연대성은 개인과 집단 간의 상호의존성과 연대 관계를 말한다. 즉, 개인이 사회 속에서 살아가기 위해 타인과 상호작용하며 상호의존적인 관계를 유지하고, 서로가 서로에게 영향을 미치며 함께 생활하고 발전하는 것을 의미한다. 사회연대성은 모든 개인이 서로 다른 역할과 책임을 가지며, 이를 수행함으로써 서로가 상호보완적인 관계를 맺는 것을 말한다. 이러한 관계를 통해 개인은 자신의 개성과 가치를 유지하면서도 타인과 함께 사회를 구성하며, 서로의 이익을 공유하고 상호 배려와 협력을 통해 사회적 문제를 해결할 수 있다.

결국 연대(solidarity)라는 것은 '두 사람 이상이 함께 무슨 일을 하거나 함께 책임을 지는 일'이며 인간의 사회성에 대한 신념을 포함하고 있으며 서로에 대한 책임감을 강조한다. 예를 들면 사람들은 공통의 위험에 빠지면 이를 제거하기 위해 협력 즉, 연대를 통해 위험을 해결하려고 한다. 오늘날 대표적 사회적 위험이라 할 수 있는 빈곤, 질병, 노령, 산업재해 등에 대해 국가적 차원에서 마련되고 있는 사회보험제도는 이러한 사회적 위험에 대한 공동협력과 책임을 전제로 한 사회적 연대의 가치 실현이다(박경일 외, 2011).

4) 생존권의 보장

빈곤, 실직, 교통사고, 질병, 재해 등으로 인간의 생활이 최저생활수준에 미치지 못하거나 생계의 위협을 받는 생존권을 집단적·사회적으로 보장하는 것이 생존권보장의 가치이다. 우리나라 「헌법」 제34조에서는 "모든 국민은 인간다운 생활을 할 권리를 가진다"라고 규정함으로써 생존권의 보장을 명시하고 있다.

5) 자기결정권

자기결정권은 모든 사람은 자신이 무엇을 원하며(want) 그것을 어떻게 충족할 것인가에 대해 스스로 선택하고 결정할 수 있다는 것을 말한다. 이는 사회복지실천에서 클라이언트의 의사결정능력을 보장함으로 인해 그들의 자립을 원조하는데 기여한다.

6)사회정의

정의(justice)의 개념은 절차상의 정의(procedural justice), 실질적 정의(substantive justice), 능동적 과정으로서의 정의(justice as active process) 등으로 사용되고 있다. 절차상의 정의는 법률에서 정한 합법적인 절차를 강조하며 실질적 정의는 결과로써 분배적 정의를 강조한다. 능동적 과정으로서 사회정의는 불의한 현상을 예방하고 치료하는 사회적 과정을 강조한다. 사회복지에서는 특히 분배적 정의를 강조한다. 사회적 약자에게 보다 나은 처우와 권한, 자원의 배분이 이루어지도록 노력해야한다.

3. 사회복지의 윤리

사회복지윤리는 사회복지서비스 제공자들이 실천해야 할 윤리적 가치와 원칙을 의미한다. 윤리(ethics)란 인간의 행위와 도덕적 의사결정에 관련되는 철학의 한 분야이다. 윤리는 무엇이 옳고 틀리는 가와 관련이 있다. 따라서 윤리는 인간의 행동을 통제하거나 규제하는 기준이나 원칙까지 포함하는 개념으로 일반적으로 타인에 대한 책임감에서 나오는 인간에 대한 기대를 말한다(양옥경 외, 2005). 사회복지의 윤리적 원칙은 서비스 이용자의 복지와 안녕을 증진시키는데 초점을 맞추고 있다. 이러한 원칙에는 인간 존엄성과 인권의 보호, 조언자의 독립성과 기밀성, 공정성, 신뢰성과 정직성, 서비스 이용자의 자율성, 사회적 정의, 문화적 감수성, 조직의 효율성과 효과성, 그리고 전문성과 교육적 배경을 갖춘 전문가들의 지속적인 개인적 발전 등이 포함된다. 이는 사회복지서비스를 제공하는 과정에서 발생할 수 있는 윤리적인 이슈에 대한 대처 방안을 제시하고, 이를 통해 사회복지서비스의 질을 향상시키기 위해 존재한다.

사회복지윤리의 주요 원칙은 다음과 같다.

① 자율성: 개인의 자기결정권을 존중하고, 개인이 자신의 삶을 스스로 통제하고 관리할 수 있도록 지원한다.
② 존엄성: 모든 인간은 존엄하게 대우받을 권리가 있으며, 이를 존중하고 보호해야 한다.
③ 정의성: 사회적 정의를 실현하고, 양극화와 차별을 해소하여 모든 개인이 동등한 기회와 자원을 가질 수 있도록 지원한다.
④ 신뢰성: 사회복지서비스 제공자는 신뢰성 있게 서비스를 제공하고, 이에 대한 책임과 진실성을 유지해야 한다.
⑤ 선의성: 사회복지서비스 제공자는 개인의 이익을 최우선으로 고려하며, 그들의 이익을 위해 노력해야 한다.

사회복지윤리는 사회복지서비스 제공자뿐 아니라, 이를 이용하는 개인과 집단, 그리고 사회 전반에 걸쳐 중요한 가치이다. 이를 실천함으로써 사회복지서비스의 효과성과 효율성을 높일 수 있으며, 보다 공정하고 평등한 사회를 실현할 수 있게 된다. 공정하고 평등한 사회를 만들기 위해 인간의 삶과 사회복지를 실천하는 것은 개개인을 계속적으로 안내하여 발전시킬 수 있는 노력을 해야 함을 의미한다. 리머(Reamer, 1994)는 유능한 실천은 효과적이나 윤리적 실천은 의무적이라고 강조하였다. 이는 윤리적 실천은 선택이 아닌 의무이므로 그 결과가 효과적이지 못할지라도 반드시 윤리적인 행동을 해야 한다는 것을 의미한다. 또한 사회복지 윤리란 내부적으로 사회복지사가 해야 할 행동을 강제하며 외부적으로는 사회복지사의 실천에 대한 평가의 요소가 된다. 그러므로 사회복지실천에 있어서 가치화된 행위와 태도들은 사회복지 윤리의 특성을 나타내며 사회복지

윤리의 원칙은 사회복지사에 대한 평가의 범주도 포함되므로 사회복지 윤리가 법적 윤리적 문제와 연관되어있다는 것이다(박기선, 2011).

4. 윤리적 딜레마

사회복지사가 지켜야 할 기본 가치와 일반 사회의 가치가 충돌할 경우(서비스에 대한 대가, 자기결정권 등) 윤리적 갈등에 직면한다. 이를 윤리적 딜레마라 한다. 윤리적 딜레마에 직면했을 때 윤리적 의사결정에 필요한 기준이나 지침이 요구된다(윤선오 외, 2023). 로웬버그와 돌고프(Lowenberg & Dolgoff, 1996)가 제시한 윤리원칙과 일반결정모델은 다음과 같다.

1) 윤리원칙의 기준

첫째, 생명보호의 원칙이다. 이것은 클라이언트를 비롯한 모든 사람에게 적용된다.

둘째, 평등 및 불평등의 원칙이다. 이 원칙에 따르면 동등한 사람들은 평등하게 처우 받아야하며, 동등하지 않는 상황의 사람들은 그에 따라 다르게 처우 받아야 할 권리를 가진다.

셋째, 사회복지사의 자율과 자유의 원칙이다. 사회복지사는 개인의 자율성과 독립성 그리고 자유를 신장시키는 실천적 결정을 해야 한다.

넷째, 최소해악의 원칙이다. 사회복지사는 손실만 초래될 가능성이 높음에도 불가피하게 선택해야만 할 때가 있다. 이럴 때 손실이 발생한다 해도 손실이 가장 최소화되거나 쉽게 회복될 수 있는 기회를 선택해야 한다.

다섯째, 삶의 질에 대한 원칙이다. 사회복지사는 개인뿐만 아니라 지역사회 및 모든 사람의 삶의 질 향상을 위한 선택을 해야 한다.

여섯째, 사생활 보호 및 비밀보장의 원칙이다. 사회복지사는 모든 사람의 사생활보호의 권리를 신장시키는 실천적 결정을 해야 한다.

일곱째, 성실의 원칙이다. 사회복지사는 클라이언트와 다른 사람에게 진실을 말하고 모든 관련된 정보를 충분히 개방하는 것에 대해 실천적 결정을 해야 한다.

2) 일반결정모델

1단계: 문제가 무엇인지, 문제를 야기하는 요인은 무엇인지를 확인한다.
2단계: 누가 클라이언트이고 피해자인지, 지지체계와 다른 전문가 등 해당문제와 관련된 사람과 단체는 누구인지 확인한다.
3단계: 사회적 가치, 전문가로서의 가치, 클라이언트와 사회복지사의 개인적 가치 등 두 번째 단계에서 확인된 다양한 주체들이 주어진 문제와 관련해서 어떤 가치가 있는지 확인한다.
4단계: 주어진 문제를 해결하거나 혹은 최소한 문제의 정도를 경감시킬 수 있는 개입목표를 명확히 한다.
5단계: 개입수단과 개입대상을 확인한다.
6단계: 확정된 목표에 따라 설정된 각 개입방안의 효과성과 효율성을 평가한다.
7단계: 누가 의사결정에 참여할 것인가를 결정한다.
8단계: 개입방법을 선택한다.
9단계: 선택된 개입방법을 수행한다.
10단계: 선택된 개입방법이 수행되는 것을 검토하며 예상하지 않았던 결과가 나타나는지 주의를 기울인다.

11단계: 결과를 평가하고 추가적인 문제들이 무엇인지 확인한다.

5. 한국사회복지사의 윤리강령

1) 윤리강령의 목적

한국사회복지사 윤리강령은 사회복지 전문직의 가치와 윤리적 실천을 위한 기준을 안내하고, 윤리적 이해가 충돌할 때 고려해야 할 사항을 제시하고자 한다. 한국사회복지사 윤리강령의 목적은 다음과 같다.

1. 윤리강령은 사회복지 전문직의 사명과 사회복지 실천의 기반이 되는 핵심 가치를 제시한다.
2. 윤리강령은 사회복지 전문직의 핵심 가치를 실현하기 위한 윤리적 원칙을 제시하고, 사회복지 실천의 지침으로 사용될 윤리기준을 제시한다.
3. 윤리강령은 사회복지 실천 현장에서 발생하는 윤리적 갈등 상황에서 의사결정에 필요한 사항을 확인하고 판단하는 데 필요한 윤리 기준을 제시한다.
4. 윤리강령은 사회복지사가 전문가로서 품위와 자질을 유지하고, 자기 관리를 통해 클라이언트를 보호할 수 있도록 안내한다.
5. 윤리강령은 사회복지의 전문성을 확보하고 외부 통제로부터 전문직을 보호할 수 있는 기준을 제공한다.
6. 윤리강령은 시민에게 전문가로서 사회복지사의 역할과 태도를 알리는 수단으로 작용한다.

2) 윤리강령의 가치와 원칙

사회복지사는 인간 존엄성과 사회정의라는 사회복지의 핵심 가치에 기반을 두고 사회복지 전문직의 사명을 다하기 위해 노력해야 한다. 이러한 핵심가치와 관련해 사회복지 전문직이 준수해야 할 윤리적 원칙을 제시한다.

핵심 가치 1. 인간 존엄성

윤리적 원칙: 사회복지사는 인간의 존엄성과 가치를 인정하고 존중한다.

- 사회복지사는 개인적·사회적·문화적·정치적·종교적 다양성을 고려하며 개인의 인권을 보호하고 존중한다.
- 사회복지사는 클라이언트의 자율성을 존중하고, 자기 결정을 지원한다.
- 사회복지사는 클라이언트가 역량을 강화하고, 자신과 환경을 변화시킬 수 있도록 지원한다.
- 사회복지사는 사회복지 실천 과정에서 클라이언트의 개입과 참여를 보장한다.

핵심 가치 2. 사회정의

윤리적 원칙: 사회복지사는 사회정의 실현을 위해 앞장선다.

- 사회복지사는 개인적·집단적·사회적·문화적·정치적·종교적 차별에 도전하여 사회정의를 촉진한다.
- 사회복지사는 개인, 가족, 집단, 지역사회의 다양성을 존중하는 포용적 지역사회를 만들기 위해 노력한다.
- 사회복지사는 부적절하고 억압적이며 불공정한 사회제도와 관행을 변화시키기 위해 사회의 다양한 구성원들과 협력한다.
- 사회복지사는 포용적이고 책임 있는 사회를 만들어 가기 위해 연대 활동을 한다.

윤리기준

Ⅰ. 사회복지사의 기본적 윤리기준

1. 전문가로서의 자세

1) 인간 존엄성 존중

가. 사회복지사는 모든 인간의 존엄, 자유, 평등을 위해 헌신해야 하며, 사회적 약자를 옹호하고 대변하는 일을 주도해야 한다.

나. 사회복지사는 모든 인간의 고유한 존엄성과 가치를 인정하고 존중하며, 이를 기반으로 사회복지를 실천한다.

다. 사회복지사는 클라이언트의 성, 연령, 정신·신체적 장애, 경제적 지위, 정치적 신념, 종교, 인종, 국적, 결혼 상태, 임신 또는 출산, 가족 형태 또는 가족 상황, 성적 지향, 젠더 정체성, 기타 개인적 선호·특징·조건·지위 등을 이유로 차별을 하지 않는다.

라. 사회복지사는 다양한 문화의 강점을 인식하고 존중하며, 문화적 역량을 바탕으로 사회복지를 실천한다.

마. 사회복지사는 문화적으로 민감한 실천을 제공하기 위해, 사회복지 실천 과정에서 자신의 개인적·사회적·문화적·정치적·종교적 가치, 신념과 편견이 클라이언트와 동료 사회복지사에게 미칠 수 있는 영향을 고려하여 자기 인식을 증진하기 위해 힘쓴다.

2) 사회정의 실현

가. 사회복지사는 사회정의 실현과 클라이언트의 복지 증진에 헌신하며, 이를 위한 국가와 사회의 환경 변화를 위해 노력한다.

나. 사회복지사는 사회, 경제, 환경, 정치적 자원에 대한 평등한 접근과 공평한 분배가 이루어지도록 노력한다.

다. 사회복지사는 개인적·집단적·사회적·문화적·정치적·종교적 특성에 근거해 개인이나 집단을 차별·억압하는 것을 인식하고, 이를 해결 또는 예방하기 위해 노력해야 한다.

2. 전문성 개발을 위한 노력

1) 직무 능력 개발

가. 사회복지사는 클라이언트에게 최상의 서비스를 제공하기 위해, 지식과 기술을 개발하는 데 최선을 다하며 이를 활용하고 공유할 책임이 있다.

나. 사회복지사는 사회적 다양성의 특징(성, 연령, 정신·신체적 장애, 경제적 지위, 정치적 신념, 종교, 인종, 국적, 결혼 상태, 임신 또는 출산, 가족 형태 또는 가족 상황, 성적 지향, 젠더 정체성, 기타 개인적 선호·특징·조건·지위 등), 차별, 억압 등에 대해 교육을 받고 이에 대한 이해를 증진하기 위해 노력한다.

다. 사회복지사는 변화하는 사회복지 관련 쟁점에 대응할 수 있도록 실천 기술을 향상하고, 새로운 실천 기술이나 접근법을 적용하기 위해 적절한 교육, 훈련, 연수, 자문, 슈퍼비전 등을 받도록 노력한다.

라. 사회복지사는 사회복지 실천에 필요한 정보통신 관련 지식과 기술을 습득하기 위해 노력하며, 이를 사용하는 과정에서 발생할 수 있는 윤리적 문제를 인식하고 정보통신 관련 지식과 기술을 활용하도록 한다.

2) 지식 기반의 실천 증진

가. 사회복지사는 사회복지 실천 과정에서 평가와 연구 조사를 함으로써, 사회복지 실천의 지식 기반 형성에 기여하고, 궁극적으로 사회복지 실천의 질적 향상을 위해 노력한다.

나. 사회복지사는 평가나 연구 조사를 할 때, 연구 참여자의 권리를 보장하기 위해, 연구 관련 사항을 충분히 안내하고 자발적인 동의를 얻어야 한다.

다. 사회복지사는 연구 과정에서 얻은 정보를 비밀 보장의 원칙에서 다루며, 비밀 보장의 한계, 비밀 보장을 위한 조치, 조사자료폐기 등을 연구 참여자에게 알려야 한다.

라. 사회복지사는 평가나 연구 조사를 할 때, 연구 참여자의 보호와 이익, 존엄성, 자기 결정권, 자발적 동의, 비밀 보장 등을 고려하며, 「생명윤리 및 안전에 관한 법률」 등 관련 법령과 규정에 따라 연구윤리를 준수한다.

3. 전문가로서의 실천

1) 품위와 자질 유지

가. 사회복지사는 전문가로서의 품위와 자질을 유지하고, 자신이 맡고 있는 업무에 대해 책임을 진다.

나. 사회복지사는 자신의 이익을 위해 사회복지 전문직의 가치와 권위를 훼손해서는 안 된다.

다. 사회복지사는 전문가로서 성실하고 공정하게 업무를 수행한다.

라. 사회복지사는 부정직한 행위, 범죄행위, 사기, 기만행위, 차별, 학대, 따돌림, 괴롭힘 등 불법적이고 부당한 일을 행하거나 묵인해서는 안 된다.

마. 사회복지사는 자신의 소속, 전문 자격이나 역량 등을 클라이언트에게 정직하고 정확하게 알려야 한다.

바. 사회복지사는 클라이언트, 학생, 훈련생, 실습생, 슈퍼바이지, 직장 내 위계적 권력 관계에 있는 동료와 성적 관계를 형성해서는 안 되며, 이들에게 성추행과 성희롱을 포함한 성폭력, 성적·인격적 수치심을 주는 행위를 해서는 안 된다.

사. 사회복지사는 한국사회복지사협회 등 전문가 단체의 활동에 적극적으로 참여하여, 사회정의 실현과 사회복지사의 권익 옹호를 위해 노력한다.

2) 자기 관리

가. 사회복지사는 정신적·신체적 건강 문제, 법적 문제 등이 사회복지 실천 과정에서의 전문적 판단이나 실천에 부정적 영향을 주거나 클라이언트의 이익을 저해하지 않도록, 동료, 기관과 함께 적절한 조치를 하도록 노력한다.

나. 사회복지사는 클라이언트에게 최상의 사회복지서비스를 제공하기 위해 사회복지사 자신의 정신적·신체적 건강, 안전을 유지·보호·관리하도록 노력한다.

3) 이해 충돌에 대한 대처

가. 사회복지사는 클라이언트의 이익을 우선으로 고려하고, 이해 충돌이 있을 때는 아동, 소수자 등 취약한 자의 이해와 권리를 우선시한다.

나. 사회복지사의 개인적 신념과 사회복지사로서 직업적 의무 사이에 이해 충돌이 발생할 때 동료, 슈퍼바이저와 논의하고, 부득이한 경우 클라이언트가 적절한 지원을 받을 수 있도록 클라이언트를 다른 사회복지사에게 의뢰하거나 다른 사회복지서비스로 연결한다.

다. 사회복지사는 전문적 가치와 판단에 따라 업무를 수행하는 과정에서, 기관 내외로부터 부당한 간섭이나 압력을 받아서는 안 된다.

4) 경제적 이득에 대한 실천

가. 사회복지사는 클라이언트의 지불 능력에 상관없이 복지 서비스를 제공해야 하며, 이를 이유로 차별해서는 안 된다.

나. 사회복지사는 필요한 경우에 제공된 서비스에 대해 공정하고 합리적으로 이용료를 책정할 수 있다.

다. 사회복지사는 업무와 관련해 정당하지 않은 방법으로 경제적 이득을 취해서는 안 된다.

II. 사회복지사의 클라이언트에 대한 윤리기준

1. 클라이언트의 권익옹호

사회복지사는 클라이언트의 이익을 최우선의 가치로 삼고 이를 실천하며, 클라이언트의 권리를 존중하고 옹호한다.

2. 클라이언트의 자기 결정권 존중

1) 사회복지사는 사회복지 실천 과정에서 클라이언트의 자기 결정을 존중하고, 클라이언트를 사회복지 실천의 주체로 인식하여 클라이언트가 자기결정권을 최대한 행사할 수 있도록 돕는다.

2) 사회복지사는 의사 결정이 어려운 클라이언트에 대해서는 클라이언트의 이익과 권리를 보장하기 위한 적절한 조치를 취해야 한다.

3. 클라이언트의 사생활 보호 및 비밀 보장

사회복지사는 클라이언트의 사생활을 존중하고 보호하며, 전문적 관계에서 얻은 클라이언트 관련 정보에 대해 비밀을 유지한다. 그러나 클라이언트 자신과 타인에게 해를 입히거나 범죄행위와 관련된 경우에는 예외로 할 수 있다.

4. 정보에 입각한 동의

사회복지사는 클라이언트의 알 권리를 인정하고 동의를 얻어야 하며, 클라이언트가 받는 서비스의 목적과 내용, 범위, 합리적 대안, 위험, 서비스의 제한, 동의를 거절 또는 철회할 수 있는 클라이언트의 권리 등에 대해 정확하고 충분한 정보를 제공한다.

5. 기록 · 정보 관리

1) 클라이언트에 대한 사회복지 실천 기록은 사회복지사의 윤리적 실천의 근거이자 평가 · 점검의 도구이기 때문에 중립적이고 객관적으로 작성해야 한다.
2) 사회복지사는 클라이언트가 자신과 관련된 기록의 공개를 요구하면 정당한 비공개 사유가 없는 한 정보에 접근할 수 있도록 해야 한다.
3) 사회복지사는 클라이언트에 대한 문서 정보, 전자 정보, 기타 민감한 개인 정보를 보호해야 한다.
4) 사회복지사가 획득한 클라이언트 관련 정보나 기록을 법적 사유 또는 기타 사유로 제3자에게 공개할 때는 클라이언트에게 안내하고 동의를 얻어야 한다.

6. 직업적 경계 유지

1) 사회복지사는 클라이언트와의 전문적 관계를 자신의 개인적 이익을 위해 이용해서는 안 된다.
2) 사회복지사는 업무 외의 목적으로 정보통신기술을 사용해 클라이언트와 의사소통을 해서는 안 된다.
3) 사회복지사는 어떠한 상황에서도 클라이언트와 사적 금전 거래, 성적 관계 등 부적절한 행동을 해서는 안된다.
4) 동료의 클라이언트를 의뢰받을 때는 기관 및 슈퍼바이저와 논의하는 과정을 거쳐야 하며, 클라이언트에게 설명하고 동의를 얻은 후 서비스를 제공한다.
5) 사회복지사는 정보처리기술을 이용하는 것이 클라이언트의 권리를 침해할 위험성이 있다는 사실을 인식하고 직업적 범위 안에서 활용한다.

7. 서비스의 종결

1) 사회복지사는 클라이언트에게 제공되는 서비스가 더 이상 클라이언트의 이해나 욕구에 부합하지 않으면 업무상 관계와 서비스를 종결한다.
2) 사회복지사는 개인적 또는 직업적 이유로 클라이언트와의 전문적 관계를 중단하거나 종결할 때 사전에 클라이언트에게 충분히 설명하고, 다른 기관 또는 다른 전문가에게 의뢰하는 등 필요한 조치를 취한다.
3) 사회복지사는 클라이언트의 고의적·악의적·상습적 민원 제기에 대해 소속 기관, 슈퍼바이저, 전문가 자문 등의 논의 과정을 거쳐 서비스를 중단하거나 거부권을 행사할 수 있다.

Ⅲ. 사회복지사의 동료에 대한 윤리기준

1. 동 료

1) 사회복지사는 존중과 신뢰를 기반으로 동료를 대하며, 전문가로서의 지위와 인격을 훼손하는 언행을 하지 않는다.
2) 사회복지사는 사회복지 전문직의 권익 증진을 위해 동료와 다른 전문직 동료와도 협력하고 협업한다.
3) 사회복지사는 동료의 윤리적이고 전문적인 행위를 촉진해야 하며, 동료가 전문적인 판단과 실천이 미흡하여 문제를 발생시켰을 때 윤리강령과 제반 법령에 따라 대처한다.
4) 사회복지사는 다른 전문직의 동료가 행한 비윤리적 행위에 대한 윤리강령과 제반 법령에 따라 대처한다.
5) 사회복지사는 동료의 직무 가치와 내용을 인정하고 이해하며, 상호 간에 민주적인 직무 관계를 이루도록 노력해야 한다.
6) 사회복지사는 동료들에게 정보통신기술을 사용한 비윤리적 행위를 하지 않는다.
7) 사회복지사는 동료가 적법하게 업무를 수행하는 과정에서 부당한 조치를 당하면 동료를 변호하고 원조해 주어야 한다.
8) 사회복지사는 동료에게 행해지는 어떤 형태의 차별, 학대, 따돌림 또는 괴롭힘과 자신의 전문적 권위를 행사하는 다른 동료와의 부적절한 성적 행동에 가담하거나 이를 용인해서는 안 된다.
9) 사회복지사는 슈퍼바이지, 학생, 훈련생, 실습생, 자신의 전문적 권위를 행사하는 다른 동료와의 성적 행위나 성적 접촉과 성적 관계에 관여해서는 안된다.

2. 슈퍼바이저

1) 슈퍼바이저는 슈퍼바이지가 전문적 업무 수행을 할 수 있도록 지원하고 슈퍼바이지는 슈퍼바이저의 전문적 지도와 조언을 존중해야 한다.
2) 슈퍼바이저는 전문적 기준에 따라 슈퍼비전을 수행하며, 공정하게 평가하고 평가 결과를 슈퍼바이지와 공유한다.

3) 슈퍼바이저는 개인적인 이익 추구를 위해 자신의 지위를 이용해서는 안 된다.
4) 슈퍼바이저는 사회복지사 수련생과 실습생에게 인격적·성적으로 수치심을 주는 행위를 해서는 안 된다.

Ⅳ. 기관에 대한 윤리기준

1) 사회복지사는 기관의 사명과 비전을 확인하고, 정책과 사업 목표를 달성하기 위해 노력해야 한다.
2) 사회복지사는 소속 기관의 활동에 적극적으로 참여함으로써 기관의 성장과 발전을 위해 노력해야 한다.
3) 사회복지사는 기관의 부당한 정책이나 요구에 대해 전문직의 가치와 지식을 근거로 대응하고, 제반 법령과 규정에 따라 해결하도록 노력해야 한다.

Ⅴ. 사회에 대한 윤리기준

1) 사회복지사는 자신이 일하는 지역사회를 이해하고, 클라이언트가 지역사회에서 서로 도우며 함께 살아가도록 지원해야 한다.
2) 사회복지사는 정치적 영역이 클라이언트의 권익과 사회복지 실천에 미치는 영향을 인식하여 사회정의 실현을 위한 사회정책의 수립과 법령 제·개정을 지원·옹호해야 한다.
3) 사회복지사는 사회재난과 국가 위급 상황에서 문제를 해결하기 위해 적극적으로 활동해야 한다.
4) 사회복지사는 지역사회, 국가, 나아가 전 세계와 그 구성원의 복지 증진, 삶의 질 향상을 위해 적극적으로 노력해야 한다.
5) 사회복지사는 인간과 자연이 서로 떨어져 살 수 없음을 깨닫고, 인간과 자연환경, 생명 등 생태에 미칠 영향을 생각하며 실천해야 한다.

3절 사회복지 이념과 이데올로기

1. 사회복지의 이념

「사회복지사업법」 제1조의 2에 따르면 ① 사회복지를 필요로 하는 사람은 누구든지 자신의 의사에 따라 서비스를 신청하고 제공받을 수 있다. ② 사회복지법인 및 사회복지시설은 공공성을 가지며 사회복지사업을 시행하는 데 있어서 공공성을 확보하여야 한다.

사회복지 이념은 사회적으로 가장 취약한 계층의 복지를 증진시키기 위해 사회전반에 대한 개선과 변화를 추구하는 사회적 목표와 가치를 의미한다. 모든 개인들이 인간다운 삶을 살 수 있도록 하는 것이 사회복지의 목표이다. 사회복지의 이념은 사회가 시민들, 특히 취약하거나 불리한 사람들의 복지를 보장할 책임이 있다는 믿음에 기초한다. 이 이념은 모든 사회 구성원들에게 평등을 촉진하고 빈곤을 완화하며 삶의 질을 향상시키는 사회 서비스와 프로그램을 제공하는 것의 중요성을 강조한다.

사회복지 이념은 일반적으로 정치적 자유주의 또는 진보주의와 관련되어 있으며, 보편적인 의료, 공공교육, 공공 주택, 식량 지원, 실업 수당과 같은 사회복지 정책과 프로그램에 반영된다. 이러한 정책들은 재정적 또는 사회적 어려움을 겪을 수 있는 개인과 가족들에게 안전망을 제공하고 더 큰 사회적, 경제적 평등을 촉진하기 위해 발생되었다.

또한 사회복지의 이념은 종종 공정성, 공평성, 기회 균등의 중요성을 강조하는 사회 정의의 원칙에 기반 한다. 사회복지 지지자들은 이러한 서비스와 프로그램을 제공하는 것이 빈곤을 줄이고, 건강 결과를 개선하고, 생산성을 높이는 데 도움이 될 수 있기 때문에 도덕적으로 정당할 뿐만 아니라 경제적으로도 유익하다고 할 수 있다.

그러나 사회복지 이념을 비판하는 사람들은 사회복지 이념이 의존적인 문화를 조성하거나 개인적인 책임감을 저해하며 장기적으로 비용이 많이 들고 지속 불가능할 수 있다고 주장할 수 있다. 그들은 또한 그것이 정부의 지나친 접근과 개인의 자유에 대한 침해로 이어질 수 있다고 주장할 수도 있다. 전반적으로 사회복지의 이념은 복잡하고 논쟁적인 개념이며, 그 실행과 효과성은 지속적인 논쟁과 평가의 대상이다.

1) 사회복지이념의 원칙

(1) 인간의 존엄성

인간의 존엄성은 인간이 가지고 있는 존재적 가치를 나타내는 개념으로, 인간이 자유롭고 독립적인 존재로서 존재할 권리와 인간으로서의 기본적인 존중과 존재의 가치를 의미한다. 인간 존엄의 가치는 인종, 종교, 연령, 성별, 신분 등과 관계없이 한 인간으로서 존엄한 가치를 지닌 존재로 존중받아야 된다는 사회복지의 철학이고 가장 중요한 기본 가치이다(배기효 외, 2021). 인간의 존엄성은 인권과 밀접한 관련이 있으며, 모든 인간이 그들의 가치와 존엄성을 존중받아야 한다는 생각에 기반 한다. 인간의 존엄성은 종교, 철학, 인문학 등에서 다양하게 다루어지며, 다양한 정치, 사회, 법률적 문제에서도 중요한 역할을 한다. 인간의 존엄성은 인간이 인간답게 살아가기 위해서 필요한 최소한의 존재적 조건을 보장해야 한다는 것을 의미한다. 이는 인간의 기본적인 권리와 자유를 보장하고, 차별과 폭력을 방지하며, 인간적인 대우를 받을 권리를 보장하는 것을 의미한다. 인간의 존엄성은 모든 인간이 서로 존중하며, 서로의 기본적인 권리와 자유를 보장해야 함을 강조한다. 모든 인간은 인간다운 삶을 누리기 위해 존엄성과 권리를 보장받아야 하며, 사회적으로 공정한 환경에서 살아갈 수 있어야 한다.

(2) 보호와 자립

보호와 자립은 사회복지의 중요한 개념 중 하나이다. 이 둘은 보호와 지원이 필요한 취약한 개인이 도움을 받으면서도 자기 결정력과 자율성을 유지하며 살아갈 수 있도록 보장하는 것을 의미한다.

보호는 취약한 개인이나 집단이 위험에 노출될 가능성이 높은 상황에서 그들을 보호하고 안전을 보장하는 것을 말한다. 이는 예를 들어 가정 내에서 어린이나 노인, 장애인 등이 가족이나 사회의 지원을 받으면서 안전하게 살아갈 수 있도록 보장하는 것을 말한다. 자립은 취약한 개인이나 집단이 도움이 필요하더라도 그들의 자율성과 자기 결정력을 보장하며, 가능한 독립적으로 살아갈 수 있도록 지원하는 것을 말한다. 이는 예를 들어 장애인이 자기 결정에 따라 생활을 계획하고 직접 삶의 주도권을 가지고 살아갈 수 있도록 지원하는 것을 말한다.

따라서 보호와 자립은 서로 보완적인 개념으로서, 취약한 개인이나 집단이 보호를 받으면서도 그들의 자율성과 자기 결정력을 보장하여 살아갈 수 있도록 보장해야 함을 강조한다. 보호와 자립은 사회복지에서 중요한 원칙으로 적용되며, 취약한 개인이나 집단이 보호와 지원을 받으며 동시에 자율성과 자기 결정력을 유지할 수 있도록 노력한다. 사회복지에서는 개인의 삶을 보호하고 개인의 가능성을 개발하기 위해 복지 서비스를 제공하여 개인의 자립을 위해 지원한다.

(3) 사회적인 관심과 소통

사회적 관심은 사회 구성원이 서로 다른 인식과 이해를 바탕으로 상호 작용하며, 서로 간에 이해와 공감을 통해 서로에게 관심을 가지는 것을 말한다. 이는 사회적인 문제에 대한 인식과 이해를 바탕으로 상호 작용을 통해 문제를 해결하려는 의지와 노력을 나타낸다. 사회적 소통은 사회적 관심을 구체적인 행동으로 나타내는 중요한 수단이다. 소통은 서로 다른 사람들 간의 상호작용을 통해 서로의 생각, 감정, 의견 등을 주고받으며, 서로를 이해하고 상대방에게 올바른 정보를 전달하는 것을 말한다. 여기에는 언어적 의사소통과 비언어적 의사소통이 있다. 언어적 의사소통은 말로 하는 구두, 문자나 글로 표현되는 것을 말한다. 언어적 의사소통은 정보 및 의견을 전달할 때 가장 기본적이며 빈번하게 사용되는 의사전달방법이다. 비언어적 의사소통은 언어를 사용하지 않고 의사소통을 하는 방법으로 상징적이며 신체적인 의미로 나타난다. 여기에는 몸짓, 말투, 손짓, 억양, 표정, 태도, 눈빛 등이 있다. 사회복지사는 실천현장에서 만나는 다양한 개인들의 언어적·비언어적 의사소통을 이해하고 분석하여 사회복지실천에 활용해야한다. 이렇게 사회복지사는 다양한 개인과 그들의 가족, 지역사회 등에 대해 관심을 가지고 소통을 해야 하며 사회적으로 공정하고 상호 존중하는 관계를 유지해야한다. 즉, 사회복지사는 문제의 원인과 영향을 파악하고 궁극적으로는 정책제안을 통해 사회적 변화를 추구한다.

(4) 전문성

사회복지사는 사회복지 분야에서 전문적인 지식과 기술을 갖춘 전문가를 말한다. 이들은 사회적으로 취약한 그룹, 예를 들어 노인, 장애인, 아동 및 가족, 여성, 범죄자, 노숙자 등을 돕기 위해 사회복지관, 정부기관이나 비영리 단체, 교육기관, 병원, 상담소 등에서 일한다. 이들은 개인이나 집단에게 정서적, 사회적, 경제적인 지원을 제공하며, 상담, 교육, 협조, 중재 및 자원 연결 등을 통해 도움을 준다.

사회복지사는 전문가로써 다양한 개인과 개인을 둘러싸고 있는 다양한 문제를 다루기 위해 인간관계 및 커뮤니케이션 능력, 문제해결 능력, 윤리의식 등 전문성을 갖추어야 한다. 이를 통해 클라이언트에게 적절한 서비스를 제공한다.

2. 사회복지 이데올로기

사회복지 이데올로기(이념)는 모든 사람들이 인간다운 삶을 살 수 있도록 지속적인 노력을 추구하며, 인권을 보장하기 위해 중요한 역할을 한다. 사회복지에 대한 이데올로기는 복지에 대한 관점과 태도를 결정하여 다양한 정책과 실천의 형태를 결정하게 한다.

1) 반 집합주의(anti-collectivism)

집합주의는 개인보다 집단이나 공동체에 우선권을 부여하는 원칙이나 실천으로서의 집단주의를 말하는데 반 집합주의는 집합주의에 반대하는 신념체계나 이념이다. 일반적으로 반 집합주의는 개인주의, 개인의 자유, 개인의 권리의 가치와 중요성을 강조한다.

반집합주의자들은 집단주의가 개인의 자유와 창의성을 억압할 수 있으며, 소수의 개인이나 집단의 권력과 자원이 집중되는 결과를 초래할 수 있다고 주장한다. 그들은 또한 집단주의가 개인의 책임감과 책임감을 약화시킬 수 있다고 믿는다. 왜냐하면 개인이 집단의 구성원일 때 그들의 행동과 결정에 대해 덜 책임감을 느낄 수 있기 때문이다.

즉 반 집합주의는 다양한 관점과 신념을 포괄하는 광범위하고 복잡한 이념이다. 그러나, 그것은 일반적으로 개인주의, 개인의 자유, 개인의 권리와 자유의 보호에 대한 헌신으로 특징지어진다. 자유, 개인주의, 불평등을 가장 바람직한 것으로 간주하기 때문이다. 그렇기 때문에 시장에서 개인이 자신의 결정에 따라 행위를 함으로써 얻은 결과 나타난 사회적 불평등은 필연적인 것이며 바람직한 것이기 때문에 이를 수정하기 위한 노력은 불필요하다고 본다. 따라서 사회복지는 자립이 불가능한 사람들에게 최소한도의 혜택을 주는 것으로만 운영되어야 한다고 주장한다.

2) 소극적 집합주의(reluctant collectivism)

소극적 집합주의는 의도적인 선택이나 이념적인 약속이 아니라 필요에 따라 또는 위기에 대응하여 집단주의 정책이나 관행을 채택하는 것을 말한다. 즉, 집단주의 자체의 가치에 대한 믿음보다는 실제적인 관심사에 의해 동기 부여되는 집단주의의 한 형태이다.

개인주의나 자유방임주의 정책이 특정한 문제나 위기를 해결하기에 부적절하다고 여겨지는 상황에서 소극적 집합주의가 발생할 수 있다. 예를 들면, 전쟁이나 국가 비상사태 동안, 정부는 자원을 동원하고 사회 전반에 걸쳐 사회적 위험을 조정하기 위해 집단주의 정책을 시행할 수 있다. 또한, 경제적인 위기나 자연재해에 대하여, 정부는 경기 부양책, 산업의 국유화 같은 중앙 집중식 계획과 같은 집단주의적 조치를 취할 수 있다.

그러나 개인주의나 자유시장 원칙을 선호하는 사람들 사이에서 소극적 집합주의는 종종 불편함이나 불안감을 동반한다. 소극적 집합주의를 반대하는 사람들은 그것이 개인의 자유에 대한 침해 또는 경제적 자유의 원칙에 대한 침해를 한다고 주장할 수 있다. 그들은 또한 의도된 목표를 달성하는 데 있어 집단주의 정책의 효과에 의문을 제기하거나 중앙 집중식 시스템의 부패 또는 권력 남용 가능성을 지적할 수 있다.

전반적으로, 소극적 집합주의는 개인주의와 집단주의의 경쟁적 가치 사이의 긴장을 나타내며, 사회에서 정부의 적절한 역할에 대한 중요한 질문을 제기한다.

자유과 개인주의를 바람직한 것으로 간주하지만, 자본주의 경제체제가 효율적이고 공정하게 작동하기 위해서는 적절한 규제와 통제가 필요하다고 주장한다. 평등을 추구할 필요는 없지만 지나친 불평등은 수정되어야 한다고 주장한다(예: 사회악 제거에 국가가 개입하여야 하지만 국가의 개입은 국민최저한을 보장하는 선에서 그쳐야 한다고 주장한다).

3) 페이비언주의(Fabianism)

19세기 후반 영국에서 나타난 페이비언주의는 경제학자 리처드 포즈너(Richard A. Posner)가 주장한 이론으로, 사회복지 프로그램은 경제적 가치가 없으며, 인간의 욕구나 필요에 따른 복지 서비스는 시장 경제로 대체되어야 한다는 견해이다. 보수적인 입장에서 제시되었으며, 특히 미국에서는 사회복지 프로그램에 대한 지출을 줄이고, 개인의 자유와 책임을 강조하는 경향이 있다. 이론은 대체적으로 시장 경제가 사회복지 프로그램보다 효과적으로 자원 분배를 할 수 있다는 논리를 기반으로 한다.

페이비언주의는 사회 변화에 대한 보다 진화적이고 민주적인 접근을 옹호하며 사회주의가 폭력적인 전복보다는 기존의 정치적, 경제적 체제 내에서 점진적인 개혁을 통해 달성될 수 있다고 믿었다.

1884년에 설립된 페이비언협회는 페이비언주의를 장려하는 주요 조직이었다. 사회는 교육, 설득, 민주적 과정을 통해 사회주의가 달성될 수 있다고 믿는 지식인과 중산층 전문가들로 구성되어 있었다. 그들은 최저 임금, 사회 복지 프로그램, 핵심 산업의 국유화와 같은 정책들을 옹호했다. 페이비언 소사이어티(society)는 사회주의 사회를 만들겠다는 궁극적인 목표를 달성하지는 못했지만, 그 사상과 전략은 영국 노동당과 전 세계의 다른 사회 민주주의 운동의 발전에 영향을 미쳤다.

페이비언주의는 자유(간섭받지 않을 자유 및 개인이 바라는 바를 실제로 할 수 있는 자유)와 평등, 우애를 가장 바람직한 것으로 간주하며 경제적인 평등을 적극적으로 옹호한다. 평등을 옹호하는 페이비언주의자들은 사회통합, 경제적 효율성, 자연적 정의, 그리고 개인의 자기실현의 네 가지 상호 관련된 근거들에 기초하고 있다(남찬섭, 1994). 자유를 실현하려면 경제적으로 자원이 있어야 하며 사회적으로 지위가 보장되어야 한다. 또한 경쟁보다는 협동, 권리보다는 의무, 개인의 욕구보다는 공동선, 자조보다는 이타심을 강조한다.

페이비언주의자들이 생각하는 복지국가의 발달이란 현실의 제반 문제들에 대한 논리적 대응이고, 산업화와 도시화, 기술의 변화 그리고 민주주의의 영향에 의한 산물이며 집단 간의 갈등적인 이해관계 뿐만 아니라 사회전체의 이해관계의 산물이라고 간주한다(오세영, 2019).

4) 마르크스주의(Marxism)

마르크스주의(문화어: 맑스주의, 독일어: Marxismus, 러시아어: Марксизм) 또는 마르크시즘(영어: Marxism)은 사회 계급의 관계와 사회적 충돌에 초점을 둔 사회적 분석의 방법이자 세계관인데, 사회 변동을 변증법적 견해로 해석한다. 마르크스주의 방법론은 경제 및 사회정치적 탐구를 하고 이를 자본주의 전개에 대한 분석 및 비평과 체제와 경제 변화 내의 계급 투쟁을 강조한다.

마르크스주의적 분석에 의하면, 자본주의 내의 계급 충돌은 프롤레타리아들이 행한 매우 생산적으로 기계화되고 사회화된 생산과 소수의 부르주아의 잉여 가치인 잉여 생산물의 사적 소유와 유용으로 인한 모순 때문에 일어난다고 본다. 프롤레타리아에게 모순이 명백해지면서 두 적대적인 계급 사이의 사회적 불만이 심화되면서, 사회 혁명으로 인해 정점에 이르게 된다. 결국 이 개혁의 목표는 사회주의의 확립, 즉 생산수단의 협동 소유에 바탕을 둔 사회경제적 시스템, 기여에 기초한 분배 및 사용을 위해 직접적으로 조직된 생산이다.

칼 마르크스는 생산력과 기술이 계속해서 진보함에 따라 공산주의는 계급, 국가가 사라지고 "능력에 따라, 필요에 따라[2)](From each according to his ability, to each according to his needs)"의 원칙과 공동소유 위에 기반한 인간 사회가 될 것이라고 하였다. 자유, 평등, 우애를 가장 중요한 가치로 보며 자본주의 안에서는 복지가 이루어 질 수 없으며, 복지가 사회주의를 달성하기 위한 수단도 결코 될 수 없다고 주장한다. 마르크스주의에서는 자유를 적극적 의미로 해석하고 이러한 적극적 자유를 성취하기 위해서는 경제적 평등이 필수적이라고 강조한다. 현실의 복지제도가 노동자계급에게 다소의 이익을 가져다준다는 점을 인정하고 있다고 생각하지만, 기본적으로 복지제도는 자본주의를 오히려 강화하고 안정시키는 기능을 한다고 생각한다. 또한 계급투쟁을 통해 얻은 사회복지정책은 의미가 있다고 본다.

미쉬라(Mishra, 1981)는 복지에 대한 마르크스의 견해가 갖는 주요 특징을 다음과 같이 요약하고 있다.

2) 개인이 자신의 능력에 따라 사회에 기여하고, 그 대가로 자신의 필요에 따라 사회로부터 받아야 한다는 의미임

첫째, 복지는 근로조건과 생활조건에 대한 규제와 인간욕구에 기초한 사회적 자원 분배의 결과이다.

둘째, 하나의 사회체계로서의 자본주의는 복지에 대한 반(X) 명제이다.

셋째, 자본주의 사회체제의 본질상 개혁의 전망은 밝지 않지만, 노동자들의 집단행동을 통해 부분적으로 복지가 확립될 수 있다.

넷째, 계급사회에서 정부와 국가기구는 대체로 지배계급의 이해관계를 위해 봉사한다. 그러나 국가는 보편성을 가져야 하므로 어느 정도는 공동체 전체의 이익을 위해 행위를 해야 한다. 사회적 조치들이 형식상으로는 받아들여지지만 실제로는 실현되지 않는다.

다섯째, 복지는 생산수단이 사회화되고 시장과 사적 소유의 체계가 폐기되고 난 이후에야 규제적·분배적 규범으로 충분히 확립될 수 있다.

5) 제3의 길(The third way)

제3의 길[3]은 1994년 당시 영국 노동당의 당수였던 토니 블레어 총리에 의해 처음 공식화되었으며, 사회주의 인터내셔널의 정당들이 제3의 길 경향을 띠면서 보편적인 사회민주당의 이념으로 자리 잡았다. 1990년대 말 사회민주당들의 제3의 길은 신자유주의 경향에 대한 확고한 지지로서 나타났다. 1995년에는 토니 블레어 당의 요구에 따라 노동당의 오랜 전통이었던 복지국가 건설 정책이 폐기되

3) 제3의 길은 단지 사회복지정책에만 국한되는 이데올로기는 아니며 정치, 정부, 경제, 사회 제반에 걸친 새로운 패러다임이며 이념이다. 이 이념에서는 전통적인 국가와 시장 뿐 아니라 시민사회의 역할을 강조하며, 신자유주의와 같이 재정을 축소하는 것보다 효율적 집행을 강조한다. 낭비적이거나 근로의욕 감소 등 부정적인 결과를 가져오는 전통적인 복지정책을 생산적으로 전환시켜 경제와 선순환을 도모하는 것이다(윤찬영, 2013). 제3의 길에서 내세우는 적극적 복지전략은 인적자원에 대한 투자, 중앙 정부 중심의 복지 공급을 지양하고 주체를 다양화하려는 복지다원주의(welfare pluralism)로 크게 설명된다. 이는 '베버리지 원칙의 포기'를 의미한다. Giddens는 Beveridge가 제시한 궁핍 대신에 자율성을, 질병 대신에 건강을, 무지 대신에 교육을, 불결 대신에 안녕을, 나태 대신에 진취성을 강조한다. 결국 제3의 길에 따른 사회복지정책은 시민권을 강화하면서도 일을 할 수 있는 사람들에게는 교육과 훈련을 강화하고 일자리를 적극적으로 제공 하여 전통적인 복지제도에서 불필요한 낭비적 요소를 제거하고 생산성을 강화하는 방향으로 재구조화하는 것이다(황인옥 외, 2022).

었으며, 기존 노동당의 정책들은 재정보수주의적이고 신자유주의적인 신노동당 정책으로 대체되었다.

제3의 길은 정치 세력에서 추구하는 경제적 이익과 사회적 책임을 균형 있게 추구하는 것을 목적으로 한다. 이를 실현하기 위해 공산주의적 정책과 자유주의적 정책 사이의 중립적 균형을 추구하며, 시장 경제와 사회적 책임을 공존시키는 것을 전제로 한다. 페이비언 사회주의가 오늘날의 "제3의 길"로 바뀌었다.

제3의 길에 대해 요약하면 다음과 같다.

① 제3의 길이란, 고복지-고부담-저효율로 요약되는 사회민주적 복지국가 노선(제1의 길)과 고효율-저부담-불평등으로 정리되는 신자유주의적 시장경제 노선(제2의 길)을 지양한 새로운 정책 노선으로서 시민의 사회경제생활을 보장하는 동시에 시장의 활력을 높이자는 영국 노동당의 새로운 프로젝트를 말한다.

② 제3의 길은 소극적 복지 대신 적극적 복지를 지향한다.

③ 또한 복지에 접근하는 시각이 적극적 복지는 사회투자국가, 복지다원주의, 의식의 전환으로 요약된다고 볼 수 있는데 제3의 길은 1990년대에 등장하여 전통적인 좌파 이념과 우파 이념 사이에서 중간점을 찾으려고 했다. 제3의 길은 사회적, 경제적 문제에 대한 시장 기반의 해결책의 중요성을 강조하는 동시에 사회 정의와 평등을 촉진하기 위한 정부의 경제 개입을 옹호했다. 이 접근법은 경제 성장과 사회 복지 프로그램 및 정부 규제의 균형을 맞추려고 했다. 제3의 길은 자유시장 자본주의와 정부의 경제 개입 사이의 균형을 옹호한다.

6) 신자유주의(Neoliberalism)

신자유주의(neoliberalism, neo-liberalism)는 1970년대부터 나타나기 시작한

'자본의 세계화'(globalization of capital) 흐름에 기초한 경제적 자유주의 중 하나이다. 19세기의 자유방임적인 자유주의의 단점에 대하여 국가에 의한 사회 정책의 필요성을 인정하면서도, 자본주의의 자유 기업의 전통을 지키고 사회주의에 대항하려는 사상이다. 토머스 우드로 윌슨 미국 대통령이 1920년대 제창했던 새로운 자유(The New Freedom) 정책, 그리고 정치적, 문화적 자유에도 중점을 두었던 자유주의와는 다른 고전적 자유주의에 더 가까운 것이며, 사회적인 면에서는 보수자유주의적인 가치를 지향한다.

신자유주의[4]가 각광받게 된 배경에는 1970년대 세계국가들이 겪은 오일쇼크, 스태그플레이션, 실업난 등으로 인해 경제위기가 발생하면서 그 대안으로 신자유주의가 급부상한 것이다. 정부에 대한 불신이 커지자 규제를 최대한 풀며 정부의 역할을 축소시키고 시장기능을 극대화해야한다는 주장이 설득력을 얻었다(주경복, 2007).

① 자유롭고 공정한 경쟁보장, ② 규제완화 및 축소, ③ 공기업 민영화, ④ 작고 효율적인 정부, ⑤ 조세감면, ⑥ 노동시장의 유연화, ⑦ 복지예산 삭감 등 신자유주의자들이 주장하는 자유시장경제강화의 주요정책들은 자본가들의 환영과 지지를 받았다. 여기에 세계화의 흐름 속에 시대적 상승요인이 가세하면서 신자유주의는 보다 더 힘을 얻게 되었다.

신자유주의는 국가 권력의 개입증대라는 현대 복지국가의 경향에 대하여 경제적 자유방임주의 원리의 현대적 부활을 지향하는 사상적 경향이 있다. 고전적 자유주의가 국가개입의 전면적 철폐를 주장하는데 비해, 신자유주의는 강한 정부를 배후로 시장경쟁의 질서를 권력적으로 확정하는 방법을 취한다. 신자유주의는 1980년대의 영국 대처 정부에서 보는 것처럼 권력기구를 강화하여 치안과 시

4) 신자유주의는 1980년대 소위 복지국가 위기론 이후 등장한 것으로 하이예크(Hayek)와 그의 제자 프리드먼(Friedman) 등을 사상적 지주로 하는 사조이다. 신자유주의는 케인즈주의에 입각한 복지정책이 본질적으로 인플레이션과 노동의욕의 상실을 가져와 경기가 침체되고 이로 인해 국가 재정이 파탄나기 때문에 국가의 간섭보다는 시장의 기능에 보다 많은 믿음을 두는 작은 정부를 지향해야한다는 사조를 말한다(박광준, 2004). 신자유주의는 케인즈주의에 대한 비판논리로 등장한 것이다. 신자유주의는 18~19세기 동안 서구 사회를 풍미했던 고전적 자유주의의 현대적 화신이라고 표현되기도 한다(Macewan, 1994).

장 규율의 유지를 보장하는 '작고도 강한 정부'를 추구한다.

국가의 사회복지정책은 시민을 국가에 예속시키고 시민의 자유를 박탈한다는 것으로 자유방임주의적이고 반복지적 사상을 말한다(하이예크 & 프리드먼). 이들의 주장은 다음과 같다.

(1) 요람에서 무덤까지의 복지국가는 비용이 너무 많이 든다.
(2) 국가 책임의 과잉은 개인의 책임의식, 가족과 공동체의 연대의식, 사적 자원의 가치를 약화시킨다. 국민 개개인은 자신의 문제는 스스로 책임져야 하며, 국가 지원은 극빈층에 대한 사회적 안전망에 한정되어야 한다.
(3) 복지윤리는 시장의 위험을 제거하고, 시장의 실패에 대한 대응책을 제공하며, 기업의 사회적 역할 강화, 규제 완화, 정부 지출 감소를 옹호한다.

신자유주의의 주요 원칙은 다음과 같다.

(1) 시장 경제: 경제의 기본 원리로서 시장 경제를 주장한다. 경제 주체들이 자유롭게 거래할 수 있는 자유 시장을 통해 경제 활동이 조절되고, 경제 성장과 효율성이 도모된다.
(2) 개인의 경제적 자유: 개인의 경제적인 선택의 자유를 강조한다. 개인들은 자신의 능력과 자원을 활용하여 경제적인 목표를 달성할 수 있어야 한다.
(3) 사회적 정의: 경제적인 자유와 함께 사회적인 정의를 추구한다. 이는 기회의 평등과 사회적인 격차의 완화를 목표로 하며, 사회적 약자를 보호하고 사회적 보호망을 구축하는 것을 중요하게 본다.
(4) 규제와 개혁: 규제의 완화와 개혁을 통해 경제 활동과 경제 주체들의 창의성과 경쟁력을 촉진하고자 한다. 이에 정부의 개입을 최소화하고 시장의 역할을 강화하여 경제의 효율성을 높이는 것을 추구한다.

또한 신자유주의자들은 사회적 불평등을 옹호한다. 신자유주의자들에게 경제에의 국가개입은 개인의 자유에 대한 심각한 위협이 되기 때문에 사회적 불평등은 있는 그대로 유지되어야 하는 것이다. 따라서 신자유주의는 결과의 평등에 대해서 반대한다. 반면 신자유주의는 기회의 평등에 대해서는 호의적이다. 왜냐하면 자유주의 이념에서 바라볼 때 모든 개인들은 자신이 원하는 것에 접근할 수 있는 기회를 공평하게 가져야 하기 때문이다. 신자유주의적 사회가치는 개인주의와 자조의 정신을 회복하는 것이다. 정치적으로 신자유주의를 대표할 수 있는 것으로는 대처리즘(Thatcherism)[5]과 레이거노믹스(Reaganomics)[6]가 있다.

---

5) 대처리즘(Thatcherism)은 민간의 자율적인 경제활동을 중시하는 강력한 경제개혁정책을 말한다. 국영기업의 민영화, 노동조합의 규제, 기업과 민간의 자유로운 활동보장, 철저한 통화정책에 입각한 인플레이션 억제 등이 있다.

6) 레이거노믹스(Reaganomics)는 시장 중심적 경제정책이며 주요 내용으로는 정부지출의 축소, 노동과 자본에 대한 소득세 한계세율의 낮춤, 정부규제의 축소, 인플레이션을 줄이기 위한 화폐공급량의 조절이 있다.

4장

사회복지의 구성요소

학습목표

- 사회복지의 대상과 욕구를 설명할 수 있다.
- 사회복지의 주체를 공공부문, 민간부문으로 나누어 설명할 수 있다.
- 사회복지의 전달체계와 전달체계의 주요원칙을 설명할 수 있다.
- 사회복지의 재원에 관하여 설명하고 동원할 수 있다.

1절 사회복지 대상과 욕구

1. 사회복지의 대상

사회복지의 대상으로는 사회복지의 대상자[1], 욕구, 사회문제, 사회적 위험 등이 있다. 그런데 욕구, 사회적 위험, 사회문제 등은 본 서의 제1장에서 살펴보았

1) 흔히 클라이언트(client)를 대상자, 당사자, 이용자, 클라이언트 등으로 부르는데, 도움의 대상이 되는 수동적인 의미를 내포하고 있는 대상자보다는 도움을 받는 클라이언트도 그 삶의 주인이자 주체라는 점에서 당사자로 부르기도 한다. 본 서에서는 각 용어의 특성을 살린다는 의미에서 대상자, 당사자, 클라이언트 등을 혼용하여 사용하고자 한다.

으므로 여기에서는 사회복지의 대상자와 욕구에 대해서만 살펴보기로 한다.

사회복지의 대상자는 사회복지를 필요로 하는 사람들로서, 사회복지가 발전하는 초기단계에서는 소수의 사회적 약자들에게 한정해서 사회복지서비스가 제공되어 왔으나, 현대사회로 접어들면서 국민 전체로 사회복지가 확대되는 현상을 볼 수 있다. 즉, 사회복지의 대상자 선정기준이 선별주의[2)]에서 보편주의[3)]로 변화하고 있다.

2. 사회복지 대상의 욕구

사회복지는 인간의 욕구(need)에 대응하기 위한 사회제도라고 할 수 있다. 욕구는 대부분 인간의 생존과 성장·발전을 위해 필요한 것, 필수적인 것이 미충족되거나 결핍된 상태를 지칭한다. 따라서 사회복지는 인간의 욕구불만상태를 해결하거나 충족시켜 주기 위한 사회제도인 것이다.

인간의 욕구는 다양하고 무한하다고 할 수 있다. 욕구는 기본적 욕구(basic need)와 사회적 욕구(social need)로 구분할 수 있는데, 기본적 욕구는 인간의 욕구 중에서도 누구에게나 공통적이면서도 필수적인 것들의 최저수준을 충족시켜 줄 때 적용되는 것이다. 기본적 욕구의 구체적 내용은 시대나 장소 그리고 특정 사회의 사회적 특성에 따라 유동적으로 변한다(김상균, 1991: 15). 그리고 사회적 욕구란 사회적 위험 때문에 개인의 욕구를 충족시키지 못하는 사회구성원이 발생했을 때, 그들이 당면하고 있는 사회적 위험을 사회가 공동의 노력을 통해 해결하려는, 그리고 해결할 수 있는 욕구를 의미한다. 따라서 사회적 욕구는 기본적 욕구 중에서 사회적 위험과의 관련성이 높은 욕구를 지칭하는 것이다. 하베이

2) 선별주의란 소득이나 자산조사를 통해 대상자를 선별적으로 선정하는 것으로, 대표적인 예로는 공공부조 급여들과 기초연금, 장애인연금, 긴급복지지원제도 등이 있다.

3) 보편주의란 전 국민을 대상으로 하는 것으로, 대표적인 예로는 영국의 국민보건서비스(NHS), 우리나라의 사회보험제도(국민연금, 국민건강보험, 산업재해보상보험, 고용보험, 노인장기요양보험), 사회수당 등이 있다.

(Harvey, 1978: 102)는 가능한 사회적 욕구의 영역으로 음식, 주택, 의료보호, 교육, 사회적·환경적 서비스, 소비자 보호, 오락적 기회, 유쾌한 이웃관계, 교통시설 등을 들고 있다.

2절 사회복지 주체: 공공부문, 민간부문, 혼합부문

사회복지의 주체는 크게 두 가지, 즉 공공부문과 민간부문으로 나눌 수 있다. 그러나 시회복지의 공공부문이나 민간부문이나 모두 시민의 복지를 위해 활동한다는 점에서는 같다. 따라서 양자는 모두 공익을 위해 시민들에게 사회복지서비스를 제공하는 복지공급자, 즉 사회복지의 주체라는 점에서는 동일하다. 사회복지의 공공부문과 민간부문을 구분하는 전통적인 기준은 운영주체와 재정조달 방식이다. 공공부문의 운영주체는 정부(중앙정부 및 지방정부)이다. 즉, 지배적이고 독점적인 권한을 가진 정부가 운영권을 행사한다. 민간부문의 운영주체는 민간이다. 사회복지법인을 비롯한 대부분의 민간단체가 정부의 간섭 없이 자율적으로 운영된다. 그리고 공공부문은 재정을 조세로 충당하고, 민간부문은 자체자금, 후원금, 기부금, 이용자 부담금 등 기업과 시민사회, 개인의 지원금으로 재정을 조달한다. 그러나 신자유주의 이후 이런 전통적인 구분에 변화가 생겼다. 순수 공공부문과 순수 민간부문이 혼합된 사회복지 혼합부문(welfare-mix)이 나타난 것이다.

1. 공공부문

사회복지 공공부문은 중앙정부와 지방정부의 사회복지 부서, 정부산하 공공사회복지기관이다. 공공사회복지기관은 합법성과 공공성을 중시한다. 공공사회복지기관에도 사회복지사가 근무한다. 이들은 공무원 신분을 가지고 정부를 위해 일하며, 공무원 직무규정의 규제를 받는다.

한국의 중앙정부 차원에서 사회복지를 담당하고 있는 부서는 보건복지부, 여성가족부 등이다.

지방정부에서는 사회복지부문이 일반 행정체계에 포함되어 있다. 일반 행정체계에 포함되어 있다는 것은 교육(교육청), 경찰(경찰청), 보건(보건소)처럼 별도의 전문 행정체계를 갖지 않고, 시·도, 시·군·구의 일반 행정체계에 포함된 것을 의미한다.

우리나라의 대표적인 사회복지 공공부문은 공공부조이다. 원래 공공부조는 일반 행정체계(시·도, 시·군·구, 읍·면·동)를 통하여 이루어졌다. 1987년부터 사회복지전문요원을 일부 읍·면·동 사무소에 배치하여 사회복지업무(기존의 읍·면·동 사회담당 공무원의 업무를 대신)를 담당하게 하였다. 처음에는 별정직 7급으로 특채되었으나, 1999년 사회복지 직렬이 신설되어 별정직에서 일반직으로 전환되면서 9급 사회복지전담공무원으로 채용되었다. 사회복지전담공무원은 관할지역 안의 사회복지를 필요로 하는 사람 등에 대하여 생활실태 및 가정환경 등을 파악하고, 사회복지에 관해 필요한 상담과 급여를 제공한다.

2. 민간부문

사회복지 민간부문은 자체 자금이나 기부금, 후원금 또는 정부 보조금을 재원으로 해서, 자신의 의지와 목적 그리고 자신의 일정에 따라 사회복지사업을 전개하는 조직을 의미한다. 사회복지 민간부문은 자선조직협회, 인보관 등 초창기 민간사회복지활동과 가톨릭, 개신교, 유대교, 이슬람, 불교 등 종교에 기반을 둔 사회복지조직, 개인이나, 집단의 인도주의·박애주의·이타주의 조직을 포함한다.

원래 사회복지 민간부문은 비영리를 가장 큰 특징으로 했으나 20세기 후반 신자유주의의 영향으로 영리를 목적으로 하는 조직의 수가 꾸준히 증가하였다. 사회복지 민간부문은 대부분 비정부조직(non-governmental organization, NGO)

또는 비영리조직(non-profit organizations, NPO)의 형태로 운영되고 있다.

1) 비정부조직

비정부조직(NGO)이란 용어는 UN이 가장 먼저 사용했다. 1945년 UN은 정부조직과 민간조직을 구분하기 위해 비정부조직이란 용어를 사용했는데, 정부 통제로부터 독립적인 모든 민간단체를 비정부조직으로 정의했다. 그러나 집권을 목적으로 하는 정당과 정부에 도전하는 인권조직은 제외했다. UN의 정의에 부합되는 비정부조직에는 자선조직이 가장 많다.

비정부조직은 정부와는 무관한 민간조직이다. UN은 비정부조직을 '시민이 지역, 국가, 국제 수준에서 조직한 비영리조직'이라고 정의하였다. 월드뱅크는 비정부조직을 '고통의 완화, 빈민 이익의 촉진, 환경의 보호, 기본적인 사회서비스의 제공 또는 지역사회개발을 추동하는 민간조직'으로 정의하였다. 비정부조직은 공통의 관심을 가진 시민이 주도한다. 다양한 서비스와 인도주의 기능을 수행하고, 시민의 관심을 정부에게 전달하며, 정책을 옹호 및 모니터하고, 정치적 참여를 격려한다.

정부, 국제기구, UN에 자문하는 비정부조직의 수도 증가하고 있다. 이들은 인권, 환경, 극빈층 문제 해결, 보편적 초등교육, 성 평등, 여성 지위 개선, 영아사망률 개선, 정신건강 수준의 개선, 환경보호, 질병(에이즈, 말라리아 등) 퇴치 등에 주력하고 있다.

비정부조직은 국내 비정부조직과 국제 비정부조직으로 구분되기도 한다. 국제 비정부조직은 국제인권감시기구(Human Rights Watch), 국제사면위원회(Amnesty International), 적십자사, 국제빈곤퇴치조직(Oxfam), 국제반노예기구(Anti-Slavery International) 등 국제적인 차원에서 활동하는 비정부조직이고, 국내 비정부조직은 개별 국가 수준의 비정부조직인데, 국제 비정부조직과 파트너십을 구축해서 활동하는 조직도 많다.

비정부조직은 활동 영역에 따라 보건의료 비정부조직, 환경 비정부조직, 교육

비정부조직 등으로 분류할 수도 있다. 비정부조직의 활동 분야와 목적은 매우 다양하여 분류하기가 쉽지 않다.

비정부조직은 시민사회(civil society) 안에서 사회운동을 전개한다. 비정부조직은 시민사회의 등장과 성장에 매우 중요한 역할을 했다. 시민사회조직의 하나로서 비정부조직은 정부로부터의 자율성이 매우 중요하다. 정부의 간섭과 영향으로부터 자유로워야 한다는 것이다.

정부는 각종 국가정책의 정당성을 위해 비정부조직에 영향력을 행사하고 싶어 한다. 가장 좋은 방법이 비정부조직에 자금을 지원하는 것이다. 정부의 재정지원을 가장 많이 받는 비정부조직이 민간사회복지조직이다. 민간사회복지조직은 사업의 지속을 위해 안정적인 자금원이 필요하다. 하지만 비정부조직이 정부의 재정지원을 받으면 자금 집행에 대한 정부 감독과 간섭을 받게 된다. 이로 인해 독립성과 자율성 제한은 불가피하다.

2) 비영리조직

비영리조직(NPO)은 영리 이외의 것을 목적으로 하는 조직으로, 수입을 조직 구성원들에게 이윤 또는 배당으로 배분하지 않고 조직의 목적 또는 사명을 위해 사용한다. 이런 이유로 비영리조직은 조세감면의 대상이나 자선단체의 지위를 갖는다. 비영리조직 중에는 자선조직이나 사회봉사조직이 많다. 이들은 법인, 기업, 신탁, 협동조합, 비공식조직 등의 형태로 존재한다. 많은 사람들이 비영리조직과 자선조직을 동일시한다. 하지만 비영리조직의 범위는 넓다. 자선조직뿐만 아니라 사립학교, 사설박물관, 사설도서관, 민간병원 등과 같은 휴먼서비스조직(human service organizations)을 포함한다.

비영리조직은 경제적 성공보다는 회원 또는 사회에 가치 있는 일을 하는 것을 목적으로 한다. 그래서 비영리조직은 회원을 위한 조직과 지역사회를 위한 조직으로 대별된다.

비영리조직은 대개 회원이 있지만, 없는 경우도 있다. 회원조직(membership

organization)은 회원들의 통제를 받는 조직이다. 회원조직에서 가장 중요한 기구는 회원총회이다. 따라서 회원조직에서 중요한 결정은 대부분 회원총회를 통해서 이루어진다. 그러나 회원조직도 필요한 경우, 이사회를 구성할 수 있다. 회원들은 이사회 멤버를 선출하고, 이를 통해 조직을 통제한다. 회원들은 회원 총회를 정기적으로 갖고 조직 규정을 개정한다. 회원이 없는 조직을 이사회조직(board-only organization)이라고 한다. 이사회는 조직의 사업 전반을 통제하는 권한을 갖는다. 이사회조직의 신임 이사는 기존 이사들이 자체적으로 선임한다.

비영리조직의 특징 중 하나가 후원자(constituencies)이다. 후원자들은 비영리조직의 목적에 공감하여 조건 없이 일정한 금전이나 자신의 재능을 기부하는 평범한 시민들인 경우가 많다. 드러커(Drucker, 1990)는 비영리조직과 영리조직의 근본적 차이의 하나로 비영리조직이 영리조직에 비해 많은 후원자를 가지고 있다는 것을 꼽았다.

많은 비영리조직이 이윤 창출보다 사회봉사를 중시한다. 하지만 비영리조직이 이윤창출을 전혀 안 하는 것은 아니다. 비영리조직도 필요하면 수익사업을 통해 이윤을 추구할 수 있다. 이윤은 조직의 지속가능성을 위해 필요하다. 단 이윤의 사용처가 중요하다. 비영리조직은 수익사업을 통해 이익이 생겨도 이사들에게 배당하지 않고 자체 프로그램이나 서비스에 필요한 재정에 투입한다. 비영리조직은 조직의 오너가 없고 그래서 오너를 위해 이윤 창출을 할 필요가 없기 때문에 가능하다.

많은 나라에서 비영리조직은 조세감면 혜택을 받고 있다. 소득세나 기타 세금을 면제 또는 감액받는 혜택을 누린다. 비영리조직이 공공조직이 아님에도 공익을 추구하기 때문에 정부는 이를 권장하기 위해 이런 혜택을 준다. 하지만 비영리조직이 난립하는 것은 바람직하지 않다. 겉으로는 비영리지만 실제로는 영리를 도모하고 여기에 세금 특혜까지 받는 것도 용납할 수 없다. 이런 이유로 많은 나라들이 비영리조직의 설립과 운영을 규제하는 법률을 갖고 있다.

3) 비영리 사회복지조직

대부분의 사회복지조직은 비영리조직이다. 비영리사회복지조직은 전국 규모의 조직(기관들의 협의체)도 있지만 지역사회에 기반을 둔 경우가 대부분이다. 비영리사회복지조직은 지역사회와 자원봉사자의 참여로 운영되고 있으며, 기부금, 후원금, 정부보조금, 서비스 이용료 등으로 프로그램의 재원을 삼고 있다. 미국의 경우 대부분의 비영리사회복지조직들이 클라이언트로부터 서비스 이용료를 받고 있는데, 클라이언트의 경제적 능력에 따라 요금을 차등화한 슬라이딩 스케일(sliding scale)을 적용하고 있다.

비영리사회복지조직은 아동보육서비스, 정신건강서비스, 장기요양서비스 등 다양한 서비스를 제공한다. 이들이 제공하는 서비스의 수급자는 일반인이면 누구나 다 겪을 수 있는 위기(human risks), 즉 실직, 질병이나 정신질환, 저임금, 열악한 주거환경 등으로 고통받는 사람들이다. 그리고 비영리조직은 공공부문이 경제적 보장에 초점을 두는 것과 달리 단기적 위기상황에 처한 사람을 돕는 데 주력하고, 특정한 상황하에서 공공부문의 서비스를 보충하는 데 중점을 둔다. 노인요양원, 가정봉사원, 장애인재활서비스, 정신건강서비스, 아동복지서비스 등이 그것이다. 군인과 군인가족을 위한 서비스, 가족계획서비스, 긴급구호, 지역사회복지관이 제공하는 지역사회개발, 성인교육, 사회화, 레크리에이션 프로그램도 여기에 속한다.

돌고프와 펠드스타인(Dolgoff & Feldstein, 2000: 280−281; 이성기·원석조, 2023: 123 재인용)은 사회복지 분야에서 비영리조직이 존재하는 이유를 다음과 같이 설명한다.

첫째, 비영리조직은 시장과 공공부문이 공급하지 않은 상품과 서비스를 제공하기 위해 존재한다. 이러한 상품과 서비스는 사회가 보편적으로 요구하는 것이 아니라 특수한 공동체만이 필요로 하는 것이다. 따라서 사회가 다원화되면 될수록, 비영리부분의 필요성은 커진다.

둘째, 비영리조직은 영리를 추구하지 않기 때문에 수익성보다는 서비스의 질을 중시한다. 그러므로 가장 취약한 계층인 노인과 장애인을 보호하는 데 강점을 발휘할 수 있다. 또한, 필요하면 정부에 대항하면서까지 클라이언트의 대변자나 옴부즈맨이 된다. 좋은 사회에서는 반드시 필요한 일이다.

셋째, 비영리조직은 영리 추구로부터 자유롭기 때문에, 개입대상과 개입방법을 특징화할 수 있다. 그리고 특수한 욕구를 가진 사람을 대변하고, 자조집단이나 기타 소비자를 보호하기 위한 집단을 조직할 수 있다.

넷째, 비영리조직은 공공부문의 문제점인 관료화, 경직성 및 비인격성을 최소화할 수 있다.

다섯째, 비영리조직은 특정한 인종집단이나 이익집단만을 위한 특화된 서비스(sectarian service)를 제공한다. 가톨릭이 가톨릭 청소년을 대상으로 취미·레저 프로그램을 운영하는 것이나 흑인 비영리조직이 흑인들의 뿌리 찾기나 역량강화를 위한 프로그램을 운영하는 것이 좋은 예이다. 공공부문은 이러한 특화된 서비스를 제공하기가 어렵다.

여섯째, 비영리조직은 최근 들어 그 중요성이 커진 알코올중독극복집단과 같은 자조집단을 운영한다. 자조집단은 자원봉사자를 활용하고, 재정을 자체 충당하며, 독특한 프로그램을 운영한다. 공공부문이 이런 조직을 운영하기는 어렵다.

그러나 비영리조직이라고 해서 한계가 없는 것은 아니다. 비영리조직은 특정한 문제, 집단, 개인에게만 초점을 맞춤으로써 서비스의 수준이 일관되지 못하고 자주 바뀌며, 자원이 한정되어 있다는 한계를 갖는다.

4) 영리사회복지조직

원래 사회복지는 공공조직과 민간비영리조직의 배타적인 영역이었다. 그러나 1980년대 이후 사회복지서비스 전달체계에서 활동하는 영리조직들이 갈수록 증가했다. 사회복지사업을 영리를 목적으로 하는 조직을 영리사회복지조직이라 한다. 미국에서는 이를 휴먼서비스경영조직(human service executive)이라고 한다.

휴먼서비스경영조직은 사회복지사업을 기업방식으로 한다. 이들도 비영리사회복지조직과 마찬가지로 사회복지사나 간호사를 고용한다. 휴먼서비스경영조직은 사회복지서비스를 기업 관점, 영리적인 관점에서 접근한다. 사회복지 관료조직이 국가의 기획과 규제기능을 중시한다면, 휴먼서비스경영조직은 자원 배분과 프로그램 평가에서 시장의 합리성을 중시한다. 미국에서 휴먼서비스경영조직은 메디케이드(Medicaid, 빈민을 위한 의료급여)와 메디케어(Medicare, 사회보장연금 수급 노인을 위한 건강보험)가 장기요양원과 병원에 환자의 진료 및 케어비용을 지급한 1960년대 후반부터 성장하기 시작했다. 현재 이들 휴먼서비스기업들은 장기요양원, 병원, 건강보험회사, 보육, 가정보호, 교정사업, 공공부조 등 여러 분야의 사업을 하고 있으며, 21세기 들어 크게 증가하였다.

미국의 클리닉사업(clinical entrepreneurs)도 영리사회복지조직의 좋은 예이다. 클리닉 사업은 전문가 독점(professional monopoly)을 추구하는 사회복지사, 심리학자, 의사 등이 단독 또는 연합하여 개원한 사적 진료기관(private practice)이다. 현재 미국에서는 심리치료의 상당 부문을 개원 사회복지사가 담당하고 있다. 개원 사회복지사의 성격은 개원 의사와 유사하다. 개업해 풀타임으로 일하는 경우도 있고, 다른 사회복지조직에서 풀타임으로 일하는 사회복지사가 파트타임으로 와서 일하는 경우도 있다. 클리닉을 개업해 심리학자와 정신과의사와 파트너를 이뤄 정신치료와 집단치료를 제공하는 사회복지사도 있고, 심리학자나 정신과의사가 개업한 정신치료 및 집단치료 클리닉에 고용되어 일하는 사회복지사도 있다. 개원 사회복지사는 사회사업석사(MSW) 학위와 사회복지조직에서 수년간 상담가로 일한 경력이 있어야 한다. 1970년대 이후 사회복지사의 개원이 증가하기 시작해 현재 미국 사회복지서비스 전달체계의 한 축을 이루고 있다.

이처럼 영리사회복지조직이 증가하자 영리를 목적으로 하는 조직이 사회복지 목적에 얼마나 잘 부합되는가 하는 비판이 제기되었다. 전통적인 사회복지 주창자들은 영리사회복지조직의 부상에 매우 부정적이다. 영리 동기와 사회복지 정신(ethos)이 양립할 수 없다는 것이다. 이런 도덕적 거부감을 가진 사람들은 영리조직이 사회복지전달체계의 효율성을 증대시키고 또 효과적인 수단이 된다는 사실을 인정하지 않는다.

사회복지전달의 효율성과 효과성을 계량적으로 측정하기는 어렵지만(사회복지서비스의 목적이 복합적이고, 때로는 모호하기 때문에 그렇다), 비영리조직과 영리조직의 효과성을 비교한 연구를 보면, 비영리조직이 클라이언트의 욕구에 보다 민감하다는 연구가 있는 반면에, 영리조직이 일에 최선을 다하고 있다는 연구가 있으며, 양자 사이에 별다른 차이가 없다는 연구도 있다. 이런 연구결과들은 서비스 공급자로서 영리조직과 비영리조직에 차이가 난다고 단정할 수 없음을 의미한다.

이론적으로 비영리조직은 영리조직에 비해 공적인 책임감이 더 강하다. 이유는 비영리조직은 공동선과 공공의 이익을 중시하는 사람들이 최고 의결기구인 이사회를 구성하는 반면에, 영리조직은 조직 오너의 경제적 이익을 중시하는 사람들로 이사진이 구성되기 때문이다.

많은 사회복지조직들이 영리를 추구하면서 영리조직과 비영리조직의 경계가 모호해지고 있다. 이런 상황에서는 정부의 역할이 중요하다. 정부는 비영리조직의 공공친화적인 강령이 유지될 수 있도록 적절히 지원하고, 영리조직이 지나친 영리추구를 하지 못하도록 적절히 규제해야 한다.

3절 사회복지의 전달체계와 방법

사회복지의 전달체계란 사회복지의 주체와 대상자를 연결해 주는 조직적 장치를 말한다. 사회복지의 대상자인 클라이언트에게 효과적이고 효율적인 서비스를 제공하기 위해서는 관련 복지기관들이 서비스의 내용과 절차 등에서 서로 유기적인 관계를 유지해야 할 전달체계가 필요하다. 사회복지서비스 전달체계가 그 기능을 충분히 발휘하기 위해서는 전달체계의 하위체계 혹은 단위(unit)를 구성하는 복지기관들이 적절한 기능을 수행해야 한다. 여기에서는 먼저, 사회복지 전달체계의 구분으로 공공부문과 민간부문 및 정부와 민간부문의 혼합 형태를 살펴보고, 다음으로 사회복지 전달체계의 주요 원칙을 살펴보고자 한다.

1. 사회복지 전달체계의 구분

여기에서는 사회복지정책의 전달체계를 공공부문: 중앙정부와 지방정부, 민간부문, 정부와 민간부문의 혼합형태로 나누어 살펴보고자 한다.

1) 공공부문 : 중앙정부와 지방정부

공공부문은 자격관리, 급여의 형태와 액수, 공익성이 있는 사업, 기본적인 소득보장 등을 담당하는 것이 바람직하다. 예를 들어, 보건복지부는 국민연금과 건강보험을 관장하고, 고용노동부는 고용보험과 산재보험을 관장한다. 이러한 의미에서 사회보험의 관리·감독은 중앙집권적이라 할 것이다. 그리고 국민연금은 국민연금공단, 산재보험은 근로복지공단이 보험자가 된다.

(1) 중앙정부

오늘날 복지국가라고 불리는 국가의 대부분은 중앙정부에서 급여수급자격, 급여 수준, 재원, 전달체계에 관한 모든 사항을 결정한다. 사회복지 관련 중앙부처는 보건복지부, 여성가족부, 고용노동부 뿐만 아니라 행정안전부, 문화체육관광부, 국가보훈처 등 다양하다. 특히 2012년 8월부터 운영된 사회보장정보시스템은 보건복지부 외에 정부의 모든 부처 복지사업을 포함하여 수요자 중심으로 통합관리하는 시스템으로, 정부의 모든 복지서비스를 누락이나 중복 없이 꼭 필요한 국민들에게 맞춤형으로 제공하고 있다.

중앙정부의 역할이 강조되는 이유는 사회복지서비스는 공공재적 성격이 강하여 모든 국민을 대상으로 하는 경우가 있는데, 이 경우에는 중앙정부가 관장하는 것이 효율적이기 때문이다. 즉, 사회복지서비스를 중앙정부가 담당할 경우 국민들의 인간다운 생활 보장, 전국적으로 통일성 있는 서비스 제공, 사회통합, 소득재분배, 평등, 사회적 적절성 달성에 유리하다. 중앙정부에 의한 사회복지정책은 또한 다양한 사회복지에 대한 욕구를 체계화하여 다양한 프로그램을 통합, 조정하거나, 이러한 정책을 보편적, 지속적, 안정적으로 유지하는 데 유리하며, 국민기초선 보장에도 유리하다.

그러나 모는 국민을 대상으로 하기 때분에 욕구파악이 어렵고, 독점적이며, 관료주의적이기 때문에 민간보다 체계의 탄력성이 낮고, 가격과 질 측면에서 불리할 수 있다. 또한 지방정부에 비해 다양한 욕구에 부합하는 사회복지서비스 제공에 불리하다는 단점이 있다. 또한 중앙정부는 관련 부서들이 각각 분리 설치되어 있어 통합성이 결여되어 있고 업무 내용이 중복되어 있어 책임소재가 불분명하다. 따라서 서비스의 중복을 방지하기 어렵다.

(2) 지방정부

지역주민의 욕구를 효율적으로 충족시키기 위해서는 지방정부의 전달체계가 중요시된다. 미국의 경우 교육서비스는 대부분 지방정부의 주도하에 제공된다. 영국도 교육서비스는 재원의 80% 이상, 대인적 사회서비스는 90% 이상을 지방정부에서 마련한다. 우리나라의 경우 사회서비스는 지방 시·군·구를 통해 제공되는 방향으로 변하고 있다. 그리고 효과적인 지역별 복지제공을 위하여 지역사회보장협의체가 구성되었다. 지방정부인 기초자치단체는 국민기초생활보장 급여를 전달한다. 그리고 지방자치단체는 사회복지시설 위탁 및 지도·감독의 주체가 될 수 있다.

지방정부의 역할은 중앙정부에 비해 지역주민의 욕구를 효율적으로 해결 및 신속히 대응할 수 있고, 특수한 욕구에도 적절하게 대응할 수 있으며, 욕구변화에 융통성 있게 대응하고, 지방정부 간 경쟁을 유발시켜 서비스의 질을 향상시킬 수 있다.

그러나 지역 간의 불평등을 야기하여 사회통합을 저해할 수 있고, 중앙정부보다 규모가 작기 때문에 재정자립도에 따라 지역 간 격차가 심화될 수 있으며, 중앙정부에 비해 프로그램의 지속성, 안정성을 보장하기 어렵고, 지방정부 단위의 프로그램으로 단편화될 가능성이 높다는 단점이 있다.

2) 민간부문

민간 사회복지기관이 필요한 이유는 국가의 사회복지 재정 축소, 서비스의 선도적 개발 및 보급, 서비스의 다양화 등을 들 수 있다. 사회서비스를 민간에서 제공할 경우 융통성과 탄력성이 있고 전문성, 독창성, 자율성 측면에서 유리하다. 그리고 민간부문은 욕구에 따라 선택을 필요로 하는 서비스, 다양한 소비자 선택권을 주는 것 등을 담당하는 것이 바람직하다. 또한 경쟁에 따른 서비스 질 향상, 사회복지서비스의 선도적 개발 및 보급, 동일 종류의 서비스에 대한 선택의 기회 제공, 민간의 사회복지 참여 욕구 수렴, 욕구와 환경변화에 민감하다는 장점이 있다.

그러나 민간부문은 공공부문에 비해 서비스의 안정성과 지속성에서 불리하다. 그리고 공공재 제공의 어려움, 평등추구의 어려움, 규모의 경제 실현의 어려움, 사회통합과 소득재분배 및 사회적 적절성 달성에서의 어려움 등이 있다.

3) 정부와 민간부문의 혼합형태

정부와 민간부문의 혼합형태는 대부분 사회서비스 부문에서 행해진다. 사회서비스는 민간부문이 제공하되 그 재정적 지원은 중앙정부 혹은 지방정부가 여러 가지 조건을 붙여 담당하는 경우이다. 정부가 민간부문이 실천하는 사회서비스에 재정을 지원할 때, 민간부문으로 하여금 일정 부문 재정부담을 요구하거나, 프로그램의 내용, 수급자의 대상, 서비스의 형태 등에 대해 정부가 규제한다. 즉, 비영리 사회복지기관은 공공부문과 연계하여 서비스를 제공하기도 한다. 그리하여 최근 서비스 생산 및 전달에 있어 지방정부와 민간기관의 역할이 증대되고 있다.

이렇게 민간부문에서 사회서비스를 제공하는 것은 효율적이고 경쟁적이며 선택의 폭이 넓어질 수 있다. 영리기관은 이윤을 목적으로 하며 효율성을 추구한다. 또한 접근성이 높고 융통성 또는 신축성이 높아질 수 있다.

2. 사회복지 전달체계의 주요 원칙

사회복지의 주체가 대상자에게 효과적이고 효율적으로 재화나 서비스를 제공하기 위해서는 전달과정에서 전문성의 원칙, 통합성의 원칙, 포괄성의 원칙, 지속성의 원칙, 적절성의 원칙, 경쟁성의 원칙, 접근성의 원칙, 책임성의 원칙, 평등성의 원칙이 지켜져야 한다.

1) 전문성(professionalization)

전문성은 핵심 업무는 반드시 전문가가 담당한다는 것을 의미한다. 예를 들어, 국민기초생활보장제도의 수급권자 선정 및 관리는 사회복지전담공무원이 담당해야 하는 것이다. 업무의 성격상 전문성이 덜 필요한 것은 준전문가가 담당하고, 비숙련 업무 및 일반 행정업무는 비전문가 또는 경우에 따라 자원봉사자가 담당한다.

2) 통합성(integration)

통합성은 상호 연관된 서비스를 종합적으로 고려한다는 것을 의미한다. 또한 상호 연관된 서비스를 전달할 때 사회복지기관 간 협력 강화는 전달체계의 단편성을 줄일 수 있다. 즉, 통합성 원칙 구현을 위해서는 조직 간 유기적 연계가 중요하다.

3) 포괄성(comprehensiveness)

서비스의 포괄성은 다양한 욕구 해결을 위해 필요한 서비스를 종합적으로 제공하는 것을 의미한다. 클라이언트의 욕구는 다양한 문제와 관련되어 있어 다각적인 접근과 서비스 제공이 필요한 것이다.

4) 지속성(continuity)

서비스의 지속성은 필요한 여러 서비스를 중단 없이 제공한다는 것을 의미한다. 즉, 이 원칙은 서비스 공급이 연속적으로 이루어져야 한다는 것이다. 특정 프로그램 종료 후 필요한 후속 프로그램이 없다면 지속성이 결여된 것이다. 지속성의 원칙이 잘 적용되기 위해서는 같은 조직 내의 서비스 프로그램 간의 상호협력이 잘 이루어져야 하고, 지역사회 내의 사회복지서비스 조직 간에도 유기적인 연계가 잘 이루어져야 한다.

5) 적절성(appropriateness)

서비스의 적절성은 서비스의 양과 질, 기간이 클라이언트의 문제(욕구)해결에 충분한 것을 의미하며, 충분성의 원칙이라고도 한다. 이 원칙은 서비스의 양과 질 그리고 기간을 설정하는 것과 관련되는데, 필요한 서비스의 양과 질이 부족하다면 적절성이 결여된 것이다.

6) 경쟁성(competition)

경쟁성은 서비스가 독점적으로 제공되는 것이 아니라 여러 공급자가 경쟁적으로 제공하는지를 의미한다. 경쟁은 사회복지기관으로 하여금 클라이언트의 욕구에 민감하게 만들 수 있다.

7) 접근성(accessibility)

서비스의 접근성은 클라이언트가 사회복지 서비스를 이용하는 데 있어서 지리적인 거리, 경제적인 이유, 개인적 동기와 인식 등 클라이언트의 사회복지조직이나 서비스에 대한 접근성이 높아야 하는 것을 의미한다. 따라서 정보 부족으로 인해 서비스를 이용할 수 없다면 접근성이 결여된 것이다.

8) 책임성 (accountability)

책임성은 클라이언트의 욕구에 대한 대응, 전달절차, 전달과정에서의 불평과 불만의 수렴장치 등이 적합한지를 검토하고 책임을 지는 것을 의미한다. 이 원칙은 전달체계 자체의 효과성이나 효율성과 관련된다. 클라이언트의 적극적 의견개진을 장려하는 것은 사회복지기관의 무책임성을 줄일 수 있다. 만약 이용자 불만을 표시할 수 있는 장치가 없다면 책임성이 결여된 것이다.

9) 평등성

서비스의 평등성은 사회복지서비스를 제공받는 클라이언트의 연령, 성별, 소득, 지역, 종교나 지위에 관계없이 모두에게 평등하게 제공되어야 한다는 것을 의미한다. 따라서 국가는 모든 사람에게 사회복지서비스를 평등하게 제공해야 한다.

4절 사회복지의 재원조달

사회복지의 재원은 정부나 지방자치단체가 지출하는 공공부문의 재원과 개인, 기업, 사회복지단체 등이 부담하는 민간부문의 재원으로 나눌 수 있다.

1. 공공부문의 재원

공공부문의 재원은 정부의 일반예산, 사회보장성 조세, 조세비용 등이 있다.

1) 정부의 일반예산

정부의 일반예산은 정부 및 지방자치단체의 조세수입으로 구성되는데, 사회복지의 확대를 위해 조세수입을 늘리는 것은 조세부담을 높이는 결과를 가져온다. 조세는 모두가 부담하기 때문에 조세저항, 기피현상 및 도덕적 해이가 발생할 수 있다. 일반예산으로 충당하는 대표적인 제도는 공공부조제도로서, 우리나라의 경우 국민기초생활보장제도와 긴급복지지원제도가 있다.

일반예산이 사회복지정책의 재원으로 중요한 이유는 첫째, 정부의 일반예산을 통한 재원이 다른 재원에 비하여 사회복지정책이 추구하는 가장 중요한 목표인 평등가치의 구현이나 소득재분배를 이루기 쉽기 때문이다. 일반예산을 구성하는 조세는 지불능력(capacity to pay)과 관련되어 있으며, 누진적이어서 소득이 많은 사람의 조세부담률이 소득이 적은 사람의 조세부담률보다 높다. 둘째, 정부의 일반예산재원은 다른 재원에 비하여 사회복지정책의 급여대상의 확대와 급여내용의 보편성을 이룰 수 있다. 셋째, 재원의 안정성과 지속성의 측면에서 정부의 일반예산이 다른 재원에 비해 유리하다.

2) 사회보장성 조세 : 목적세

사회보장성 조세(social security tax or pay roll tax)란 사회보장과 같은 특별한 목적을 위해서 거둬들이는 조세(earmarked tax)를 의미한다. 따라서 사회보장성 조세를 목적세라고 하지만, 다른 목적세인 교육세와는 차이가 있다. 사회보장성 조세는 부담자와 수혜자가 일치하는 반면, 교육세는 부담자와 수혜자가 일치하지 않기 때문이다. 반면 사회보장성 조세와 교육세의 공통점으로는 모두 강제 징수하고, 국가 또는 공공기관이 징수하며, 목적세로서 목적이 정해져 있어 재원 안정성이 높다는 것이다.

사회보장성 조세는 국민연금, 국민건강보험, 산재보험, 고용보험, 노인장기요양보험 등 사회보험을 위한 보험료를 사용자나 피고용자로부터 강제로 부과하여 일종의 세금의 기능을 한다. 사회보장성 조세인 사회보험료는 누진세가 아니라 정률제이며, 소득재분배 효과가 작고 제한적이다. 사회복지에 쓰이는 재원 중 가장 비중이 높은 것은 사회보장성 조세이다. 즉, 우리나라의 사회복지 재원 중 사회보장의 주된 재원은 사회보장성 조세인 사회보험료이다.

3) 조세지출

조세지출(조세비용, tax expenditures)은 조세를 거둬들여 직접적 사회복지급여를 하지 않는 대신 사람들이 내야 할 조세를 감면시켜 사회복지의 목표를 이룰 수 있는 방법, 즉 정부가 받아야 할 세금을 감면하는 방식을 통해 마련하는 사회복지 재원이다. 따라서 조세지출은 조세율 감소로 현금급여의 효과를 준다. 저소득층을 위한 소득세 면제 혜택은 조세지출에 해당하는데, 이러한 조세지출은 소득재분배에 있어 세금을 낼 수 없는 저소득층에게는 혜택이 가지 않고, 고소득층에게 유리한 점에서 소득 역진적이다.

2. 민간부문의 재원

민간부문의 재원에는 사용자 부담, 자발적 기여, 기업복지, 비공식부문의 네 가지가 있다.

1) 사용자 부담/이용료

사회복지정책의 재원 중 사용자 부담이란 일정한 금액을 본인이 부담하면서 어떤 사회서비스를 수급하는 것을 말하는데, 지역사회복지관의 유료서비스(본인부담)가 사용자 부담(user fee)에 해당한다. 지역사회복지관에서 서비스 이용료를 부과할 경우, 다음과 같은 장점이 있다. ① 서비스 재정의 증대를 도모할 수 있다. ② 서비스 이용에 대한 선호도를 파악할 수 있다. ③ 서비스 이용자의 도덕적 해이를 방지할 수 있다. 즉, 불필요한 서비스 이용을 방지하고 수요를 억제할 수 있다. ④ 이용자의 권리의식을 높여 서비스 질을 향상시킬 수 있다. ⑤ 공급주체 간 경쟁을 유발하여 서비스의 질을 향상시키고 공급 효율성을 높일 수 있다. ⑥ 사용자의 자기존중감을 가지게 해줄 수 있다. ⑦ 사용자의 선택권을 높여주며, 다양한 서비스가 이루어진다. ⑧ 정부의 재정 부담을 완화하는 효과가 있다.

반면 다음과 같은 단점이 있다.

① 안정적인 재원확보가 어렵다. ② 저소득층의 서비스 접근성을 떨어뜨릴 수 있다. 즉, 저소득층의 서비스 이용을 저해할 수 있다. 따라서 기본적인 욕구에 대해서 이용료를 부과하는 것은 신중히 결정해야 한다.

2) 자발적 기여

자발적 기여의 형태는 크게 개인, 재단(foundation), 기업 그리고 유산으로 이루어지는데, 이 가운데 일반적으로 개인에 의한 기여금이 가장 크고, 다음으로 재단, 기업, 유산의 순서이다. 자발적 기여의 가장 큰 문제점은 자발적 기여에 의한 재원이 불안정하다는 점이다. 자발적 기여는 개인, 재단, 기업이 처한 상황의 변화에 따라 기여의 규모가 크게 바뀔 수 있다. 예를 들면, 경제상황이 나빠 소득이 줄거나 사회의 관심에 따라 인기 있는 기여항목이 바뀔 수 있는 것이다.

3) 기업복지

사회보장에 사용되는 재원 중에는 기업의 사용자가 그들의 피고용자의 복지향상을 위하여 지출하는 것, 즉 근로자에게 혜택을 부여하는 것이 있다. 예를 들면, 소득보장의 영역에서는 기업연금(occupational pension)이 있고, 의료서비스의 영역에는 기업의료보험, 교육에서는 피고용자 자녀의 학비보조, 주택에서는 사원주택을 포함한 다양한 프로그램이 있다. 이러한 기업복지는 사용자의 입장에서는 피고용자에게 직접적 임금 대신 기업복지 형태의 지급이 세제상 유리하고, 양질의 근로자를 고용·유지하기 위한 동기강화를 위해서 필요하다.

4) 비공식부문 재원 : 가족, 친척, 이웃

사회복지정책에 사용되는 재원 중에는 비공식부문의 재원이 있다. 예를 들면, 노인의 복지는 상당 부분 자식들의 부양에 의해 해결된다. 제도적 사회복지가 발전하기 전에는 이러한 비공식부문의 재원이 가장 중요한 역할을 하였다. 그러나 제도적 사회복지가 발전하기 시작하면서 이 부문의 역할이 많이 줄어들었다 하더라도 그 사회의 사회적·문화적 관습과 규범에 의해 비공식 부문이 계속 중요한 역할을 할 수 있다.

제2부

사회복지의 역사와 복지국가

5장
사회복지의 역사

학습목표

- 사회복지역사 연구의 중요성에 대하여 학습한다.
- 서양사회복지 역사의 발달에 대하여 학습한다.
- 한국사회복지역사의 발달에 대하여 학습한다.

1절 사회복지 역사 연구의 중요성

사회복지는 인간이 처한 위험이나 고통으로부터 벗어나 인간다운 삶을 영위하도록 돕는 것이라고 할 수 있으며, 이는 현대사회에 있어서 매우 중요한 사회제도이다. 사회문제를 해결하거나 예방하기 위해 사회복지제도가 도입된 시기나 방법은 각 나라마다 다르다. 유럽에서는 18세기 말부터 19세기 말까지 자유주의 사상이 당시 유럽의 경제적, 사회적, 정치적 사상에 큰 영향을 미쳤다. 자유주의란 개인적 자유, 자립, 경제적 자유를 강조한다. 이러한 자유주의는 이후 자본주의 발달에서 중요한 동기를 제공하게 되는데, 산업국가에서 자신의 부를 추구하는 것은 자유이며, 성공과 실패에 대해서는 개인이 책임을 져야 한다는 관념 아래 빈민에 대한 상류계층의 온정적 책임성을 회피하도록 유도하였다. 그러므로 서구에서의 권리로서의 사회복지제도는 '자유주의와의 단절'에서 비롯된다고 보았다(Rimlinger, 1971). 유럽에서 제도적인 사회복지가 나타나게 된 시기는 자유주의사상이 쇠퇴하기 시작한 1880년대 이후로 볼 수 있다. 독일에서는 1880년대와 1920년대 사이에 산업노동자와 원조가 필요한 시민 등을 위해 연금과 사회보험 프로그램이 도입되어, 1930년대부터 1950년대에 이르는 기간동안에는 전 국민을 대상으로 하는 보다 포괄적인 사회보험으로 발달하였다. 영국에서는 1897년에 노동자 산업재해보상법을 제정한 것을 비롯하여, 1971년에 의료보험과 실업보험을 규정한 국민보험법을 제정하여 복지국가의 기틀을 마련하였다. 그러나 유럽의 국가들이 19세기 말부터 빠른 속도로 사회복지제도를 도입하고 발전시키는 데 비하여, 미국은 1935년 사회보장법 이전에는 연방정부 차원에서 어떠한 사회복지제도도 도입하지 않았다. 미국이 사회보험과 공공부조제도를 도입한 것은 독일의 사회보험 시작으로부터 50년 뒤의 일이며, 유럽 국가들은 계속적으로 사회복지제도의 발전을 도모하였으나, 미국은 언제나 '미완성 복지국가' 또는 '준복지국가'로 머물러 있다고 볼 수 있다.

각 나라별, 시기별로 사회복지제도의 발달 과정이나 상세에는 차이가 있기는 하나, 개별 국가의 사회복지제도 발달사 속에서 특수성을 발견하는 한편 국가별 비교연구를 통해 보편적인 사회복지발달사의 유형을 파악하고 사회복지제도의 진보에 기여할 수 있다는 점에서 사회복지발달사 학습 및 연구의 의미가 있다(이준상 외, 2018).

역사적으로 인간의 고통과 사회문제에 대한 해결적 성찰로부터 시작된 사회복지는 인간의 욕구충족과 그 사회가 추구하는 공동의 이익을 창출하기 위해 조직화된 활동이며 개입으로 볼 수 있다. 서구사회에 있어서 사회복지의 가치는 기독교의 박애사상을 중심으로 하여 기원했다고 볼 수 있으며, 이 사상적 전통은 르네상스와 종교개혁, 그리고 계몽주의 등의 시대를 거치면서 휴머니즘으로 세속화되고 제도화되었다. 인간은 과거의 경험을 축적하고 이를 통해서 미래를 준비하고 그의 능력을 발전시키는 이성적인 존재이다. 따라서 우리는 과거의 역사적 경험을 시금석 삼아 사회복지학에 대한 이해의 폭을 넓히는 한편 21세기 현대사회에 걸맞는 사회복지를 새로이 준비해야 할 것이다(원석조, 2019).

2절 서양 사회복지의 역사

1. 영국 구빈법

1) 구빈법 이전 시대의 특징

빈민에 대한 공공복지의 효시라고 할 수 있는 엘리자베스 구빈법이 제정되기 이전 시대 빈민 정책은 노동능력이 있는 빈민에 대해서는 억압 일변도, 노동능력이 없는 빈민에 대해서는 철저한 방임이나 박해를 핵심 특징으로 한다. 구빈법 제정의 주요 배경으로 봉건제도의 붕괴로 신분사회의 붕괴를 가져오면서 부랑하며 구걸하는 새로운 빈민들의 출현이 있었다. 시대적 상황으로 중상주의의 원칙하에 상품생산을 생산적노동력의 확보를 강조하게 되는 사회적 분위기와 더불어 15~16세기경 인클로저(enclosure)운동의 영향으로 농민들의 빈곤화가 심화되는 현상들이 발생하게 되었다.

2 영국: 구빈법 발전 과정

1) 엘리자베스 구빈법(빈민통제법, 빈민법, The Elizabethan Poor Law, 1601)

기존에는 교구의 책임으로 인식했던 빈민구제를 국가(정부)의 책임으로 인식하고 기존의 구빈법들을 집대성하여 빈민에 대해 전국적 단위로 국가부조를 시작한 효시였다. 그러나 여전히 빈곤의 원인은 개인에게 있다고 보았다. 빈민구호에 대한 대한 국가 행정제도를 공식화하였음에도 통제적, 강제적, 처벌적 성격을 가졌으며, 치안 유지를 위한 부랑인과 빈민 관리의 목적이 컸다. 또한 노동능력 유무로 빈민을 구분하고 차등적으로 처우하였다. 이 당시에는 노동능력이 있는 빈민은 교정원, 작업장에, 노동능력이 없는 빈민은 구빈원에, 요보호 아동은 도제제도를 활용하였다. 이러한 구분과 행정절차는 교구내 빈민수에 따라 구빈세의 부담과 급여수준의 편차가 클 수 있어서 교구간 급여차이로 빈민들이 이동하는문제가 발생하였다.

2) 정주법(거주지제한법, The Settlement Act, 1662)

어떤 주민이 다른 지역으로 이주하였을 경우, 이주를 받아들이는 교구에서 만약 그 사람이 빈민이 될 가능성이 크다면, 그 사람을 이전에 살던 교구로 강제로 돌려보내도록 한 법이다. 제정 목적은 빈민이 유입되면 구빈세 부담이 커지므로 빈민들의 자유로운 이동을 금지하여 빈곤문제를 교구 단위로 해결하고자 함이었다.

3) 작업장법(작업장테스트법, The Workhouse Test Act, 1722)

전국에 걸친 작업장 설치의 계기가 된 법으로 작업장(workhouse)은 노동능력이 있는 빈민을 수용하여 강제로 노동을 시키기 위해 설립된 시설이다. 일자리 제공 의도로 시작되었던 작업장은 극도로 열악한 처우로 인해 구빈을 회피하게 만듦으로써 구빈 억제 수단으로 전락하게 되었다. 그 내용으로는 구빈감독관과 교회 집사들에게 작업장을 건립할 수 있는 권한, 이 작업장에 빈민을 고용하고 수용하도록 민간업자와 계약할 수 있는 권한, 작업장 입소 거부 빈민에게 구제를 제공하지 않을 권한 등을 부여하였으며, 빈민의 노동력 활용을 위해 작업장을 적극 활용하고 이를 위해 교구연합 공동작업장을 설치할 수 있도록 하였다.

그러나 작업장법의 취지와는 다르게 빈민 혹사, 노동력 착취 등 많은 문제를 일으켰다. 그럼에도 불구하고 이는 오늘날의 직업보도 프로그램이나 자활 프로그램과 유사한 성격을 지닌 제도라고 볼 수 있다.

4) 길버트법(The Gilberts Act, 1782)

작업장 빈민의 비참한 생활과 착취를 개선할 목적으로 제정된 인도주의적 제도이다. 빈민의 수용 구호를 원칙으로 했던 기존 작업장 제도를 완화하여 노동능력이 있는 빈민과 실업자의 원외구호(outdoor relief)를 허용하였다. 즉, 작업장에 수용하기보다는 인근의 직장에 취업할 수 있도록 구제 빈민 가정 근처의 지주, 농업경영자 등에게 임금보조수당을 지원하여 그들을 고용할 수 있도록 장려하고 빈민이 일자리를 얻을 때까지는 원외구호를 제공하였다. 그러나 이 법의 실시로 원외구제 확대로 교구민의 구빈세 부담이 가중되었다.

5) 스핀햄랜드법 (The Speenhamland Act, 1795)

길버트법과 더불어 인도주의적인 성격을 갖는 제도이다. 제정 목적은 노동자의 최저생활 보장에 있다. 최저생계비를 설정하여 최저생활 기준에 미달되는 임금의 부족분을 보조하는 임금보조제도로, 전국적으로 시행되었다. 이때 최저생계비는 생활비(빵 가격)와 부양가족 수에 따라 다르게 책정했다. 빵 가격을 고려했다는 점에서 '버커셔 빵 법'이라고도 불린다. 임금노동자인 경우도 임금이 최저생계비에 미치지 못하는 경우 구제 대상으로 했으며 빈민구제에서 최초로 가족 수를 고려하였다. 오늘날의 가족수당 또는 최저생활보장의 기반이 되었다.

6) 1834년 개정구빈법(신구빈법, The New Poor Law)

개정구빈법의 배경으로 기존 구빈제도에 대한 비판으로써 ① 구빈비용의 증가: 스핀햄랜드 제도(구빈세 재원의 임금보조제도) 등으로 구빈비용이 증가한 데 대한 불만이 증가했고, 특히 구빈세 부담이 컸던 지주계급의 불만이 강하게 표출되었다. 개정구빈법 제정의 가장 큰 목적은 구빈비용을 감소하는 데 있었다. ② 교구 간 비용 부담의 편차 심화: 기존 구빈법이 교구를 단위로하여 자치적인 재정으로 운영되다보니 지역 간 부담정도와 급여수준에 편차가 있다. 작은 교구가 큰 교구보다, 농어촌 교구가 산업지역 교구보다 비용부담이 컸다. 1834년 개정구빈법은 길버트법이나 스핀햄랜드법 등으로 대표되는 인도주의적인 경향을 없애고 억압정책으로 다시 회귀한다는 원칙을 확립하였다. 개정 구빈법의 3대 원칙으로는 첫째, 빈민의 처우를 전국적으로 통일한다는 전국적 균일처우의 원칙, 열등처우의 원칙, 작업장 수용의 원칙을 확립하게 된다.

3. 영국: 민간복지활동(자선조직협회와 인보관운동)

봉건사회에서 자본제사회로 전환되는 과정에서 가장 이익을 많이본 계층인 신흥자본가계급이 가장 손해를 많이 본 계급인 도시빈민에 대해 민간의 자격으로 사회복지활동을 행한 것이 민간복지활동의 시작이다. 대표적으로 자선조직협회와 인보관운동이 있다. 자선조직협회와 인보관운동은 모두 빈민 구제를 목적으로 하는 민간활동이었으나 기본 입장과 접근방식에서는 큰 차이가 있었다.

1)자선조직협회(COS, Charity Organization Society)

1861년 기준 런던에만 640개 자선단체가 존재했고, 이들의 자선사업 지출규모는 구빈법 지출을 상회하는 수준이었으나, 이 자선단체들은 구빈당국과의 협력이나 연대는 물론 각 자선단체 간에도 지역, 활동내용 등에서 협력과 조정이 이루어지지 않았다. 이는 자원의 낭비, 무분별한 자선에만 의지하려는 도덕적 타락의 야기 등 다양한 문제를 낳았다. 자선단체들 간의 협력과 정보교환을 통해 자선의 효율성을 높일 수 있는 조직적 활동을 펼치기 위해 1869년 영국 런던에 세계 최초의 자선조직협회(COS)가 설립되었다. 결국 COS의 설립목적은 자선단체와 구빈법, 자선단체들 간 협력과 조정을 통해 중복 구빈을 없애고, 빈민에 대한 적절한 조사에 기초한 알맞은 원조를 제공하여 빈민의 생활조건을 향상시키는 데 있다.

빈곤의 원인과 책임은 사회구조가 아니라 빈곤한 개인의 성격적 결함(도덕적 실패)과 나태함에 있다고 보았다. 따라서 빈곤구제의 핵심은 사회개혁이 아닌 빈민의 변화에 있다는 것이 COS의 일관된 주장이었다. 또한 국가 개입을 통한 공적 구제에 대해 반대하고 민간을 통한 구제가 중심이 되어야 한다는 입장을 취했다. 또한 구제를 신청한 빈민의 가정을 우애방문원들(friendly visitors)이 방문해 철저히 조사(자산조사 및 상태조사)하고 이를 기초로 원조를 제공하고자 하였으며, 자선의 과학화를 추구하였다. 우애방문원에 의한 면밀한 케이스 조사, 대상자 선정을 위한 위원회 사례회의, 그 과정을 통해 축적된 방대한 양의 케이스 등은 서비스의 개별화와 더불어 개별사회사업 발전의 기틀을 마련해주었다. 초기에는 무급봉사자였던 우애방문원을 유급직원화 하면서 훨씬 더 전문적이고 체계적인 개입이 이루어지게 되었으며, 이러한 과정을 통해 자선활동이 전문적인 사회복지 활동으로 발전해 갈 수 있었다. 지역의 자선단체 및 기관들을 조직화하여 민간 서비스전달을 보다 체계화했다는 점에서 지역사회조직사업의 발전에도 기여하였다.

2) 인보관(인보관운동, Settlement House 혹은 Settlement Movement)

인보관운동은 심각한 도시빈곤 문제를 해결하기 위해 지식인이 그 지역에 현지 정착(settlement)해 함께 살면서 지역사회의 문제를 해결하고자 하는 운동이다. 이 운동이 규정한 지역사회 문제에는 지역사회의 빈곤, 비위생 문제 뿐만 아니라 지역주민이 그것을 문제라고 인식하지 못하는 문제, 그 문제해결에 주민 자신은 아무런 역할도 할 수 없다고 생각하는 문제 등도 포함되었다. 인보관 운동에서 보는 빈곤에 대한 시각은 빈곤은 개인의 성격, 생활습관 때문에 발생하는 게 아니라 사회적 문제이다. 따라서 국가의 적극적 개입, 사회개혁을 통해서만 해결이 가능하다라는 견해를 가지고 있다. 또한 제도만으로 해결할 수 없는 빈부

간 사회적 격차를 줄이기 위해서라도 지식인이 빈곤지역에 정착해 빈민과 함께 살면서 그 지역의 생활환경을 개선하는 것이 필요하다. 빈곤과 빈민고통의 원인이 주로 환경적 요인에 있다고 보고 주택, 공중보건, 고용 착취 등의 환경개선을 위한 활동에 주력했다. 빈곤한 지역에 들어가 함께 거주하며(Residence),지역 환경을 조사하고(Research), 주택, 공중보건, 고용 착취 등의 사회문제를 해결하고 생활환경을 개선하고자 빈민보호를 위한 조직화, 입법활동 등을 통한 사회개혁(Reform)에 힘썼다. 인보관 운동은 집단사회복지 발전의 기초가 되었으며, 지역사회복지(community welfare)의 기본적인 모형을 제공하였다.

〈표 5-1〉 자선조직협회와 인보관운동 비교

구분	자선조직협회	인보관운동
이념/이론	사회진화론, 인도주의와 박애사상	사회교육, 사회개혁, 기독교 사회주의
주요활동가	중산층 부인 중심 자원봉사자 (우애방문원)	대학생, 교수 등 지식인
도덕성에 대한 관점	기독교적 도덕성 강조, 빈자의 나태함 비난, 가치있는 빈민과 가치없는 빈민을 나누어 선별적으로 도움 제공	도덕성의 다양한 관점 인정
빈곤의 원인	개인의 책임 강조	사회구조(환경)적인 책임강조
활동목표	개인의 변화	사회의 변화
강조	자선의 효율성	지역사회 참여를 통한 빈곤 문제 해결
실천 장소	가정방문과 자산조사 실시	빈곤지역에 거주하며 3R 실천
영향	과학적 자선을 시작, 개별사회사업, 사회복지조사의 발전에 기여	집단사회 사업, 지역사회복지에 영향

4. 영국, 독일, 미국: 사회보험의 등장

서구 각국에서 사회보험제도가 도입되기 시작한 것은 19세기 중반에서 20세기 초반까지의 시기이다. 이 시기는 산업화의 진척속도에 따라 자본의 독점화가 진행되는 가운데 자본주의의 구조적 특성에서 비롯되는 문제들이 사회문제로 나타나기 시작했던 때이다. 특히 노령, 질병, 재해, 실업 등과 같은 근로자의 최저 생활을 위협하는 각종 사회적 위험에 대한 사회적 인식이 높아졌다. 이에 대한 대응으로 강제적 사회보험제도의 도입을 통한 국가 개입이 본격화되었다. 대체로 가부장주의(paternalism) 전통이 강한 국가일수록 사회보험이 상대적으로 쉽게 도입되었고(독일), 자유주의 전통이 강한 국가일수록 사회보험 도입에 많은 시간이 걸렸다(미국). 사회보험은 본인의 의사와는 관계없이, 일정 조건이 충족되는 모든 이들이 강제가입하는 것이기 때문에, 상대적으로 자유주의 전통이 강한 사회에서는 개인의 자유에 반하는 이러한 국가의 개입을 반대하는 정서가 강했다.

1) 영국 1942년 베버리지 보고서(Beveridge Report)

1941년 6월 '사회보험 및 관련 사업에 관한 각 부처 연락위원회'를 구성하여 기존의 사회보험과 복지 프로그램을 전면 재검토하여 획기적인 개혁내용이 담긴 보고서(베버리지 보고서)를 1942년 발표함으로써 복지국가의 청사진을 제시하였다. 이 보고서는 모든 사회구성원이 어떤 경우에도 빈곤에서 벗어날 수 있도록 보장하기 위한 종합적 계획을 담고 있다. 사회보장계획의 주요 내용은 ① 모든 시민을 포함하고, 대상자 집단을 경제적 곤란의 원인과 그 보호방법에 따라 분류한다. ② 연금은 자산조사 없는 정액제에 최저수준 이상이어야 한다. ③ 재정은 피보험자, 사용자, 국가(재정의 1/6)가 공동 부담한다. ④ 소득과 관계없이 모든 국민이 정액의 갹출금을 낸다. ⑤ 사회보험으로 해결되지 않는 부분은 근대적이고 인도주의적인 공공부조가 담당한다.

이 보고서에서 강조된 주요원칙으로는 ① 통합적 행정 ② 적용범위의 포괄화

③ 기여의 균일화 ④ 급여의 균일화 ⑤ 수급자의 기본적 욕구를 충족할 수 있는 급여의 적절화 ⑥ 대상의 분류화 등이다. 베버리지 보고서에 의한 사회보장이란 "실업, 질병 및 재해로 인한 소득의 중단 또는 노령, 은퇴, 부양자의 사망, 출산, 결혼 및 사망 등의 예외적 지출에 대비할 수 있는 일정 소득의 보장"을 의미한다. 베버리지 사회보장은 그 당시 영국의 사회문제를 5대 악으로 규정하여 궁핍, 질병, 무지, 불결, 나태에서 벗어나게 하는 것을 목적으로 하였다. 베버리지 보고서를 근거로 1944년 사회보장청이 설치되었고 이후 가족수당법(1945), 국민보험법(1946), 산업재해법(1946), 국민보건서비스법(NHS, 조세방식의 전 국민 대상 보편적 의료서비스 규정, 1946), 국민부조법(1948) 등이 제정되었다. 이로써 약 350년간 유지되어오던 구빈법은 국민부조법(1948)의 실시로 완전 폐지되었고, '요람에서 무덤까지'의 사회보장시스템을 갖추게 되었다.

2) 독일 최초의 사회보험 입법

독일은 국가주도로 급속도의 압축적 산업화가 이루어졌고 이 과정에서 많은 사회문제가 발생해 대응이 필요했다. 독일은 1870년 이후 30년간 유럽에서 가장 강한 사회주의운동이 행해진 국가로 이 사회주의 활동은 독일체제에 심각한 위협이었고, 이는 사회보험 도입의 주요 원인으로 작용하였다. 비스마르크는 독일통일에 이어 독일민족 내부의 통일, 즉 사회통합의 필요성을 절감하고 소위 채찍(노동운동을 앞세운 사회주의자에 대한 탄압: 「사회주의자 진압법」)과 당근(노동자계급을 국가 내로 통합시키려는 사회보험 등 사회입법조치) 정책을 전개했다. 그 결과로 1883년의 질병보험, 1884년 노동재해보험(산업재해보험), 1889년 노령폐질보험을 제정하였다. 독일의 사회보험은 질병금고 같은 지역별 조합을 자체 운영하는 조합주의 방식을 특징으로 한다. 상호부조적 형태를 국가가 제도화한 형태라 할 수 있다. 이러한 사회보험제도는 제1차 세계대전 이전까지 거의 모든 유럽국에 전파되었다.

3) 미국 사회보장법 제정

1929년 10월 뉴욕증시 폭락으로 시작된 대공황으로 시장경쟁에서 퇴장당한 수많은 사람들(실직자, 노인, 사회적 약자 등)의 생존 보장이 중대한 사회적 이슈가 되었고 이로 인해 미국의 사회복지도 큰 변화와 전환을 맞게 되었다. 1933년 루스벨트 행정부는 구제, 부흥, 개혁을 골자로 하는 뉴딜(New Deal : 국가가 국민들에게 새로운 정책을 제안한다는 의미를 담고 있음) 정책을 경제위기 극복수단으로 시행했다. 1934년 6월 루즈벨트 행정부는 국민생활보장제도의 연구를 주임무로 하는 경제보장위원회를 설치하였다. 1935년 이 위원회에서 제출된 보고서에 기초해 1935년 사회보장법을 제정, 공포함으로써 항구적인 공공부조제도와 사회보험제도가 마련되었다. 사회보장법은 사회보험, 공공부조, 보건복지서비스의 세 프로그램으로 구성된다.

5. 복지국가의 등장과 성장

복지국가는 서구 자본주의 국가에서 1920~1945년 사이에 복지가 제도적, 재정적, 수혜자 범위 측면에서 확대되면서 시작되어 정착된 국가 형태이다. 이 시기에 복지국가가 등장한 배경에는, 노동계급을 중심으로 한 진보적 정치집단의 집권, 산업화의 진전 등 여러 요인들이 있었다. 이를 대체적으로 첫째, 자본주의 경제체제의 모순이 누적 발생하였던 대공황과 둘째, 세계대전의 영향을 들 수 있다.

1) 복지국가의 발전

이 시기 복지국가의 발전 양상은 국가별로 상이한 모습을 보인다. 독일·영국을 비롯한 유럽 국가들은 사회보험의 혜택을 노동자 집단에서 화이트칼라와 자영업자 집단까지 확대하고, 소득보장은 물론 보건의료, 주택, 교육 등 여러 부문의 서비스를 국가가 보편적으로 보장하였다. 미국도 1960년대 '풍요 속의 빈곤', 즉 '빈곤의 재발견' 이후 존슨 대통령이 "빈곤과의 전쟁(War on Poverty)"을 선언하고 AFDC프로그램을 만들었다. 1962년에 '대인사회서비스(personal social service)'에 관한 조항을 만들고, 1965년에는 고령자 의료보장 프로그램인 메디케어(Medicare)와 장애인 및 빈곤층의 의료보장 프로그램인 메디케이드(Medicaid) 프로그램을 도입하는 등 미국식 복지국가 체제를 구축해 나갔다.

2) 복지국가의 위기와 재편

1973년 10월 중동전쟁으로 야기된 석유파동, 포디즘적 생산방식(대량생산-대량소비)의 비효율성, 국가주도의 복지국가(관료 및 행정기구의 팽창)의 비효율성, 노동연대의 약화 등의 현상과 복지국가의 이념적 기반이 되었던 케인즈주의가 쇠퇴한 직후 미국(1980년 집권한 레이건 정권)과 영국(1979년 집권한 대처정권) 모두 신자유주의 혹은 신보수주의 이념이 영향력을 발휘했다. 신자유주의자들은 케인즈주의에 입각한 종래의 복지정책이 인플레이션과 노동의욕 상실로 인한 경기침체를 낳아 국가재정 파탄의 원인이 되었으므로, 국가재정 건전화를 위해 국가는 치안 정도만을 담당하고 나머지는 시장경제에 맡기는 작은 정부를 지향해야 한다고 주장했다. 신우파가 득세한 1980년대의 복지국가는 복지제도의 내용과 양적인 측면에서 모두 축소되는 경향을 보이게 되었다. 특히 공공급여에 의한 복지보다는 복지제공의 전제조건으로 노동할 것을 요구하는 노동연계복지(workfare)를 선호하게 되었다.

1980년대를 전후하여 복지국가 위기에 대한 논쟁이 활발하게 일어났는데, 이후 복지국가 재편을 둘러싼 논의를 거쳐 21세기에 들어서는 '새로운 사회적 위험'과 이에 대응하는 현대화된 복지국가가 무엇인가에 대한 논의가 이어졌다. 새로운 사회적 위험은 20세기 초중반까지의 제조업 중심의 산업사회에서 탈산업사회(post-industrial society)로 전환되며 나타난 다음과 같은 새로운 성격의 위험을 말한다. 20세기 초중반까지 제조업 중심의 산업사회에서 탈산업사회(post-industrial society)가 도래하며 나타난 경제사회 변동으로 사람들이 직면하게 된 새로운 사회적 위험들, 저출산, 인구의 고령화, 이혼율 증가와 가족구조 변화, 노동시장의 변화(노동시장 유연성 증대, 지구경제화 등) 등 20세기 후반부터 나타난 현상들(신 사회적 위험들)은 기존 복지국가의 틀을 흔들며 새로운 복지국가를 모색할 필요성을 촉구했다.

3절 한국 사회복지의 역사

우리나라 사회복지의 역사적 근원은 구빈제도가 실시된 삼국시대까지 거슬러 올라갈 수 있으나, 근대적 의미에서 보면 우리나라 복지정책의 역사는 대한민국 정부가 수립된 1948년에 시작되었다고 할 수 있다(안병영 외, 2018). 일제강점기의 구제사업은 식민정책의 일환으로 반일행동을 억제하려는 정치적인 성향을 갖고 있었다. 1944년에는 조선구호령이 제정되어 생활보호법의 법적 근거를 마련하였다.

우리나라의 복지역사를 구분하는 기준은 매우 다양하여 시대 구분이 쉽지 않지만, 다음의 네 단계로 구분하고자 한다. 첫 번째는 전근대적인 복지행정시대로 정부가 수립된 후 1960년 이전까지의 기간이다. 두 번째는 1960년부터 1979년까지로 박정희 정권에서 다양한 사회보장제도가 입법화된 시기이다. 세 번째는 1980년부터 1996년까지로 대상별(아동, 노인, 장애인, 영유아 등) 서비스법과 사회보험(건강보험, 국민연금, 고용보험 등)이 거의 완비되고 내실화된 시기이다. 네 번째는 1997년 외환 위기 이후부터 현재까지로 국민기초생활보장제도와 국민건강보험제도 등과 같은 보편주의적 성격의 복지정책을 시행하여 사회복지제도가 성숙되어 가는 시기이다.

1. 전근대적 복지행정기(1948~1959)

해방 후 우리나라 정부의 구호정책은 일제강점기나 미군정시대에 실시했던 정책을 부분적으로 답습하는 수준이었다. 구호재정의 대부분은 정부가 아닌 민간부문의 해외원조에 의존하였다. 특히 6·25전쟁으로 사회보장제도를 구체화할 수 없었으며, 급격히 증가한 전쟁 이재민과 요보호 대상자의 생명 유지를 위한 최소한의 응급구호 외에는 별다른 대책이 없었다. 전쟁은 고아, 기아, 미아 등 요보호아동의 증가와 이들을 보호하기 위한 시설의 증가로 이어졌다. 1950년대의 사회복지시설의 약 76%가 아동보호시설이었으며, 이들 대부분은 민간이 설립한 시설이었다. 또한 1953년 근대적 노동법인 「근로기준법」을 제정하여 생존권적 기본권을 보장하기 위한 조치가 구체화되었으나 실제적인 효력은 1987년 민주화선언 이후 발생하였다. 이 시기의 구호사업은 국가적, 전문적 차원이라기보다는 민간주도의 자발적인 차원으로 영세적이고 비전문적이었으며, 시설의 운영은 종교단체나 외국원조단체에 의하여 주도된 시기라 할 수 있다(유광호, 이혜경, 최성재, 2005).

2. 사회복지제도 도입기(1960~1979)

우리나라 사회보장제도의 태동에 결정적인 계기가 된 시기는 박정희 정권부터라고 볼 수 있다. 박정희 정권은 산업화 추진으로 급격한 경제 성장을 일으켰으며, 군사정권의 정당성을 확보하기 위한 노력으로 다양한 사회복지제도의 입법을 추진하였다.

근대적 사회보장제도의 효시로 볼 수 있는 「공무원연금법」(1960년)을 시작으로 1960년대 초반에 상당수의 법 제정이 이루어졌다. 1961년 한 해 동안 제정된 법은「군사원호보상법」, 「윤락행위 등 방지법」, 「공무원재해보상규정」, 「근로기준법」(개정), 「생활보호법」, 「아동복리법」등이 있다. 또한 5차「헌법」개정

(1961년)을 통해 생존권보장 조항 및 인간다운 생활을 할 권리를 추가하였으며, 사회보장, 사회복지 증진에 대한 국가의 의무를 명시하였다. 그리고 우리나라 공공부조를 대표하는 「생활보호법」이 65세 이상의 노쇠자, 18세 미만의 아동, 임산부, 불구폐질자 및 심신장애자를 보호하기 위하여 제정되었다. 1963년에는 「군인연금법」, 「산업재해보상보험법」, 「사회보장에 관한 법률」, 「의료보험법」(임의가입) 등이 제정되었다. 「군인연금법」은 1960년에 제정된 「공무원연금법」에 포함되었다가 1963년도에 분리된 것으로 그 당시 군사정권의 지지 세력이었던 군인 및 그 유족의 경제적인 생활 안정과 복지 향상에 기여하기 위한 제도였다. 또한 산업재해 보상보험은 근로자의 산업재해에 대해 신속 공정하게 보상하여 근로자를 보호하기 위해 제정되었다. 이처럼 1960년대는 사회보험, 공공부조 그리고 사회복지서비스의 제도적 기반을 구축한 시기라 할 수 있다.

1970년대는 산업화가 가속화되어 경제 성장에 자신감이 생긴 정부는 성장의 혜택을 사회에 환원할 필요가 있음을 인정하며 점차로 예방적이며 제도적인 복지모델로의 전환을 도모하였다(유광호 외, 2005) 예를 들어, 임의가입이었던 1963년 의료보험을 강제가입의 의료보험(1977년)으로 전환하였으며, 산재보험 적용 대상을 확대하려는 노력을 시도하였다. 또한 저소득계층을 위한 「의료보호법」(1977년)을 제정함으로써 의료보장체계를 구축하였다. 그러나 1973년의 「국민복지연금법」은 중화학공업 중심의 산업육성을 위한 내자동원 방법으로 착안되었는데, 당시 석유파동으로 인한 사회 전반의 경제적 어려움과 정부에 대한 국민의 강한 불신으로 시행되지 못하다가 1986년도에 「국민연금법」으로 제정되었다. 1970년대 복지정책은 1960년대 제정된 다양한 제도가 내실화되는 시기였으나, 경제개발 우선정책에 밀린 상태에서 더디게 진행되었다고 평가할 수 있다.

3. 사회복지제도 확대기(1980~1996)

사회복지제도 확대기는 대상별 접근을 시도한 서비스법이 등장하였으며, 국민연금 도입과 전 국민 의료보험제도 구축, 그리고 「최저임금법」과 「고용보험법」 제정 등으로 복지제도의 확대를 이룬 시기이다.

대상별 접근을 시도한 법으로는 「노인복지법」(1981년), 「심신장애자복지법」(1981년), 「아동복지법」(1981년), 「영유아복지법」(1991년)이 있다. 또한 저소득 계층을 대상으로 한 「생활보호법」의 개정(1962년)으로 자활조성과 최저생활보장의 목표를 명문화하여 공공부조의 상당한 진전을 보인 시기라 할 수 있다.

이 시기의 사회보험제도는 괄목할 만한 성장을 이루었다. 우선 노후생활보장을 목적으로 한 국민연금이 1986년 도입되어 과거 특수직역(공무원, 사립학교 교직원, 군인)에 국한되었던 연금제도가 일반 국민까지 확대되었다. 연금 초기에 상시 10인 이상의 근로자를 사용하는 사업장에서 실시되었으나 1992년부터는 5인 이상, 1995년에는 농어촌지역주민, 1999년에는 도시지역 자영업자로 확대되면서 전 국민연금 시대를 맞이하게 되었다. 2003년에는 1인 이상 사업장에 대해서도 당연적용을 실시하게 되었다. 연금제도 실시는 전 국민의 노후를 연금 급여 방식으로 보장하게 됨으로써 장기적이고 안정적인 노후의 소득보장을 가능하게 했다는 데 큰 의미가 있다.

우리나라 의료보험제도는 1977년 7월 500인 이상을 고용하는 사업장을 대상으로 강제가입이 시작되어 1988년에는 5인 이상 사업장까지 확대되었다. 특히 1989년에는 도시지역주민으로 적용 대상을 확대하여 전 국민 의료보험시대를 맞이하게 되었다. 그러나 이 시기의 의료보험은 각 사업장과 지역마다 조합을 구축하여 운영하는 조합주의 방식이었기에 통합주의 논쟁이 끊이지 않았다. 조합주의 방식으로는 사회위험에 공동으로 대처함으로써 재분배 효과를 극대화하는 데 한계가 있기 때문이다. 그럼에도 우리나라 대부분의 국민을 포괄하는 의료보험제도의 기틀을 마련했다는 점에서 의미가 크다.

「고용보험법」은 1993년에 제정되어 1995년부터 시행됨으로써 4대 사회보험의 틀이 마련되었다. 고용보험이 시작된 동기에는 사회보장적 함의보다는 산업구조 조정이라는 상황적 특성이 담겨 있다. 1980년대 말부터 나타난 세계 경제적 여건의 변화로 인해 '저임금·장시간 노동체제'를 기반으로 하는 한국 경제가 더 이상 대외 경쟁력의 우위를 점할 수 없게 되자, 국가경쟁력 강화를 위한 방편으로 노동의 기능적 유연성과 임금유연성을 제고하여 경쟁적인 노동시장 발달을 이루려는 목적에서 고용보험이 도입되었다. 즉, 고용보험제도에는 노동력의 공급과 수요를 관리하고 노동인력을 신축적으로 운용하여 경제 위기에 유연하게 대처하겠다는 의미가 담겨있다(박석돈, 2015).

4. 사회복지제도의 성숙기(1997~현재)

우리나라는 1997년 외환위기로 대량실업 및 빈곤문제에 직면하게 되었으나, 오히려 고용보험과 실업 및 빈곤대책이 확대되어 기존 제도의 내실화를 이루었다. 1990년대 후반의 핵심적인 제도 변화로는 고용보험의 급속한 확대, 「생활보호법」의 폐지와 「국민기초생활보장법」의 제정, 직장조합과 국민의료보험공단이 국민건강보험공단으로 단일화된 국민건강보험제도의 도입 등이 있다.

고용보험의 경우, 1995년 당시 상시 30인 이상 사업장에 적용되었으나, 외환위기의 영향으로 대량실업과 고용불안 상태가 지속되자 1998년 1월에는 상시 근로자 10인 이상, 3월에는 5인 이상, 10월에는 근로자 1인 이상을 고용하는 전 사업장으로 적용 범위를 확대하였다. 고용보험 시행을 통해 실업 예방, 고용 촉진 및 근로자의 직무능력 개발과 향상을 도모하게 되었다.

또한 빈곤정책의 일환으로 「국민기초생활보장법」이 제정됨으로써 우리나라 공공부조에 근본적인 변화가 나타났다. 이 법은 시혜적 단순보호차원의 생활보호제도에서 저소득층의 수급을 권리로 인정하고 빈곤에 대한 사회책임을 강조하고 있다. 구체적으로는 대상자 선정에서 인구학적 기준을 철폐하고, 소득인 정액이 최저생계비 이하인 빈곤층은 누구나 수급자가 될 수 있도록 하였다. 또한 근로동기의 유지 및 자활조성을 위한 근로연계복지를 실시하였고, 긴급생계 지원 및 주거급여를 신설하여 수급권자의 지원체계를 강화하였다. 2015년부터는 기초생활수급자의 가구 여건에 맞는 지원을 위하여 생계급여, 의료급여, 주거급여,

교육급여 등 급여 형태별로 선정기준을 다르게 하여 수급자의 상황에 맞춰 필요한 급여를 지원하고 있다.

의료보장제도는 과거 조합주의 방식에서 1999년 「건강보험법」이 제정됨으로써 통합주의 방식으로 전환되었다. 먼저 건강보험 조직의 통합이 이루어졌고, 2003년에는 지역과 직장 재정의 통합으로 완전한 통합이 이루어졌다. 1997년 이후 의료보장제도는 보험급여 수급자의 확대 및 보험적용 범위의 포괄성 그리고 서비스 질 향상을 이루기 위해 노력하였다. 그러나 직장가입자와 지역가입자의 보험료 부과에 대한 형평성 및 건강보험 재정의 악화문제가 끊임없이 제기되고 있다.

2000년대 초, 중반에는 국가책임 강화와 참여복지를 내세운 복지정책의 이념에 기반을 두었다. 특히 긴급위기 발생 시 신속한 생활 지원을 골자로 한 긴급복지제도와 저임금 또는 차상위계층에게 조세를 통해 현금급여를 하는 정책인 근로장려세제(BITC)가 실시되었다. 2000년대 후반부터는 친기업적 시장주의와 능동적 복지를 강조하였다. 능동적 복지는 시장과 효율을 강조하는 것으로서 공급자 및 중앙정부 중심에서 수요자와 현장의 요구를 중심으로, 정부주도방식에서 민간이 함께 협력하는 방향으로의 전환을 통해 위험에 처한 사람들이 일을 통해 재기할 수 있도록 돕고 경제 성장을 함께 만들어 가는 복지를 말한다(오정수 외, 2015). 또한 2008년부터 실시된 노인장기요양보험으로 치매 및 노인성 질환으로 인한 노인문제를 사회보험 형태로 대비할 수 있게 되었다.

2010년대는 사회서비스 전달체계의 대대적인 개편과 포용적 복지를 기반으로 사회서비스 공공성이 확대된 시기이다. 희망복지지원단 및 읍면동 복지허브화로 통합사례가 가능한 공공행정체계가 구축되었다. 2018년부터 지역사회 통합돌봄(커뮤니티 케어)을 위한 기반을 구축하여 돌봄이 필요한 주민에게 자신이 살던 곳에서 주거, 보건의료, 요양, 돌봄, 일상생활을 지원하는 지역 주도형 복지서비스를 제공하고 있다. 또한 아동수당 지급, 사회서비스의 품질 및 공공성 향상을 위해 사회서비스원 출범, 부양의무자 기준의 단계적 폐지 추진, 건강보험 보장성 확대 등의 변화가 있었다.

6장

사회복지와 복지국가

학습목표

- 복지국가의 개념, 역사에 대하여 이해할 수 있다.
- 복지국가의 발전론에 대하여 이해 할 수 있다.
- 복지국가의 유형에 대하여 이해 할 수 있다.

1절 복지국가의 개념과 역사

1. 복지국가의 개념

복지국가(welfare state)는 국민의 복지증진을 주요 사명으로 추구하는 국가로서 국가의 다양한 기능 중 복지기능을 제도적으로 강화한 국가유형이라 할 수 있다. 1942년 발간되어 근대 사회보장제도의 기초를 마련한 윌리엄 베버리지(Wiliam Beveridge) 경의 「사회 보험과 관련 서비스(Social insurance and allied services)에서 사회보장 및 사회복지체제를 추구하는 국가를 사회서비스 국가로 지칭한 이후 복지국가의 개념으로 발전하게 되었다.

이후 각 이론가들 사이에 복지국가의 개념에 대한 다양한 정의가 제시되었는데, 이를 종합해 보면 다음의 세 가지 공통점을 발견할 수 있다.

첫째, 복지국가가 자본주의 경제체제에 기반을 두고 발전하게 되었다는 것이다. 사실 복지와 경제는 서로 충돌하며 상호배타적인 존재로 인식되고 있지만, 보편적 복지를 지향하는 복지국가는 근본적으로 자본주의 경제체제를 바탕으로 하고 있다. 자본주의는 그 속성상 끊임없이 총생산 증가를 추구하는데, 이 과정에서 상대적 빈곤, 실업 등의 다양한 사회문제를 유발한다. 복지국가는 이러한 사회문제를 해결하는 대안으로 등장하였다. 자본주의의 문제점을 해결하기 위해 자본주의 제도를 타도하고 민중이 권력을 분점하는 급진적인 사회주의 혁명과 달리, 복지국가는 자본주의 제도를 유지하면서 복지제도를 이용하여 점진적이고 평화적인 개선을 시도하는 것이다. 이러한 견해는 자본주의의 발전이 복지국가의 등장을 초래하였다고 보는 것이다.

둘째, 복지국가가 탄생하기 위해서는 정치적으로 민주주의가 선행되어야 한다는 것이다. 민주주의는 의회와 선거라는 두 가지 제도를 통해 국민의 직·간접적인 국정참여와 국가권력의 공유를 가능하게 한다. 국민의 참정권은 국민의 힘을 의미하며 정치권력을 가진 국민이 자신의 복지에 관심을 갖는 것은 당연하다. 또한, 민주주의 그 자체가 중요한 복지의 의미를 지니고 있다고 할 수 있는데 국민의 자유와 참여권의 보장이 바로 복지의 시작이라고 할 수 있기 때문이다. 민주주의가 정착되지 않은 아프리카와 중동지역 일부 국가의 경우 국가가 상당한 부를 가지면서도 국민들은 빈곤과 실업으로 고통받는 사례를 쉽게 찾아볼 수 있다. 따라서 민주주의가 복지국가의 탄생을 도운 기제가 된 동시에 민주주의 자체가 복지국가를 구성하는 요소라고 볼 수 있다.

셋째, 복지국가에서 논하는 복지수준은 공통적으로 최소한의 전국적 수준을 의미한다. 최소한의 전국적 수준에서 '최소한'은 삶의 기본욕구 충족을 의미하며, '전국적'은 특정 계층만을 위한 복지제도가 아닌 전 국민을 위한 보편적인 복지제도를 의미한다. 삶의 기본욕구 충족에 대해서는 보수적 견해와 진보적 견해가 의견을 달리하는데, 보수적 견해는 기회의 평등을, 진보적 견해는 결과의 평등을 최소한의 수준이라 주장한다.

2. 복지국가의 역사

복지국가는 서구 자본주의 국가에서 1920~1945년 사이에 복지가 제도적, 재정적, 수혜자 범위 측면에서 확대되면서 시작되어 정착된 국가 형태이다. 이 시기에 복지국가가 등장한 배경에는 전쟁의 영향, 노동계급을 중심으로 한 진보적 정치집단의 집권, 산업화의 진전 등 여러 요인들이 있었다. 복지국가와 뉴딜이나 사회계약, 역사적 타협을 위해 '국가-자본-노동' 간에 형성된 화해, 협력적 정치구조가 지속되어 2차세계대전이 종결된 1945년부터 1970년대 중반까지 약 30년에 걸쳐 황금기를 누렸다.

인류 역사상 가장 획기적인 시기였던 복지국가의 팽창기에는 복지국가 정착기 동안 구축된 다양한 복지제도들이 나라마다 빠르게 확산, 발달하였고 제반 복지제도를 갖추었으며, 개인적 사회서비스와 공공부조가 더욱 확충되었다. 복지는 이제 자선이나 시혜가 아닌 시민의 권리(citizenship)로 인정받게 되었고, 사회문제의 해결을 넘어 다양한 욕구를 충족시키기 위한 제도로 자리 잡았다. 복지국가 발전의 수준이 높을수록 국가는 많은 종류의 복지제도를 통해 가능한 많은 사람들의 다양한 욕구와 위험을 포괄적으로 보호하고 소득이 중단되더라도 최소한의 삶을 유지할 수 있을 정도의 적절한 혜택을 제공함으로써 복지혜택의 재분배 효과를 최대화하였다.

1) 복지국가의 정착기(1920~1945년)

1920년대부터 제2차 세계대전의 종결시점까지를 복지국가의 정착기라 부르는데, 이 시기에 복지서비스가 제도적으로 확충되고, 복지수혜자의 범위가 확대되고, 복지예산이 증대되는 등의 발전을 이루었다. 대규모 전쟁과 경제공황이 복지국가 발전의 중요한 계기가 되었는데, 1차, 2차 세계대전을 치르면서 국가는 전쟁에 효과적으로 국민을 동원하기 위해 전후에 더 나은 삶을 보장할 것을 약속했고, 전쟁 후 엄청나게 발생한 사상자와 빈민을 보호해야 했다. 또한 경제후퇴와 대량실업을 양산한 경제공황은 복지가 더 이상 개인의 책임이 아니며 국가의 개입이 필요한 영역임을 알리는 계기가 되었다.

1942년 영국의 베버리지 보고서는 기존의 공공부조와 제한적인 사회보험제도의 한계를 인정하고, 통합적인 사회보험제도의 창설을 제안한다. 「베버리지 보고서」의 영향으로 1944년 영국은 사회보장청을 설치하고, 「가족수당법」, 「국민보험법」, 「산업재해법」, 「국민보건서비스법」, 「국민부조법」 등 일련의 사회보장법을 제정 또는 확충하였다. 이러한 일련의 변화는 영국의 전통적인 「구빈법」을 대체하며, 요람에서 무덤까지로 대표되는 사회보장체계의 설립으로 이어졌다.

한편, 1929년 경제대공황의 위기를 맞은 미국에선 루스벨트 대통령이 1932년 대량실업사태를 해결하기 위한 뉴딜정책을 단행한다. 뉴딜정책의 일환으로 1935년 미국은 사회보험, 공공부조, 보건 및 복지 서비스 프로그램을 포괄한 「사회보장법(Social Security Act of 1935)」을 제정, 공포하는데 이는 미국 최초의 전국적인 복지 프로그램에 해당한다.

2) 복지국가의 팽창기(1945~1975년)

1945년부터 1975년까지의 시기를 '복지국가의 황금기'라 부른다. 제도적·재정적 측면에서, 그리고 복지수혜자 측면에서 확고하게 정착된 복지국가가 민주주의의 발전과 지속적 경제성장이라는 두 가지 동력을 바탕으로 모든 면에서 극대화되었기 때문이다. 또한 정착기에 형성된 국가–자본–노동 간에 화해적 정치구조가 지속되어 경제성장–완전고용–복지국가를 한 묶음으로 하는 '동의의 정치'가 장기간 동안 실현되었다. 이 시기에는 복지제도의 뚜렷한 변화는 없지만,

정착기에 도입된 복지제도들이 각 국가들로 빠르게 확산되어 나라마다 4대보험과 같은 제반 복지 제도를 갖추게 되었고 개인적 사회서비스와 공적부조를 위한 제도가 확충되었다. 복지제도가 완비되고 수혜자가 보편화되었으며 국가에 의한 복지비 지출도 증가하여 복지제도의 포괄성, 복지 수혜자의 보편성, 복지 혜택의 적절성이란 세 가지 측면에서 복지 발전의 절정기에 이르렀다고 할 수 있다.

3) 복지국가의 재편기(1975년~현재)

1973년에 발생한 오일쇼크는 세계적인 물가상승과 실업을 유발하면서 경제성장에 기반을 둔 복지국가의 팽창에 제동을 걸게 된다. 물가와 실업률의 상승은 복지국가를 뒷받침하던 국가-자본-노동 간의 협의적 정치구조에 치명적 갈등을 초래하였고, 이러한 갈등의 결과로 보수회귀의 물결이 일어났다. 신우파 혹은 신자유주의라 불리는 보수세력은 국가의 경제개입과 복지개입이 자유시장기제의 작동을 왜곡하여 경제위기가 일어났다고 보고, 경쟁력을 강화하고 경제성장과 고용증대를 이루기 위해서는 국가의 경제개입을 축소하는 것은 물론 생산비를 높이는 복지지출을 감축해야 한다고 주장한다.

장기간의 경기침체가 이어지자 복지를 주도하던 진보정당은 쇠퇴하고 경제성장과 고용 증대를 주장하는 보수정당이 지지를 얻게 된다. 1979년 영국에서는 노동당 정부가 실각하고 대처의 보수당 정부가 정권을 차지하였고, 1980년 미국에서는 민주당 정권을 레이건의 공화당 정권이 대체하였다.

이들 보수세력은 주택, 교육, 의료, 실업수당, 공적부조, 연금 등에서 복지비 지출과 예산을 대대적으로 삭감했지만, 1975년 이후 국가의 복지비 지출은 실제로는 증가해 왔다. 복지비 지출의 증가율은 둔화되었지만 그 절대액은 감소되지 않은 것이다. 보수정권의 대대적인 복지비삭감 노력에도 불구하고 실제로 복지비가 증가한 것은 여러 가지 경제·사회적 변화에서 원인을 찾아볼 수 있다. 노령화 시대에 접어듦에 따라 노령연금의 지출이 증가했고, 실업률의 증가로 인한 실업수당과 공적부조의 지출이 증가했으며, 인플레의 심화에 따른 각종 급여지출이 상승했기 때문이다. 또한 복지국가의 황금기에 늘어난 복지수혜자와 복지분야 종사자들이 복지예산 증액에 찬성하는 친(親) 복지세력이 된 것과 정당들이 선거에서 이기기 위해 복지삭감정책의 제지를 기피하고 복지증진정책을 추구하면서 복지비용이 사실상 증가한 것이다. 이러한 사실은 복지국가에 대한 보수세력의 이념적, 이론적 공세가 치열했고 복지삭감을 위한 정치적 조치들이 강경했음에도 불구하고 인구학적 변화의 경제 악화라는 복지비 증가의 내적 요인들이 더욱 광범위하고 강력하게 영향을 미쳤음을 보여 준다.

복지국가 위기에 다양한 관점의 차이가 존재하는데 신보수주의의 관점에서는 사회복지 프로그램에 대한 국가의 지나친 지출에서 위기가 초래되었다고 본다. 위기를 해결하려면 국가의 개입을 줄이고 자유경쟁 시장체제로 돌아가야 한다고 주장한다. 마르크스주의 관점에서는 자본 축적과 정당화(또는 합법화)의 괴리로 인한 자본주의 자체의 모순으로 인한 필연적인 결과라고 본다. 실용주의적 관점에서는 복지국가가 발전하는 과정에서 나타난 시행착오와 상황의 변화로 인한 일시적인 현상이라고 본다. 아울러 기존 복지국가의 정치적, 경제적 체제 내에서 해결될 수 있다고 본다.

2절 복지국가 발전론

복지국가의 발전 형태는 각 국가들마다 시대적, 역사적 환경에 따라 상이한 모습을 보이기 때문에 이를 일반화하기는 어렵지만, 지금까지의 연구를 정리해 보면 크게 두 가지 관점으로 구분할 수 있다. 산업화 혹은 자본주의의 발달이라고 하는 경제적 변수의 중요성을 강조하는 방식과 국가 혹은 노동계급의 운동, 시민사회의 역량 등이 복지국가의 발달과 성격형성에 핵심적 역할을 한다고 설명하는 방식이다.

1. 산업화이론

산업화이론은 복지국가 형성 및 발전과정에 대해 경제적 요인의 중요성을 강조하는 가장 대표적인 설명방식이다. 산업화된 사회에서 발생하는 새로운 사회적 욕구를 증가된 자원으로 해결하는 과정에서 복지국가와 관련 제도들이 생겨났다는 것이다. 사회적 관점에서 핵가족화, 인구의 고령화와 같은 인구학적 변화와 노인가구의 증가, 이혼 증가, 여성경제활동 증가와 같은 새로운 사회적 현상이 복지에 대한 국가의 책임을 증대시킨 원인으로 보는 것이다. 경제적 관점에서는 실업과 노동자의 소득이 감소하고, 노사관계를 비롯한 다양한 계층의 이해관계가 대립하면서 국가의 개입이 필요하게 되었고, 무엇보다 산업화가 가져온 경제성장이 사회복지에 사용할 자원을 축적시켰다고 본다.

산업화이론은 서로 다른 정치이념과 정치문화를 가진 국가들도 산업화만 이룩하면 복지국가로 발전한다고 보기 때문에 '수렴이론'이라 부르기도 하는데, 다양한 사회적 욕구가 사회복지제도로 이어진다는 상관관계에 대한 설명이 부족하고, 일정한 수준의 산업화가 이루어진 후에는 산업화 변수보다 정치적 변수가 더 중요하다는 것이 실증적 연구를 통해 드러남으로써 이론적 측면과 실증적 측면에서 비판을 받고 있다.

2. 독점자본이론

산업화이론이 복지를 욕구에 대한 적절한 대응으로 보고 복지의 기능적 측면에 주목했다면, 독점자본이론은 자본주의 사회의 생산양식, 계급관계, 자본축적, 노동력 재생산 등과 같은 속성들을 분석함으로써 복지국가의 발전을 설명한다. 독점자본이론은 국가가 자본가의 이해관계를 보호하고 주어진 계급관계를 유지, 재생산하고자 하는 과정에서 복지국가가 발달한다고 설명한다. 자본가는 시장에서의 단기적 이익에만 몰두하기 때문에 경기불황이나 대공황과 같은 자본축적으로 인한 위기 혹은 사회적 혼란이나 정치적 도전에 대처하기 힘든데, 이를 해결하기 위해 국가가 나서서 복지정책을 통해 자본가의 장기적 이익을 보장하고자 한다는 것이다.

3. 사회민주주의이론

사회민주주의이론은 복지국가의 발전을 노동자계급의 정치적 세력이 확대된 결과로 본다. 산업화이론과 독점자본이론이 경제성장과 경제구조변화라는 경제적 변수를 중시한 반면, 사회민주주의이론은 복지국가의 변화요인을 노동자 투표권, 좌익정당, 강력한 노동조합 등 노동자 계급이 행사할 수 있는 정치적 변수에서 찾고 있다는 점이 특징이다.

사회민주주의이론은 노동계급을 대표하는 정치세력의 성장을 복지국가 성장의 원인으로 파악한다. 노동계급의 역할을 강조하는 것은 전통적인 마르크스주의와 동일하지만, 사회민주주의는 혁명을 통한 급진적인 발전 대신 민주주의의 확대를 통한 점진적인 발전을 추구한다. 사회민주주의의 관점에서 복지제도정책의 확대는 곧 사회주의로 접근하는 방안이다. 또한, 사회민주주의는 국가가 적극적으로 개입할 수 있는 혼합경제를 지향하는데, 자본주의가 가지고 있는 단점을 국가개입을 통해 개선하고 자유주의적 경제성장을 통해 사회발전을 성취할 수 있다고 보는 것이다.

4. 이익집단이론

이익집단이론은 복지국가의 발전 원인을 희소자원의 배분을 둘러싼 경쟁과정에서 관련 이해집단들의 정치적 힘을 국가가 중재한 결과로 본다. 현대사회에는 다양한 이익집단이 존재하며, 사회적 자원 배분을 둘러싼 경쟁이 치열해지면서 이들은 정치적 힘을 통해 각자의 이익을 반영하게 되는데, 그 결과가 바로 사회복지제도의 발전이란 것이다. 최근 노인인구가 증가하면서 노인복지정책이 강화되는 측면을 이익집단이론으로 설명할 수 있다. 복지국가의 발전원인을 정치적 변수에서 찾고 있다는 점에서 사회민주주의이론과 유사하지만 이익집단이론은 다양한 이익집단에 주목한 반면 사회민주주의이론은 자본과 노동이라는 전통적인 계급간의 권력투쟁에 집중한다는 차이가 있다.

5. 국가중심이론

국가중심이론은 복지국가의 발전을 설명함에 있어 국가 또는 국가기구의 중요성을 강조한다. 즉, 중앙집권적이냐 지방분권적이냐, 조합주의적이냐 다원주의적이냐와 같은 국가조직 형태, 전문 관료들의 개혁성, 국가발전의 장기적 안목 여부, 그리고 사회복지정책의 형성과정, 사회복지정책을 담당하는 정부부처와 같은 국가 구조적 변수들을 중시한다. 앞에서 소개한 네 가지 이론은 사회복지에 대한 수요의 증대를 복지국가 발전의 원인으로 본다면, 국가중심이론은 사회복지를 제공하는 공급의 측면에서 본다.

3절 복지국가 유형론

1. 복지국가 유형

오늘날 대부분의 국가는 복지국가를 지향하고 있고 현대사회에서 사회복지는 주류로 인식되고 있다. 그럼에도 불구하고 빈부 격차가 갈수록 심화되고 있어 각

국가가 어떤 이념으로 사회복지정책을 추진하느냐에 따라 복지국가로서 인정을 받을 수도 있고 그렇지 않을 수도 있다.

거의 모든 국가들이 정도의 차이가 있는데, 사회복지제도를 갖추고 있지만 민주주의 이념을 지향하지 않거나 경제적 능력이 없는 경우가 있다. 이런 경우 복지국가로 분류되지 않고 '적극적 국가(positive state)'로 분류할 수 있다. 그리고 복지사회를 지향한다고 해도 복지국가로 분류되지 않는 경우도 있다. 애덤 스미스(Adam Smith)는 국가가 아닌 시민사회에서 개별적인 복지가 이루어진다고 보았으나 현실적으로 국가가 개입되지 않는 복지사회는 허상에 불과하다(임정문 외, 2021).

사회복지의 수준, 목적 그리고 역할에 따라 복지국가를 유형화할 수 있으므로 사회복지 모형과 복지국가의 관계는 상호적 관계를 가진다. 사회복지 유형은 윌렌스키(Herold Wilensky)와 르보(Charles Lebeaux)의 사회복지 유형이 가장 일반적으로 거론된다. 구체적으로 사회복지 유형의 철학적 토대는 사회복지정책이며 이념적 측면에서 사회복지정책은 논쟁의 여지가 있다. 즉, 각 국가의 이념과 집권정당의 정책에 따라 사회복지정책의 유형이 달라질 수 있다는 것이다.

복지국가의 유형은 다양한 학자에 의해서 주장되고 분류되었으나 전통적으로 가장 많이 거론되는 것은 에스핑 앤더슨(Esping Andersen, 1990)의 유형론이다. 이는 탈상품화정도, 계층화 정도, 시장과 가족과의 관계 등 세 가지 기준으로 복지자본주의를 유형화한 것이다. 여기에서 탈상품화란, 개인이 노동시장에 참여하는 것과 무관하게 사회적으로 수용될만한 생활 수준을 유지하는 것을 의미한다. 따라서 탈상품화 정도가 높을수록 복지 수준이 높다고 할 수 있다. 계층화란, 국가가 사회복지정책을 통해 기존의 계급구조를 강화하거나 새로운 계급구조를 형성하는 것을 의미한다. 공공부조를 통해 수급자에 대한 낙인을 동반함으로써 사회적 이원화가 초래된다. 에스핑 앤더슨은 탈상품화 지수를 고안하기 위해 다음과 같은 다섯 가지의 변수들을 측정하였는데, 바로 최저급여액의 평균근로자임금에 대한 비율, 평균급여액의 평균근로자임금에 대한 비율, 급여를 받을 수 있는 자격조건(기여연수), 전체 프로그램 재원에서 수급자가 지불한 비율, 실제

수급자의 비율이다.

에스핑 앤더슨의 복지국가 유형화에 따르면 복지제도가 발달한 사회민주적 복지국가에서 탈상품화의 효과가 가장 크며, 자유주의적 복지국가에서 탈상품화의 효과가 가장 적고, 보수-조합주의적 복지국가는 탈상품화의 효과가 중간에 위치한다.

〈표 6-1〉 에스핑 앤더슨의 복지국가 유형

지표	자유주의 복지국가	보수-조합주의적	사회민주적 복지국가
탈상품화 수준	최소화	중간 수준	높은 수준(극대화)
복지제도 발달정도	저소득층, 빈곤층 위주	사회보험 강조	사회입법
소득재분배 효과	미약	중간	강함
주요 프로그램	공공부조 프로그램	사회보험	기초연금을 기본으로 하는 보편적 사회보장 제도
급여 수혜조건	자산조사, 스티그마 부여	취업활동 및 사회보험가입	시민권
급여 단위	가족	가족	개인
국가개입정도	개입 최소화	조합주의적 전통	공공서비스망 구축
주요 국가	미국, 캐나다, 호주	오스트리아, 프랑스, 독일	스웨덴, 덴마크, 핀란드, 노르웨이

복지국가의 유형화는 많은 학자들에 의해 시도되었으나 최초로 복지국가를 유형화한 학자는 미국의 퍼니스(Furniss)와 틸튼(Tilton)이다. 이들은 1977년에 복지국가를 적극적 국가, 사회보장국가 그리고 사회복지국가로 유형화하였다 (김태성 외, 2014).

미쉬라(Mishra)는 복지국가를 분화된 복지국가와 통합된 복지국가로 유형화하였고, 터본(Therborn)은 프롤레타리아 복지국가와 부르주아 복지국가로 복지국가를 유형화하였다(김제선 외, 2021).

그 외 복지국가 유형화와 관련된 다양한 학자들의 주장을 정리하자면 다음과 같다. 퍼니스(Furniss)와 틸튼(Tilton)은 ① 적극적 국가: 시장과 경제적 효율성을 중시하며 시장에서 배제된 사람들을 위한 장치가 복지로서 미국이 대표적 국가이다. ② 사회보장국가: 개인의 책임을 강조하고 국민의 최저수준을 보장하는 것을 목표로 한 국가로 영국이 대표적 예이다. ③ 사회복지국가: 강력한 중앙집권하에 정부가 적극적으로 나서서 국민의 불평등을 제거하기 위해 노력하며 스웨덴이 대표적 예이다. 미쉬라(Mishra)는 ① 분화된 복지국가: 정치형태는 이익집단을 포함한 다원주의적 형태로, 경제적으로는 자유경쟁과 시장모델을 적용하며 산업분야에서는 자유로운 협상방식을 선택하는 것으로 미국, 영국이 대표적인 예이다. ② 통합된 복지국가: 주요 경제집단에 사회적 책임이 있고 중앙집권적 정치체제, 주요 이해집단, 조합들 간 협상으로 사회적 합의가 이루어지고 스웨덴, 오스트리아, 네덜란드 등이 해당된다

4절 복지국가 위기와 재편

1980년대를 전후하여 복지국가 위기에 대한 논쟁이 활발하게 일어났는데, 이후 복지국가 재편을 둘러싼 논의를 거쳐 21세기에 들어서는 '새로운 사회적 위험'과 이에 대응하는 현대화된 복지국가가 무엇인가에 대한 논의가 이어졌다. 새로운 사회적 위험은 20세기 초중반까지의 제조업 중심의 산업사회에서 탈산업사회(post-industrial society)로 전환되며 나타난 다음과 같은 새로운 성격의 위험을 말한다. 테일러-구비(Taylor-Gooby)는 새로운 사회적 위험으로 다음 네 가지를 제시했다. ① 여성들의 유급노동 참여증가: 탈 산업사회의 경제는 서비스 부문 중심이기 때문에 이전보다 더 많은 여성들이 노동시장에 참여한다.

이에 따라 일과 가정의 양립이 중요한 과제가 된다. ② 인구고령화: 노인인구의 증가로 인한 복지비용이 크게 높아질 뿐 아니라 노인에 대한 돌봄이 중요한 과제가 된다. ③ 불안정 노동의 증가: 제조업 중심의 대규모 고용이 감소하고 비숙련, 저숙련 부문의 저임금과 비정규직이 증가하였다. ④ 복지재정의 한계: 국가의 공적 지출을 더 이상 늘리기 어려운 상황에서 새로운 위험들에 대응하는 것에 한계가 있을 수 있다. 이러한 조건에서는 전통적인 소득보장이 약화되고 민영화와 사회서비스에 대한 강조가 증가되는 경향이 있다.

제3의 길은 기존의 사회민주주의 복지국가와 1980년대 이후의 신자유주의 정책을 모두 비판하며 20세기 말 유럽에서 등장한 정치 이데올로기를 가리키는 용어로, 앤서니 기든스(Anthony Giddens)가 이 이념의 이론적 토대를 제공했다. 사회민주주의(복지국가를 지향하는 제1의 길)와 신자유주의(시장경제를 지향하는 제2의 길)를 절충한 새로운 노선으로서, 신자유주의처럼 복지국가를 청산하자는 입장이 아니라 복지국가의 비효율성 등을 개선하자는 입장이다. 제3의 길에서는 5대 악(궁핍, 질병, 나태, 무지, 불결) 척결을 위한 베버리지의 구상을 '소극적 복지'로 보고, 보다 적극적으로, 궁핍을 줄이는 것에서 나아가 궁핍 대신 자율성을, 질병을 줄이는 것에서 나아가 건강을, 무지 대신 교육을, 불결 대신 안녕을, 나태 대신 진취성을 강조하는 '적극적 복지'를 표방했다.복지정책을 통해 수급자가 시장에 재편입할 수 있도록 적극적으로 지원하고, 복지국가에 대한 의존성을 줄이고 수급자 스스로의 독립성과 개인의 책임을 증대하고자 하였다.

제3의 길의 핵심 주장은 사회투자국가(social investment state), 복지다원주의(welfare pluralism), 발상의 전환(conversion of notion)으로 압축될 수 있다. 사회투자국가는 급여의 직접 제공보다는 인적자원에 대한 투자를 강조하며, 복지다원주의는 주로 주앙정부에서 담당해왔던 복지제공의 업무를 기업, 시민단체, 지역사회, 지방정부 등으로 다원화하여 복지국가의 비효율성을 줄이는 방향의 복지 혼합을 의미하며, 발상의 전환은 수혜자가 스스로 복지국가에 대한 의존성 성향을 줄여야 한다는 것으로 개인의 책임을 상대적으로 강조하는 것을 의미한다.

세계화로 국가 간의 빈부격차뿐만 아니라 한 국가 안에서의 소득재분배의 불균형도 심화되며, 특히 경쟁력이 약한 국가들에서는 국가부채 증가로 인해 교육과 복지 등에 사용할 수 있는 자원이 감소한다. 또한, 자본의 자유로운 이동이 가능해지면서 생산비가 적게 드는 국가로 이전하는 기업이 많아지면서 한 나라의 일자리 유지가 국가정책만으로 유지하기가 어려워졌다.

이런 세계화현상에 대처하는 방식은 각 국가가 처한 경제환경, 경제구조, 시장개방의 정도 등에 따라 다르게 나타나는데 에스핑 앤더슨은 다음과 같은 세 가지 유형으로 재편방식을 나누고 있다. 첫째, 자유주의적 복지국가 유형으로 시장원칙을 강조하고 긴축재정, 국가의 개입 축소, 탈규제화의 활성화를 통한 '신자유주의 길'을 강조한다. 이에 해당하는 국가로 미국, 캐나다, 호주 등이 있다. 둘째, 보수-조합주의적 복지국가 유형으로 국가가 주된 사회복지 제공자의 역할을 하지만, 사회복지의 제공을 통해 사회적 지위의 차이를 유지하는 것을 목표로 한다. 직업별, 계층별로 다른 종류의 복지급여가 제공되며 사회보험의 형태에 크게 의존하는데, 사회보장 수준은 유지하면서 노동공급 감축을 유도하는 '노동 감축의 길'을 강조한다. 오스트리아, 프랑스, 독일, 이탈리아 등이 이 유형에 속한다.

셋째, 사회민주적 복지국가 유형은 수급자격을 확대시키려는 보편주의의 원칙과 평등주의 정책을 고수한다. 기존의 복지 프로그램을 바탕으로 적극적 노동시장 정책, 사회서비스의 확대, 남녀평등을 중심으로 하는 '생산주의적' 복지정책으로 수정·확대하고 국가 대 시장, 노동계급 대 중간계급 사이의 갈등을 최소화하면서 동시에 평등의 확대를 추구하므로 복지국가 추구를 위한 보편적 결속이 이루어진다. 스웨덴을 비롯한 스칸디나비아 국가들이 이러한 유형에 속한다.

제3부

사회복지의 대상과 실천방법

7장
사회복지의 실천대상과 공급자

학습목표

- 사회복지의 실천대상을 개인과 사회체계로 구분하여 설명할 수 있다.
- 욕구의 주체, 권리의 주체로서의 사회복지 대상자를 설명할 수 있다.
- 사회복지의 공급자로서 공공부문과 민간부문의 역할을 설명할 수 있다.

1절 사회복지의 실천대상: 개인, 사회체계

사회복지의 실천대상은 사회복지실천 개입 단위를 의미하며 개인과 사회체계로 나누어 볼 수 있다. 사회체계는 가족, 집단, 지역사회 등으로 나누어 볼 수 있을 것이다.

1. 사회복지실천 대상으로서의 개인

사회복지사는 사회복지실천을 함에 있어서 개인의 욕구나 문제를 발견하여 그

것에 대한 변화를 모색하고 지원하여 개인이 속한 환경에 적응하도록 원조를 제공하게 된다. 리치몬드(Richmond, 1922)는 개인을 대상으로 하는 사회복지실천을 개별사회사업이라 하였으며, 개별사회사업(casework)이란 개개인, 개인과 그 사회 환경 사이에서 의식적인 조정을 통해 개개인의 인격발달을 이루어가는 과정이라 하였다. 펄만(Perlman, 1957)은 개별사회사업이란 사람들이 사회적 기능을 수행함에 있어서 그들의 문제를 보다 효과적으로 처리해 나가도록 돕는 사회복지기관에서 사용되는 과정이라고 하였다. 이러한 정의에서 알 수 있듯이 개인대상의 사회복지실천은 개인적 또는 사회적 문제에 직면해 있는 개인을 일대일로 만나 그의 문제해결을 원조하는 활동이라고 할 수 있다.

사회복지실천의 초기단계에 사용된 개별사회사업(casework)은 개인의 부적응에 대한 치료적 개입을 강조하였다. 사회문제에 대한 거시적 접근보다는 개별화된 문제에 대한 적응에 초점을 두는 미시적 접근이 중심이었다. 개인의 문제를 사회환경과의 관련성 속에서 삶의 문제로 이해하고 다양한 수준에 체계적으로 개입할 것을 강조하는 통합적 접근이 대두되면서, 개인대상의 실천이라는 용어로 바뀌었고, 개입의 영역도 점차 다양화되고 확대되고 있다.

사회복지실천 대상으로서의 개인은 아동학대를 경험한 피해 아동, 학교폭력에 노출된 피해 학생, 약물 오·남용자, 갑작스런 생활상의 위기를 겪게 된 개인 등 사회적 기능을 수행하는데 혼자서는 어려움이 있는 클라이언트이다.

과거에는 사회복지의 대상자가 주로 노인, 장애인, 고아 등 사회적 약자와 빈곤층이었으나, 현대사회에서는 산업화가 야기하는 질병, 실업, 사고 등 사회적 위험을 안고 살아가는 전 국민을 대상으로 하고 있다. 하지만 전 국민이 모든 사회복지서비스를 동일하게 제공받는 것은 아니다.

보편주의-선별주의 이분법(the universal-selective dichotomy)은 사회복지 대상자 선정 문제를 단순화시켜 이해를 쉽게 한다. 그러나 현실은 이런 이분법으로 파악하기 힘들 정도로 복잡하다. 다시 말해서, 자산조사를 하면 선별주의, 그렇지 않으면 보편주의라고 할 수 없는 경우가 현실 사회복지에 적지 않게 존재한다는 것이다. 예컨대, 아동수당의 경우 자녀를 가진 모든 가족을 대상으로 하기 때문에 보편주의 제도인 것 같지만, 적어도 자녀가 한 명 이상이어야 대상이 된다는 점에서 선별주의 제도도 된다.

이런 점들을 고려하여 길버트와 테렐(Gilbert & Terrell, 2002 : 108–109; 이성기·원석조, 2023: 146–148)은 사회복지 대상자 선정의 기준을 귀속 욕구, 보상, 등급 분류, 자산조사 욕구 등 네 가지로 세분화했다.

1) 귀속 욕구(attributed need)

특정한 집단구성원으로서의 조건을 갖춘 사람을 대상으로 한다. 예컨대, 전 국민이 될 수도 있고, 맞벌이 부부, 고령층, 하층민, 농어촌 지역 학생 등 특정 계층이나 지역 주민이 될 수도 있다. 모든 시민을 대상으로 무상의 보건의료서비스를 제공하는 영국의 국민보건서비스(시민권자), 모든 노인에게 지급되는 노령수당, 모든 아동에게 지급되는 아동수당 등이 여기에 속한다. 이 경우 욕구에 대한 전문가의 규범적 판단기준(normative criteria of need)에 따라 특정한 집단이 대상자로 선정(group–oriented allocations)된다.

2) 보상(compensation)

건강보험이나 사회보장연금 등 사회보험의 가입 대상자로서 요건을 갖추고, 일정한 보험료를 납부한 사람, 즉 사회보험제도의 가입 조건과 보험료 납부 실적을 가진 사람을 대상으로 하는 경우가 있고, 사회적 희생자(인종차별과 성차별의 희생자)를 대상으로 하는 경우가 있다. 이들에게는 사회복지 급여가 하나의 보상으로 주어진다. 보상의 원칙에서 중시하는 조건은 형평성에 맞춰 전문가가 규범적으로 판단한(normative criteria for equity) 특정한 집단을 대상자로 선정(group–oriented allocations)하는 것이다.

3) 등급 분류(diagnostic differentiation)

신체적 혹은 정신적 손상을 입은 사람과 같이 특정한 재화와 서비스가 필요한 개인을 대상으로 하는데, 이 경우 판단은 전문가의 분류 심사에 의거한다. 장애연금의 등급 분류가 좋은 예이다. 등급 분류 원칙에서 중요한 조건은 욕구에 대한 기술적 분류 기준(technical diagnostic criteria of need)에 따라 개별적으로 대상을 선정(individual allocation)하는 것이다.

4) 자산조사 욕구(means-tested need)

재화와 서비스를 구입할 능력을 상실했다는 명백한 증거를 자산조사에 의해 제시하는 것이 가장 중요하다. 사회복지 급여 수급 여부는 개인의 경제적 여건에 좌우되며, 매우 제한적이다. 욕구의 경제적 기준(economic criteria of need)에 따라 개별적으로 대상자를 선정(individual allocation)하는 것이 기본 원칙이다.

이상과 같은 네 가지 대상자 선정기준을 욕구 판단 기준에 초점을 두고 요약하면 〈표 7-1〉과 같다. 귀속 욕구는 집단을 대상으로 하고, 규범적으로 욕구를 판단한다. 보상은 집단을 대상으로 하고, 형평성에 입각해 규범적으로 욕구를 판단한다. 등급 분류는 개인을 대상으로 하고, 기술적 분류 기준에 따라 욕구를 정한다. 자산조사 욕구는 개인을 대상으로 하고, 경제적 기준에 따라 욕구를 결정한다.

〈표 7-1〉 대상자 선정과 욕구 판단 기준

구 분	대상자	욕구 판단 기준
귀속 욕구	집단	규범적 판단
보상	집단	형평성에 입각한 규범적 판단
등급 분류	개인	기술적 등급 분류
자산조사 욕구	개인	경제적 기준

길버트와 테렐은 이러한 대상자 선정의 네 가지 원칙을 사회복지의 제도적 개념과 잔여적 개념에 대입시켜 〈표 7-2〉와 같이 기술했다. 〈표 7-2〉에서 보듯이 귀속 욕구는 제도적 개념에, 자산조사 욕구는 잔여적 개념에 대응되고, 보상과 등급 분류는 두 개념의 중간에 위치하되 보상은 제도적 개념에, 등급 분류는 잔여적 개념에 가깝다. 보상이 제도적 개념에 가까운 이유는 급여 수급 자격 여부가 개인의 조직 내에서의 지위에 따라 정해지기 때문이다. 등급 분류가 잔여적 개념에 가까운 이유는 수급 여부가 개인적 장애 여부에 의해 결정되고, 개인의 특정한 수급 요건 판정이 다소 기계적으로 이루어지기 때문이다.

〈표 7-2〉 대상자 선정의 네 가지 원칙

귀속 욕구	보상	등급 분류	자산조사 욕구
사회복지의 제도적 개념	⟵	⟶	사회복지의 잔여적 개념

개인대상 사회복지실천의 특징은 다음의 여섯 가지로 정리할 수 있다(문수열 외, 2022 : 180). 첫째, 개인을 일대일 방식으로 도움으로써 개인문제와 사회문제를 해결하는 것을 목표로 한다. 둘째, 예방보다는 치료적 입장에서 문제해결을 중시한다. 셋째, 개인이 환경에 적응하도록 돕고 혹은 그들에게 불리한 사회·경제적 압박을 변화시키도록 돕는다. 넷째, 당사자의 문제에 초점을 두고 당사자의 개별화된 원조과정을 진행한다. 다섯째, 당사자의 문제를 해결하기 위해 사회복지사와 전문적 관계를 맺으며, 당사자와 사회복지사 간의 관계를 중요시한다. 마지막으로 다양한 모델과 개입방법을 적용하여 개인의 적응과 변화, 개인과 환경과의 상호작용을 변화시킨다.

2. 사회복지실천 대상으로서의 사회체계

사회복지실천은 개인뿐만 아니라 가족, 집단, 지역사회 등과 같은 사회체계가 그 대상인 경우도 있다. 인간은 사회환경과 분리된 실체가 아니라 환경과 통합된 총체로 이해되어야 한다. 환경 속의 인간이라는 생태체계 관점에서 보면 개인은 개인을 둘러싸고 있는 사회체계나 환경에 영향을 미치기도 하고 영향을 받기도 한다. 개인은 출생과 동시에 가족이라는 집단 혹은 조직에서 성장하고, 학교에서 교육을 받고, 사회에서 일을 하면서 살아간다. 따라서, 사회복지의 실천대상은 개인과 그 개인에게 영향을 미치는 사회체계가 대상이 된다. 급변하는 외부환경 변화에 지역사회, 집단, 가족이 어떻게 적응하고 대응하여 생존과 발전을 유지할 것인가를 다룰 때에는 분석의 단위, 실천의 단위가 사회체계가 된다.

브론펜브레너(Bronfenbrenner, 1979)는 환경체계를 미시체계, 중간체계, 외체계, 거시체계의 4가지 수준으로 구분하였다. 즉, 개인의 일상생활에 존재하는 실제적인 환경으로 인간발달에 직접적인 영향을 미치는 환경, 즉각적 환경 내에서의 상호관계들의 복합체인 미시체계, 개인이 실제로 참여함으로써 그 사람의 직접적인 환경에서 무엇인가 일어나도록 영향을 끼치는 중간체계, 적극적 참여자는 아니나 간접적인 영향을 주고받는 외체계와 문화 속에 내재된 신념 및 이데올로기를 포함하는 거시체계로 구분된다(문수열 외, 2022 : 182 재인용).

캠프(Kemp, 1998)는 체계를 좀 더 단순하게 미시(micro)체계, 중간(mezzo)체계, 거시(macro)체계로 구분하고, 미시체계는 개인적 수준, 중간체계는 가족체계 내에서 기능하는 것들을 포함하였으며, 거시체계에는 지역사회와 사회현상을 설명하는 것을 포함하였다(Kemp, 1998; 오혜인 외, 2015 재인용).

콤튼과 갤러웨이(Compton & Gallaway, 1999)는 비슷한 특징을 가진 환경을 4가지로 영역화하여, 개인이 포함되어 있는 개별 상황, 미시체계, 중간체계, 거시체계로 나누었다. 개인이 포함되어 있는 개별상황은 개인이 어느 특정한 순간에 경험하고 인지하는 부분적 환경으로 개인이 직접 마주치는 환경을 의미하며, 미시체계는 개인이 일상생활 속에서 직접 접촉하고 상호교류할 수 있는 부분을 의미한다. 중간체계는 전체 환경 중에서 각 미시체계에 직접 혹은 간접적으로 영향을 주어 미시체계의 성격과 기능을 결정하는 환경을 뜻하며, 마지막으로 거시체계는 사회구성원 모두에게 공통적으로 해당되는 환경을 의미하는 것으로, 넓은 사회의 물리적, 사회적, 문화적, 경제적, 정치적 구조 등이 해당된다고 할 수 있다(이선영, 2004 ; 문수열 외, 2022 : 182).

사회복지의 실천대상으로서의 사회체계를 가족, 집단, 지역사회로 나누어 간단히 살펴보면 다음과 같다.

가족은 그 구성원의 인격형성에 중요한 영향력을 미치며 사회공통의 문화양식과 규범을 습득시키는 사회화 과정을 담당하는 가장 기본 집단이다. 가족대상의 사회복지실천은 가족구성원간의 관계나 가족 단위의 문제를 해결 또는 경감시키는 노력을 의미한다. 현대사회에 와서 가장 많은 변화를 겪고 있는 가족제도는 핵가족, 위탁아동을 양육하는 가족, 법적으로 결혼한 부부는 아니지만 사실혼 관계를 유지하는 부부, 재혼으로 이루어진 혼합가족, 다문화가족 등 다양성을 지니고 있다. 또한 가족 구성원들은 급격한 변화에 융통성 있게 적응하면서 개인의 욕구를 충족시키고 그들이 필요한 기능을 수행하고 있다.

사회복지실천 대상으로서의 집단은 공동의식과 목적을 가진 2명 이상의 집합체를 의미하며 집단 구성원 간의 상호관심과 의사소통을 통해 상호작용이 발생하는 상태를 의미한다. 이런 의미에서 군집이나 군중과는 다르다. 사회복지실천의 대상인 집단은 그 목적에 따라서 치료집단과 과업집단, 그리고 자조집단으로 나눌 수 있다. 치료집단(treatment group)의 목적은 집단구성원 교육, 성장, 치료, 사회화 등으로 행동 변화, 사회화의 욕구 충족 등을 위함이다. 과업집단(task group)의 목적은 조직이나 기관의 문제에 대한 과업성취, 문제해결, 성과물 산출 등에 있다. 자조집단의 목적은 공동의 관심과 욕구가 있는 구성원들이 상호지지와 협력을 통해 문제 상황에 대처할 수 있는 능력을 향상시키는 것이다. 그 종류로는 단주친목모임, 장애인당사자집단, 정신질환자가족모임 등이 있다.

사회복지실천의 대상이 지역사회인 경우도 있다. 지역사회 자체를 하나의 클라이언트로 보고 지역사회 수준에 개입하여 지역주민에게 필요한 서비스를 제공하고 지역사회의 문제를 예방하고 해결하고자 하는 일체의 노력을 의미한다. 지역사회복지는 개인이나 가족단위의 사회복지실천보다 넓은 차원의 개념이며, 아동복지, 청소년복지, 노인복지라는 대상 중심의 복지체계보다 지역성이 뚜렷하다는 특성을 발견할 수 있다.

2절 욕구의 주체, 권리의 주체로서 사회복지 대상자

사회복지의 일차적인 대상은 욕구 충족과 문제 해결을 원하는 당사자 개인이다. 욕구의 주체, 권리의 주체로서 사회복지 대상자는 아동, 청소년, 노인, 장애인, 여성, 외국인 주민·북한이탈주민 등으로 나누어 볼 수 있다.

1. 아동

우리나라에서는 국제연합(UN)과 마찬가지로 만 18세 미만을 아동으로 본다. 이러한 연령 기준은 태아기부터 18세 전후까지, 영유아, 학령 전 아동, 학령 아동, 청소년 등 광범위한 발달단계를 포함한다. 아동복지는 아동이 행복한 삶을 누릴 수 있는 기본적인 여건을 조성하고 조화롭게 성장·발달할 수 있도록 하기 위한 경제적, 사회적, 정서적 지원을 의미한다. 아동의 권리를 강조하면서 아동의 삶의 질 향상과 다양한 서비스를 제공해 주기 위한 사회복지실천으로 아동에 대한 사회복지적 대응책이라 할 수 있다. 카두신에 의하면 아동복지의 넓은 의미로는, 모든 아동의 행복과 사회적응을 위해 심리적, 육체적 잠재력을 개발시켜 주기 위한 각종의 방법을 말하며, 좁은 의미로는 특수한 문제를 가진 아동과 그 가정을 대상으로 전문적인 기관에서 행하는 서비스이다.

2. 청소년

일반적으로 청소년이라 함은 청년과 소년을 아울러 이르는 말이다. 청년은 청춘기에 있는 젊은 사람, 소년은 아주 어리지도 않고 아직 성숙하지도 않은 아이로 정의될 수 있다. 따라서 일반적인 의미의 청소년은 대체로 초등학생부터 대학생 연령대까지의 젊은 남녀를 포함한다고 할 수 있다(김성천 외, 2018 : 285). 청소년복지란 청소년이 정상적인 삶을 누릴 수 있는 기본적인 여건을 조성하고 조화롭게 성장·발달할 수 있도록 제공되는 사회적·경제적 지원을 말하며, 청소년시설이란 청소년활동·청소년복지 및 청소년보호에 제공되는 시설을 말한다.

3. 노인

노인복지란 개별 노인의 사회적 욕구를 국가 또는 사회가 최종적인 책임을 지고 보장해 주는 일련의 시책·제도 및 실천을 의미한다. 성공적인 노년기의 삶을 지원하고, 노인이 가정과 이웃, 사회에서 소외되지 않도록 사회적 통합을 유지하며, 기본적인 삶을 유지하는 기능을 수행한다.

2024년 현재 우리나라 65세 이상 고령인구는 전체 인구의 19.2%를 차지하고 있으며, 2025년에는 20.3%에 도달하여 초고령사회 진입을 앞두고 있다. 전통사회에서는 가족이 노인부양의 주된 책임을 맡으면서 노인의 소득, 건강, 주거, 여가, 가족생활 등 노인의 삶에 야기되는 욕구나 문제를 해결해 왔다. 그러나 현대화 이후 가족의 노인부양 기능이 약화되고, 노인문제의 원인이 사회 구조적인 것에 더 많이 기인함에 따라 국가의 노인복지정책은 매우 빠르게 확대되어 가고 있다.

4. 장애인

장애인복지는 장애인의 능력을 최대한 활용하여 사회참여가 가능하도록 함으로써 장애인의 삶의 질을 향상시키고 궁극적으로 사회통합에 이르게 하는 총체적인 원조 서비스를 말한다. 장애인이란, 신체적·정신적 장애로 오랫동안 일상생활이나 사회생활에서 상당한 제약을 받는 자이며, 장애 유형은 크게 신체장애와 정신 장애로 구분할 수 있다. 장애인은 인간으로서 존엄과 가치를 존중받고 그에 걸맞은 대우를 받으며, 국가·사회의 구성원으로서 정치, 경제, 사회, 문화, 그 밖의 모든 분야의 활동에 참여할 권리를 가지고, 장애인 관련 정책결정 과정에 우선적으로 참여할 권리가 있다.

5. 여성

여성복지는 여성이 국가나 사회로부터 존엄성과 인간다운 생활을 할 권리를 동등하게 보장받음으로써 여성의 건강, 재산, 행복의 조건들이 만족스러워지는 상태와 동시에 가부장적 가치관과 이에 기초를 둔 법, 기타 사회제도개선 등으로 여성의 인간다운 삶을 실현하기 위한 모든 실천적 노력을 포함하는 개념이다. 또한, 여성복지란 현존하는 여성억압 및 성차별 문제를 해결하여 여성의 복리를 증진하고 나아가 양성 평등적 사회를 구현하려는 사회적 노력으로, 사회보장과 사회복지서비스 면에서 여성들이 필요로 하는 서비스를 제공하여 그들의 사회기능을 증진시키려는 사회복지의 한 전문분야이다.

우리나라에서는 아직까지 여성을 그 주요 당사자로 규정하는 사회복지법률은 존재하지 않으며, 사회복지 분야에서는 주로 여성이 피해자가 될 경우 지원하는 사회복지시설 규정이 있다(성폭력 방지 및 피해자보호 등에 관한 법률, 가정폭력 방지 및 피해자보호 등에 관한 법률).

6. 다문화 및 소수자

다문화(multi-cultural) 인구란 다양한 문화를 가진 인구 집단들을 말한다. 우리나라에서 다문화 복지는 비주류 문화로부터 야기되는 소수자 문제에 대응하려는 사회복지 개입이라고 할 수 있다.

다문화 인구에 대한 사회복지 개입의 목표는 민족이나 국적, 언어의 차이가 곧 사회적 차별이 되지 않도록 하는 것이다. 주류 문화의 관점에서 다양한 소수 문화를 배척하지 않고 포용할 것인지를 모색하고, 한편으로는 소수 문화 인구가 주류 문화에 적응하는 것도 요구된다. 어떤 관점에서든 다문화 복지의 실천에서는 문화적 차이를 이해하고 대응할 수 있는 문화적 역량(cultural competence)이 가장 강조된다(김은정 외, 2015; 김영종·김은정, 2022 :246).

다문화 인구에는 결혼이주여성, 외국인이주노동자, 북한이탈주민, 기타 외국인 유학생 등을 포함한다. 이들 인구집단의 규모는 꾸준히 증가하고 있으며 이에 따라 이들 집단에 대한 법적, 제도적 지원들도 체계를 잡아가고 있다(김영종·김은정, 2022 : 246).

3절 공공부문과 민간부문의 역할 관계

사회복지 제공자에 대한 논의와 역할을 이야기할 때 크게 구분되는 두 주체는 공공부문과 민간부문이다. 사회복지에서의 공공부문과 민간부문의 관계는 상호보완적 관계이다. 사회복지정책의 기획, 결정이 정부의 주된 역할이지만 이를 집행하는 과정에서 민간의 역할을 배제할 수 없다. 사회복지를 공공재로 규정할 때, 이러한 공공재는 그 특성상 비경합성, 비배제성, 외부효과로 인하여 무임승차자(free-riders)가 발생하므로 당연히 공공 부문이 제공 주체가 되어야 한다. 반면, 사회복지서비스는 다양한 욕구를 지닌 개인이나 집단에 특수하게 제공되어야 하고, 이용자의 다양한 선택권을 보장하는 차원에서 민간이 제공하는 것이 더 효율적이기도 하다(문수열 외, 2022 : 183).

1. 공공부문의 역할

공공 부문은 중앙정부나 지방정부, 공공기관을 모두 포함하는 영역으로 조세를 통한 사회서비스의 재정부담을 담당하고, 서비스 제공자의 선정 및 계약, 지원 역할과 민간의 복지서비스 운영을 관리·감독하는 규제자의 역할을 수행한다. 전반적으로 복지국가에서 정부는 서비스 공급자로서, 교육, 보건, 대인서비스 등을 제공하는데 오늘날 정부는 가장 규모가 큰 고용자이며, 이들을 통해서 복지서비스를 제공한다. 또한, 재원보조자로서의 역할을 수행한다. 조세는 단순히 정부재정의 원천이 아니라 특정 활동을 조장 또는 억제하기 위한 수단으로 활용될 수 있는데, 정부는 자원부문 활성화를 위해 기업의 기부금에 대한 소득공제 또는 보조금을 제공하기도 한다. 국가 또는 민간 부문의 운영과 관련한 규칙과 품질 기준 등을 설정하고 운영을 감독하는 규제자의 역할을 수행한다(강혜규 외, 2007; 문수열 외, 2022 : 184).

그러나 공공 부문의 실패, 즉 정부실패는 다음과 같은 연유에서 비롯된다(문수열 외, 2022 : 184). 첫째, 공공 부문의 경쟁체제가 이루어지지 않기 때문에 독점에 의한 문제가 발생한다. 서비스의 질 개선이 어렵고, 융통성이 적어 불필요한 서비스의 확대와 낭비가 발생하며 전반적으로 매우 비효율적이기 때문이다. 즉, 불필요한 비용을 감수하게 되고, 비효율을 방지하고자 하는 동기가 낮다. 또한, 욕구변화에 상대적으로 둔감하고 서비스 개선에 대한 노력과 책임감이 결여되어 있다. 둘째, 공공재 생산자로서의 정부는 대다수 국민을 만족시키는 수준의 공공재만 공급하는 경향을 보이므로, 항상 다수의 선호에 포함되지 않는 다양한 이해관계나 가치를 반영하지 못하기 때문이다. 셋째, 관료화는 정밀성, 안정성, 엄격성, 신뢰성을 담보하지만, 현실에서는 동기부여가 존재하지 않아 시민들의 욕구에 적절히 대응하지 못하는 경우가 발생하기 때문이다. 넷째, 서비스 수혜자의 욕구보다는 자기이익을 추구하는 특정 이익집단과 로비, 공공 부문의 종사자의 이익에 합치되는 서비스를 공급할 여지가 있기 때문이다.

2. 민간부문의 역할

민간부문은 개인, 가족, 이웃과 같은 비공식 부문(informal sector)과 민간 비영리 부문(non-profit voluntary sector), 영리 민간조직(profit organization) 등을 포괄하는 민간 공식부문(formal sector) 등이 있다(정무성 외, 2007; 문수열 외, 2022 : 185).

민간부문은 공공부문과는 다르게 사회복지프로그램을 실시하는 데 있어서 유연성을 발휘할 수 있으며, 특수 대상에 대한 전문적 서비스를 공급하는데 유리하다. 김석산(1987)은 민간 부문에서 사회복지를 공급하는 기능으로 정부복지활동을 보완하는 기능, 서비스 대상자의 문제를 객관화하여 공공문제로 변화시키는 기능, 실험적인 새로운 서비스를 실시하여 선구적인 역할을 담당하는 기능 등으로 분류하였고, Karmer(1981)는 민간부문의 공급기능의 고유성을 민간 기관의 목적이 혁신적, 실험적, 시범적인 프로그램 활동에 있는 선구자적 기능, 정부가 요구하는 서비스를 설립, 개선, 확장하도록 감시하고 비판하는 개선자 또는 대변자로서의 기능, 소수집단의 특별이익을 보호하는 특정적이고 분파적인 가치를 보호하는 가이드로서의 역할 등이 있다고 설명하였다(박세경 외, 2010; 문수열 외, 2022 : 185).

하지만 민간부문도 불충분성, 개입주의, 분파주의, 비전문성 등으로 완전한 사회복지서비스를 제공할 수 없다는 한계점이 지적된다(Salamon, 1992; Tucker, 1980; 박세경 외, 2010; 문수열 외, 2022 : 185 재인용), 불충분성이란 민간부문의 재원조달이 주로 자발적 자선적인 기부에 의존하기 때문에 불충분하고 불안정하므로 사회복지 서비스에 대한 욕구에 대응하기 어렵다는 것이다. 개입주의란 재원을 제공하는 사람들의 요구나 가치가 그 혜택을 받는 대상의 선정 또는 조직활동 내용에 우선적으로 반영되어 자원 제공자의 도덕적 기준과 가치체계에 비추어 지역사회의 욕구를 자의적으로 판정하므로 사회복지서비스는 제도적 권리의 성격보다는 자선의 개념에 해당된다는 것이다. 그리고 분파주의는 특정인구 집단이나 특정지역에만 서비스를 제공하는 경우, 특정집단의 욕구가 과도하게 반영되거나 배제되어 서비스의 중복이나 단절이 발생하므로 공공이익을 바탕으로 한 효율적인 보편적 서비스를 제공하는 데 문제가 발생한다는 것이다. 또한, 민간부문은 재정문제로 인해 전문인력을 동원하지 못하고 비전문인력에 의존하는 경향이 있는데 이를 비전문성이라 하며 비전문성으로 인하여 서비스의 질이 낮아질 가능성을 배제할 수 없다.

3. 공공부문과 민간부문의 역할 분담

기드론, 크레이머, 살라몬(Gidron, Kramer & Salamon, 1992)은 정부와 비영리부문 간의 역할분담 모형을 4가지로 제시하였다(문수열 외, 2022 : 187−188 재인용).

첫째, 정부 주도 모델은 정부가 사회복지체제의 주도권을 갖고 재원부담과 공급전달을 제공하는 방식으로 주로 재원을 조세에 의존하는 형태이다. 정부 부문은 지방정부로 분권화가 비교적 잘되어 있지만 비영리참여는 매우 제한적인 모델이다.

둘째, 비영리 주도 모델은 복지서비스의 공급과 재원 모두 민간의 자율성에 따르는 모델로 미국이 이에 속한다. 즉, 정부는 서비스의 잔여적 기능에 중점을 두고 있는 반면, 민간이 사회서비스에 대한 재정부담과 제공에 있어 적극적이다.

셋째, 이중모형은 정부와 비영리가 재정 및 공급에 모두 관여하는 모형으로 두 영역 간의 관계가 개별적이지만 때로는 대체적으로 그리고 보완적인 관계로 발전할 수 있는 모델이다.

넷째, 협조모형은 정부가 재정부담을 하고 제3섹터가 공급을 맡는 모형으로 대리인 모형과 파트너십 모형으로 나눌 수 있다. 대리인 모형은 주종관계 형성으로 비영리가 재량권이 없는 반면, 파트너십 모형은 협력관계 및 자율성이 존재한다. 즉, 대리인 모델은 제3섹터의 자율성이 낮은 수준으로 단지 공급을 대행하는 유형이며, 파트너십 모델은 서비스 권리와 정치적 과정에서 제3섹터의 자율성이 인정되는 유형이다.

8장

사회복지의 미시적 실천방법

학습목표

- 사회복지의 미시적 실천방법의 개념을 이해한다.
- 개인 대상의 실천, 가족 대상의 실천, 집단 대상 실천의 개념과 특성을 이해한다.
- 사회복지실천의 핵심 가치와 이론, 원칙 및 실천과정에 대해서 파악한다.
- 사회복지 사례관리의 개념, 특성 및 과정에 대해 이해한다.

1절 실천대상의 정의와 유형

사회복지 실천방법은 클라이언트 체계의 수준, 즉 체계의 크기 또는 규모에 따라 미시적, 중범위적, 거시적 수준으로 나뉜다. 이러한 다양한 수준의 실천은 각각의 방법으로 개인, 집단, 가족, 지역사회 및 전체 사회의 문제를 해결하고 변화를 이끌어 내는데 기여하게 된다.

▶ **미시적 수준** (Micro Level)

미시적 수준의 실천은 개인의 가장 친밀한 상호작용 과정에 개입하는 활동을 의미한다. 주로 상담, 서비스 제공 등으로 클라이언트와 직접 상호작용하며 개인의 문제를 해결하고 변화를 촉진한다.

▶ **중범위적 수준** (Mezzo Level)

중범위적 수준의 실천은 미시적 수준과 거시적 수준의 중간에서 활동한다. 지역사회 자원의 발굴, 연계 활동, 자조집단 및 치료집단의 조직과 운영 등을 통해 클라이언트를 지원하고 지역사회의 자원을 활용하여 문제를 해결한다.

▶ **거시적 수준** (Macro Level)

거시적 수준의 실천은 클라이언트의 삶에 영향을 미치는 주변 체계나 환경에 개입하여 문제를 예방하거나 해결하는 활동을 포함한다. 정책 개발, 사회 변화를 위한 운동, 자원의 효율적인 분배 등의 간접적으로 클라이언트를 지원한다.

이러한 다양한 수준에서의 전문적인 활동을 통해 사회복지사는 클라이언트와 협력하여 문제의 근본 원인을 해결하고 변화를 이끌어내는 역할을 수행한다. 이번 장에서는 먼저 사회복지의 미시적 실천방법에 대해 알아보고자 한다. 사회복지의 미시적 실천방법은 좁은 의미에서의 '사회복지실천(social work practice)'이다. 전통적으로 사회복지실천의 역사에서 개별사회사업(case social work)과 집단사회사업(group social work) 등의 방법으로 행해져 온 활동이 미시적 사회복지 실천방법이다.

사람들은 살아가면서 다양한 어려움과 고통, 스트레스를 경험한다. 사회복지의 미시적 실천방법은 이러한 개인적 또는 사회적 어려움에 직면한 개인, 가족 또는 집단을 대상으로 사회복지실천의 가치와 이론에 기반하여 전문적인 관계 형성과 실천기술을 통해 욕구 및 욕구가 해결될 수 있도록 돕는 활동이라고 볼 수 있다.

사회복지실천 대상은 실제 만나는 클라이언트의 상황에 따라 중복될 수 있지만, 일반적으로 개인 대상의 실천, 가족 대상의 실천, 집단 대상의 실천으로 유형화할 수 있다.

1. 개인 대상 사회복지실천

1) 개념

먼저, 일반적으로 미시적 실천방법의 대상자를 '클라이언트'라고 부른다. 클라이언트(client)는 의뢰인이라는 뜻인데, 사회복지실천에서 실천의 대상자를 클라이언트로 부르는 이유는 대상자가 사회복지사와의 실천 관계에서 존중받고 자발적이고 능동적으로 참여한다는 점을 강조하기 위함으로 볼 수 있다(김영종·김은정, 2022). 특히 실천의 대상이 개인인 경우 '클라이언트'라는 용어를 많이 사용한다.

미시적 수준에서 개인 대상의 사회복지실천은 클라이언트와의 일대일 관계 속에서 이루어지는 직접 실천이라고 정의할 수 있다. 사회복지사가 개인적 또는 사회적 어려움에 직면해 있는 클라이언트 개인과 만나서 그 개인의 욕구 및 문제해결을 돕기 위한 실천이다. 그 과정에서 사회복지사는 클라이언트가 주변 환경에 잘 적응할 수 있도록 돕거나, 클라이언트 개인에게 영향을 미치는 사회경제적 결핍 상태를 완화하기 위한 활동을 하게 된다.

개인 대상 사회복지실천이 이루어지는 사회복지 현장의 사회복지 전문직의 예시는 다음과 같다.

- 종합사회복지관, 장애인복지관, 노인복지관 등 각종 사회복지관의 사회복지사
- 시·군·구 및 읍·면·동 주민센터의 사회복지전담공무원, 통합사례관리사, 아동보호전담요원, 아동학대전담요원 등
- 정신병원, 정신건강복지센터 등의 정신건강사회복지사
- 종합병원, 재활병원, 요양병원 등의 의료사회복지사
- 학교 등의 학교사회복지사
- 생활시설, 치료시설, 주간보호센터, 쉼터 등에서 근무하는 사회복지사

2) 특성

개인 대상 사회복지실천은 클라이언트의 생각, 감정, 행동, 태도 등을 변화하려할 뿐만 아니라 클라이언트의 문제에 직간접적으로 영향을 미치는 환경에 개입하여 변화를 시도한다. 클라이언트와 직접 만나 개입하는 개인 대상의 미시적 실천방법의 특징은 다음과 같다.

(1) 클라이언트 개인 체계가 직면한 문제와 욕구에 초점

클라이언트 체계의 특징으로서, 개인 대상의 미시적 실천방법은 한 사람의 클라이언트 체계를 중심으로 그 클라이언트가 직면한 문제와 욕구에 초점을 둔다. 개인의 존엄성과 자기결정권이라는 사회복지실천의 기본 가치를 바탕으로 클라이언트와의 개별화된 원조 과정을 진행하게 된다. 개별 클라이언트와의 협력적 문제해결 과정에서 클라이언트의 선택권을 중요시하며 개인의 개별 욕구와 특성, 상황 등에 알맞은 방법과 전략을 선택하게 된다.

(2) 전문적 관계의 활용

클라이언트의 문제 해결을 위해 전문적 관계를 변화의 매개체로 활용한다. 개인을 대상으로 직접 개입할 때, 사회복지사는 클라이언트와의 일대일 관계 속에서 대인관계기술을 활용하여 클라이언트의 문제 해결을 돕는다.

(3) 다양한 모델과 개입방법 활용

개인의 적응과 변화를 위해 다양한 모델과 개입방법을 활용한다. 정신역동, 자아심리학, 인지행동주의, 인본주의 외에도 일반사회학, 사회심리학 등 다양한 이론을 토대로 접근한다. 사회복지사는 이러한 이론을 적용한 다양한 실천모델을 활용하여 개인의 변화 또는 개인과 환경의 상호작용을 변화시키기 위해 노력한다.

2. 가족 대상 사회복지실천

1) 개념

가족 대상 사회복지실천이란 가족을 단위로 이루어지는 사회복지실천 활동을 의미한다(권중돈 외, 2022). 가족 대상 사회복지실천은 가족 단위의 문제 해결을 위해 이루어지기도 하고, 때로는 개인의 문제를 해결하기 위해 가족 단위의 개입이 이루어질 수도 있다. 가족 단위의 사회복지실천을 위해서는 가족에 대한 이해가 전제되어야 하며, 가족을 대상으로 실천하는 사회복지사는 가족을 시간과 공간의 관점에서 이해할 필요가 있다. 가족을 시간의 관점에서 이해한다는 것은 생애주기에 따라 가족의 과업과 발달 특징이 변화하는 것과 세대 간 전승되는 가족의 문화, 가치, 관계유형 등에 대해 이해하는 것이다. 가족을 공간의 관점에서 이해한다는 것은 가족을 하나의 사회체계로 이해하는 것이다. 가족은 개별 가족구성원들의 상위체계임과 동시에 확대가족, 지역사회, 문화 등과 상호작용하는 하위체계가 될 수 있다.

가족 대상 사회복지실천은 개인을 단위로 개입하는 것보다 가족을 단위로 개입할 때의 효과가 더 크다고 판단될 때, 또는 클라이언트의 문제 해결을 위해서 전체 가족의 협조와 노력이 필요하다고 판단할 때 선택하게 된다. 가족 대상 사회복지실천은 주로 부부갈등, 부모-자녀 간의 문제, 아동문제, 다세대 간의 갈등 등을 중재하거나 완화하기 위해서 사용된다(엄명용 외, 2011).

2) 특성

가족을 대상으로 직접 개입하는 사회복지실천의 특징은 다음과 같다.

(1) 가족이 관심의 단위가 됨

제시된 문제가 가족의 특정한 부분에만 관련되어 있다고 하더라도 전체 가족이 사정, 계획, 개입의 초점이 된다. 문제나 욕구가 있는 가족구성원 뿐만 아니라 가족의 욕구에 초점을 두고 가족의 상황, 관심, 자원에 대한 총체적인 관점을 유지한다.

(2) 가족과 사회복지사 간의 파트너십

가족과 사회복지사 간 협력관계를 만드는 것이 중요하다. 사회복지사와 가족구성원은 서로 동등한 동반자 관계 속에서 문제를 해결하기 위해 협력해야 한다. 이를 위해 사회복지사는 자신의 전문 지식과 기술을 활용할 뿐만 아니라 가족들이 자신들에 대해 갖는 정보와 지식을 존중해야 한다.

(3) 가족의 선택 중시

가족 대상의 사회복지실천에서는 가족의 자기결정을 중요하게 생각한다. 가족의 소망과 선택에 맞게 가족을 돕는 방법을 조직한다.

(4) 가족의 강점을 중요하게 고려

문제가 있는 가족이라는 관점, 문제를 유발하거나 클라이언트의 성장을 방해가 되는 가족구성원이라는 관점을 전환한다. 가족이 가지고 있는 역량, 잠재력에 초점을 두고 이를 긍정적인 방향으로 성장할 수 있도록 촉진한다.

(5) 가족단위로 개별화된 서비스 제공

정해진 틀이나 이론에 맞추어 가족을 유형화하여 서비스를 제공하기 보다는 개별 가족에게 맞는 맞춤형 서비스를 제공한다. 가족이 갖는 구조적, 문화적 독특성을 존중하면서 그 가족에게 적합한 실천을 할 수 있도록 한다(권중돈 외, 2022).

3. 집단 대상 사회복지실천

1) 개념

집단 대상 사회복지실천은 유사한 목표를 가지고 있는 개별구성원들이 모인 집단을 대상으로 사회복지사가 집단이라는 환경과 집단 내의 역동성을 활용해 집단구성원이 개별 목표와 집단의 목적을 달성하기 위해 노력하는 실천방법이다. 집단 대상 사회복지실천은 개인의 인지적, 정서적, 사회적 발달을 돕기 위한 다양한 집단 활동 및 치료이다.

집단 활동을 중심으로 하는 집단 대상 사회복지실천은 주로 사회성 향상, 정보 교환, 비행 억제, 레크레이션, 사회적으로 허용되지 않거나 용납할 수 없는 가치 변화, 문화 및 인종 그룹 간의 관계 속에서 더 나은 성취를 돕는 것을 목적으로 한다. 집단 활동의 초점 또한 예술과 공예, 춤, 게임, 연극, 음악, 사진, 스포츠, 자연학습, 목공, 응급처치, 정보 교환, 주제에 따른 토론 등으로 다양하다.

집단 치료를 중심으로 하는 집단 대상 사회복지실천은 개인의 사회적, 행동적, 정서적, 개인의 사회적, 행동적, 정서적 적응을 촉진하는 데 목적이 있다. 집단 치료는 일반적으로 정서적, 상호 작용 또는 행동상의 어려움을 겪는 사람이 참가하게 된다. 집단 치료는 일대일 개별 상담에 비해 몇 가지 장점이 있다. 먼저, 집단 구성원은 자신이 다른 사람에게 도움이 되었다고 느끼기 위해 다른 사람에게 도움이 되고자 한다는 점이다. 집단 압력이 종종 일대일 개별 상담보다 개인의 부적응 행동을 변화시키는 데 효과적으로 작용한다. 또한, 집단 치료는 치료자가 여러 사람을 동시에 치료할 수 있다는 점에서 시간을 절약할 수 있다는 장점이 있다. 집단 치료는 특히 심한 우울감을 호소하는 사람, 음주 문제가 있는 사람, 신체적·성적 폭력 피해자인 경우, 심리적으로 마약 등에 중독되어 있는 사람, 말기 질환을 앓고 있는 사람, 가족과 사별을 앞두고 있거나 사별을 경험한 사람, 미혼 부모인 경우, 최근에 이혼한 경우, 섭식장애가 있는 경우에 효과적이라고 알려져 있다(Zastrow, 2018).

2) 특성

집단 대상 사회복지실천이 개인 및 가족 대상 사회복지실천과 구별되는 가장 큰 요인은 상호원조이다. 사람들은 타인과의 관계 및 상호작용을 통해 성장하고 발전하는데, 집단 대상 사회복지실천은 이 점을 잘 활용하는 실천방법이 된다.

(1) 목적지향직인 활동

집단 대상 사회복지실천에서 추구하는 목적에는 집단구성원의 지지와 교육, 사회화와 개인적 성장, 문제 해결, 지도력 개발, 사회환경의 변화, 조직 및 지역사회에 대한 통제력 증진 등이 포함된다.

(2) 집단구성원, 전체 집단, 집단이 속한 환경이라는 세 가지 초점 영역

개별구성원의 목표는 물론 전체 집단의 목적에도 초점을 두며, 집단은 기관의 서비스 전달체계, 자원과 정책, 지리적 위치 등의 집단 환경에도 영향을 받는다.

(3) 주로 소집단과 활동

소집단은 집단구성원으로서 정체감을 가지고 있고, 상호작용에 참여하며, 언어적 또는 비언어적 의사소통 과정을 통해 집단구성원 간의 사고와 감정을 교환할 수 있다. 이에 집단 대상 사회복지실천은 주로 소집단과 활동하는 특성을 갖는다.

(4) 집단 대상의 다양성

집단 구성원은 고통받는 개인뿐만 아니라 건강한 개인으로 구성된 집단까지 아우른다. 집단구성원의 예방부터 재활에 이르는 다양한 활동이 포함된다.

(5) 치료집단(treatment group)과 과업집단(task group)의 활동 영역을 모두 포함

집단 대상 사회복지실천은 집단이라는 수단을 통해 집단구성원의 욕구 충족과 전체 집단의 목적 달성을 원조하는 직접적인 서비스인 치료집단과 위원회의 운영, 사례회의, 교육 등 간접적인 서비스인 과업집단을 포함한다.

(6) 전문가인 사회복지사의 지도와 원조하에 이루어짐

사회복지사는 개인과 집단에 대한 과학적 지식과 실천 경험을 토대로 개인과 집단 그리고 집단 환경을 사정하며, 원칙에 따라 기술적인 도움을 제공한다.

(7) 체계적인 하나의 과정으로 진행

일련의 집단사사회복지실천의 과정에 따라 이루어지며, 집단발달단계에 따라 집단의 역동성이 발생하고 집단구성원은 시행착오의 과정을 통해 배우고 성장한다.

더 알아보기

NASW(2010) "This Could Be You: The Many Faces of Social Work" 영상

- 내용: 다양한 사회복지실천 현장에서 사회복지사가 개인, 가족, 집단을 대상으로 미시적 사회복지실천을 하는 모습을 확인할 수 있는 교육 영상임.
- 활동 질문 : 여러분은 사회복지사가 미시적 수준에서 사회복지실천을 하는 모습을 상상하면 어떤 장면이 떠오르나요? 다른 분야의 현장에서 상담을 하는 것과는 어떤 차이가 있을까요?

2절 사회복지실천의 가치와 이론

1. 사회복지실천의 가치

사회복지실천의 대표적인 가치를 잘 보여주는 전미사회복지사협회(NASW)의 6가지 사회복지실천 원칙은 다음과 같다. 아래의 사회복지실천 원칙은 사회복지실천의 가치이자 사회복지사로서의 전문적 윤리와 연결된다.

1) 인간의 존엄성과 가치(dignity and worth) 존중

사회복지사는 사회복지실천을 함에 있어 인간의 천부적 존엄성과 가치를 존중한다. 아울러 개인적 차이와 문화적, 인종적 차이를 존중한다. 사회복지사는 클라이언트의 책임 있는 의사결정을 증진하고, 욕구 충족을 위한 클라이언트 자신의 능력과 기회를 향상할 수 있도록 노력한다. 또한 사회복지실천에서는 사회에 대한 책임도 인식하여 사회복지사는 클라이언트의 이익과 사회이익 간의 갈등을 해결하기 위해 노력한다.

2) 사회정의(social justice)

사회복지실천은 특히 사회적으로 취약한 위치의 사람들을 위하여 그들과 함께 활동하고 나아가 사회적 변화를 추구하는 가치에 중점을 둔다. 사회복지사는 빈곤, 실업, 차별, 기타 사회적 불의의 문제를 해결하기 위한 사회 변화에 노력을 기울인다.

3) 봉사(service)

사회복지실천의 일차적 목표는 욕구를 갖고 있는 사람들을 원조하고 사회문제를 해결하는 것이다. 사회복지사는 자신의 이익을 초월하여 자신이 지닌 지식, 가치, 기술을 활용하여 다른 사람들과 사회문제의 해결을 위하여 봉사한다.

4) 인간관계(human relationships)

사회복지실천은 휴먼서비스(human service)로, 사회복지사는 인간관계의 중요성을 인식해야 한다. 사람들 간의 관계는 변화를 위한 중요한 수단이기 때문에 사회복지실천의 과정에서 사람들을 파트너로 참여하도록 한다.

5) 정직과 성실(integrity)의 원칙

사회복지실천은 전문직의 사명, 가치와 윤리적 기준을 인식하고 이에 부합하도록 이루어져야 한다. 사회복지사는 정직하고 책임 있게 행동하고 자신이 소속한 조직의 입장에서 윤리적 실천을 증진시킨다.

6) 능력(competence)의 원칙

사회복지실천은 이를 수행하는 사회복지사의 능력 범위 내에서 이루어진다. 이에 사회복지사는 전문적 지식과 기술을 향상하고 실천에 적용하기 위하여 끊임없이 노력 하여야 한다.

2. 사회복지실천의 이론

사회복지실천의 이론은 시대적 변화, 주요 개입 대상 및 실천 현장의 특성에 따라 다양하다. 본 장에서는 사회복지실천의 대표적인 이론이자 관점이 되는 생태체계이론과 강점관점을 중심으로 설명하고자 한다.

1) 생태체계 이론

'환경 속 인간(PIE, Person In Environment)' 관점은 사회복지실천의 주요 관점이다. 사람은 자신을 둘러싼 환경 속에서 다른 사람이나 집단, 사회 등과 관련을 맺으며 살아가기 때문에, 사회복지실천은 사람의 복지를 증진하기 위해 환경을 중요하게 여긴다. 많은 사회복지실천 접근들은 '환경 속 인간(PIE)' 관점으로부터 실천 지식이나 기술을 도출하였으며, 사회복지실천의 대표적인 생태체계이론은 PIE 관점을 구체화한 것으로 볼 수 있다(김영종·김은정, 2022).

생태체계(ecology-system)이론은 생태학과 체계이론을 결합하여 인간 삶과 환경 간의 관련성을 설명한다. 생태학은 인간과 환경 간 적응적 교류에 중점을 둔 이론으로 생활에서 초래되는 스트레스와 이에 대한 대처를 설명하였다(Germain, 1995). 체계이론은 현상을 여러 체계들 및 체계의 요소들 간의 관계를 통해 설명하며, 클라이언트 체계의 변화를 돕는 개입지점과 유형이 있음을 강조하였다(Sheafor & Horejsi, 2008). 사회복지실천에 생태체계이론을 적용하면, 사람들의 욕구 및 문제가 어떤 차원의 체계 요소들과 어떠한 맥락에서 관련되어 있으며, 어떤 체계 및 체계들 간의 변화를 돕는 개입이 필요한지 등을 파악할 수 있다(전혜성 외, 2022).

생태체계의 차원은 미시체계, 중간체계, 외(부)체계, 거시체계들로 구분할 수 있다.

(1) 미시체계(micro system)

개인의 생활에서 직접적이고 대면적으로 상호작용하는 요소들로 구성된 체계이다. 아동을 예로 들면 가족, 친구, 학교 등이 포함될 수 있다.

(2) 중간체계(meso system)

중간체계는 미시체계들을 개별 요소로 해서 이들 간의 관계로 나타나는 체계이다. 개인의 입장에서 가족과 학교 간의 관계, 친구와 학교 간의 관계 등이 중간체계가 된다.

(3) 외(부)체계(exo system)

미시 및 중간체계의 상층 외부에 형성되어 있는 체계이다. 외부체계를 구성하는 요소들은 대인적 관계 차원을 벗어난다. 아동이 거주하고 있는 지역사회의 경제 상황이나 문화 수준 등이 될 수 있으며, 아동의 입장에서 부모의 직장 등은 직접적 관련성은 낮지만 외부적으로 영향을 줄 수 있는 외부체계가 된다.

(4) 거시체계(macro system)

가장 거시적인 환경 체계이다. 외부체계가 지역사회 차원이 될 때에는 거시체계는 국가 및 사회 차원 정도에 해당된다. 국민의 인식이나 태도, 교육이나 문화, 복지 정책 등이 거시체계를 구성하는 요소들이다.

개인도 하나의 체계로 간주될 수 있으며, 개인 체계 안에는 심리, 정서, 신체 등의 여러 요소들이 유기적으로 연결되어 있는 것으로 본다.

사회복지실천에서는 생태체계이론에 근거하여 환경과의 상호작용에 초점을 두고 개인, 가족 및 집단의 복지에 접근한다. 생태체계이론에서는 모든 인간 행동은 내적인 욕구와 환경적인 욕구 사이의 조화를 찾기 위한 적응과정으로 본다. 사회복지실천은 복합적인 어려움을 겪는 사람과 사람의 환경 모두에 초점을 두고 이들의 상호작용 관계를 이해하고 다루기 위한 지식과 기술을 강조한다.

2) 강점관점

강점관점은 클라이언트를 돕는 과정에서 클라이언트를 문제와 결점, 병리적 현상으로 보지 않고 클라이언트의 관심, 잠재력, 역량에 주목하여 실천하는 접근이다. 클라이언트의 문제에 초점을 두고 개입하는 실천과정이 클라이언트의 문제해결에 도움이 되지 않는다는 반성에서 출발한 강점관점은 근대주의 관점에서 탈근대주의 관점으로 변환되는 시기와 맞물려 본격적으로 진행되었다. 사회복지 실천에서 강점관점을 강조한 Saleebey(2013)는 강점관점을 "클라이언트가 지닌 목적 및 꿈을 실현하게 하거나, 클라이언트 자신의 다양한 문제로부터 벗어나도록 돕는 사회복지 실천 활동의 전 과정에서 사회복지사가 클라이언트의 강점과 자원을 발견하고 드러내어 묘사, 탐색, 활용하려는 총체적인 노력"으로 정의하였다.

강점관점에서 강점은 인간 안에 있는 힘(power)을 강조하는데, Saleebey(2013)는 강점관점에 대한 체계화 작업을 통해 강점관점 실천원리를 지원하는 주요 용어로 변형성(plasticity), 플라시보효과(placebo effect), 권한부여(empowerment), 멤버십(membership), 탄력성(resilience), 치유와 온전성(healing & wholeness), 대화와 협력(dialogue & collaboration), 불신 중단(suspension of disbelief) 등을 제시하였다. 이와 같은 강점에 관한 어휘들은 사회복지사가 자신과 함께 일하는 사람들을 비난하기보다는 존중하게 하는 의미를 제공해 준다.

강점관점은 사회복지실천을 '전문적 지식에서 비롯되는 힘의 표현'으로 보는 시각에서 벗어나 '이용자가 원하는 삶을 향해 나아가기 위해 그 개인과 지역사회 안에 있는 힘과 협력하는 것'으로 보는 관점으로 전환하는 것을 의미한다(김경희 외, 2013). 비록 희망이 없고, 서비스를 완고하게 거부하는 사람일지라도 능력이 개발되도록 지원된다면, 유의미한 진보를 가질 수 있다고 보는 것이다(Brun & Rapp, 2001). 강점관점은 클라이언트와 클라이언트 가족이 지닌 특성을 인정하고 존중하며, 강점에 초점을 두고 가능한 자원을 활용하여 이들의 역량을 강화하도록 돕는 접근이라고 정리할 수 있다(김정화 외, 2022).

강점관점에 기반하여 사회복지실천을 할 때 유의해야 할 것은 실천과정에서

'강점'이라는 용어를 포함한 것만으로 강점관점을 적용하고 있다고 착각해서는 안 된다는 점이다. 사회복지실천과정에서 확인된 클라이언트의 '강점'은 클라이언트가 현재 겪고 있는 어려움과 변화에 대한 기대 등을 포괄하여 클라이언트를 이해하는 기반이 되어야 하며, 실천과정의 단계마다 충분히 담겨서 적용되어야 할 것이다.

3절 사회복지실천의 원칙과 실천과정

1. 사회복지실천의 기본 원칙

사회복지실천을 하려면 사회복지사와 클라이언트 간에 관계를 맺게 되는데 일반적인 관계가 아니라 전문적인 원조 관계를 맺게 된다. 원조 관계는 돕는 관계를 의미하는 것으로 전문적으로 누군가를 돕는 관계를 맺어 사회복지실천을 하게 된다. 최혜지 외(2021)는 사회복지실천 면접을 '돕기 위한 면접'으로 사회복지사가 클라이언트와 직접 접촉하여 클라이언트 개인과 가족의 삶을 힘들게 하는 어려움에 대처하고 문제가 되는 상황을 해결하기 위해 사회복지사로서의 지식과 기술을 활용하여 수행하는 대화라고 하였다. 즉, 사회복지사는 전문적으로 누군가를 돕는 관계를 맺어 사회복지실천을 하게 되는데, 이때 몇 가지 기본적으로 지켜야 할 원칙이 있다. 사회복지실천의 기본 원칙과 기술들은 앞으로 사회복지실천론 및 사회복지실천기술론 등의 교과목을 수강하면서 보다 상세하게 배우게 된다. 사회복지개론에서는 기본적인 원칙을 중심으로만 설명하고자 한다.

사회복지시실천의 기본 원칙 중에서도 특히 개별사회사업(case social work)에서 클라이언트와 관계를 맺는 7가지 원칙을 제시한 비에스텍(Biestek)의 관계의 7대 원칙을 중심으로 설명하면 다음과 같다(Biestek, 1957). 오래된 원칙이나 현재

에도 사회복지실천에서 기본이 되는 원칙으로 이야기된다. 이 원칙은 사람이 관계를 맺는 과정에서 기본적으로 가지고 있는 특성을 고려해서 제안되었다. 클라이언트가 사회복지사와 전문적인 원조 관계를 맺을 때 원하거나 기대할 것이라고 생각한 것들을 갖고 이 원칙들을 구성하였다.

1) 개별화

사람은 자신을 개별적인 존재로 알아봐 주고 대해지기를 원하는 마음이 누구에게나 있을 것이라고 생각하여 만들어진 원칙이 개별화이다. '개별화의 원칙'은 사회복지사가 클라이언트를 단순하게 학생, 고등학생, 청소년, 노인 등 대상 집단으로 대하는 것이 아니라 한 클라이언트의 개별적인 다양한 특성을 볼 수 있고 개별적인 특성에 맞춰 대하며 관계를 맺어야 한다는 것을 의미한다. 개별화의 원칙에 따라 사회복지사는 각 클라이언트의 독특한 특성과 자질을 알고 이해해야 한다.

클라이언트의 효과적인 적응을 돕기 위해서 사회복지사는 클라이언트가 처한 상황에 따라서 각기 다른 원리나 방법을 활용하는 것이다. 이미 서비스가 정형화되어 있으면, 특정 대상 범주에 포함하는 클라이언트에게는 특정 대상 집단을 위한 서비스를 단순하게 제공하면 된다. 그러나 개별화의 원칙에 따라 사회복지실천 서비스를 제공하면, 개인의 다양하고 복합적인 특성들을 이해하여 개입을 다르게 해야 한다. 그 과정에서 사회복지사는 의사소통기술, 공감력, 인간행동에 대한 지식 등 실천가로서의 역량을 갖추는 것이 매우 중요하다.

2) 의도적인 감정표현

의도적인 감정표현의 원칙은 클라이언트가 자신의 감정, 특히 부정적인 감정을 자유롭게 표현하고자 하는 욕구가 있다는 것에서 출발하였다. 사회복지서비스 기관에 클라이언트로 오게 될 때, 클라이언트는 감정, 특히 누군가에게 이야기하기 쉽지 않은 부정적인 감정에 가까운 감정들이 쌓여 있을 것이라고 생각하여 제안된 원칙이다. 사회복지사는 클라이언트의 감정을 자유롭게 표현할 수 있도록 격려하고 도와야 한다. 클라이언트가 감정을 표현하도록 사회복지사가 돕는 것이기 때문에, 사회복지사는 클라이언트의 표현을 잘 듣고 비난하거나 방해하지 않도록 한다.

3) 통제된 정서적 관여

사회복지실천에서 사회복지사가 클라이언트와 전문적인 원조관계를 형성하면서 정서가 함께 다루어져야 클라이언트 내면의 욕구의 내용과 맥락을 이해할 수 있다. '통제된'이라는 용어가 있는 이유는 사회복지사가 의식적으로 클라이언트에게 도움이 되는 방식으로 생각하면서 반응하고 관여함을 의미하기 때문이다. 사회복지사는 클라이언트의 감정표현에 민감하게 대처하고 클라이언트가 직·간접적으로 표현한 감정의 의미를 이해하고 클라이언트의 감정에 의도적인 목적을 가지고 적절하게 반응하도록 한다.

4) 수용

클라이언트가 사회복지사와의 전문적 원조 관계에서 가장 원하는 욕구 중 하나는 자신이 수용되기를 바라는 것일 것이다. 사회복지사가 클라이언트의 강점과 약점, 바람직한 행동과 그렇지 않은 행동, 긍정적인 감정과 부정적인 감정 등을 판단하지 않고 있는 그대로 수용하는 것이 '수용'의 원칙이다.

5) 비심판적 태도

비심판적 태도의 원칙은 수용의 원칙과 연결되며, 클라이언트에 대하여 사회복지사가 옳고 그름을 평가하지는 않는다는 의미이다. 일반적으로 사람들은 상담이나 도움을 요청할 때 자신의 부족하거나 잘못한 부분이 드러날 수 있다는 두려움을 갖고 있고, 이는 원조관계에서 방어적인 태도로 나타난다. 사회복지사가 클라이언트에 대해 심판하거나 비난하는 태도를 취한다면 클라이언트는 더욱 방어적인 태도를 취하며 자신의 욕구나 문제 상황에 대해 표현하지 않을 것이다. 다만, 비심판적인 태도를 취하는 것이 클라이언트나 타인의 생명에 위해가 되거나 법적 문제가 되는 일에 대해서도 받아들이라는 의미는 아니다.

6) 자기결정권

자기결정권의 원칙은 개인의 자유의지를 존중하여 클라이언트가 스스로 선택하고 결정할 수 있도록 원조하는 것을 의미한다. 클라이언트들은 힘든 상황에서 사회복지사를 만나게 되기 때문에 도움을 요청하고 사회복지사에게 의지하고 싶은 마음을 표현하기도 하지만, 사회복지사가 클라이언트의 자기결정권을 무시한 채 사회복지사가 다 알아서 결정하고 문제를 해결하려고 하면 오히려 클라이언트가 삶에 대한 의지를 잃고 사회복지서비스에 대한 만족감도 낮아질 수 있다. 즉, 사회복지사는 의존적인 클라이언트를 만나더라도 가능한 클라이언트가 스스로 결정할 수 있도록 계속 격려하고 클라이언트가 결정할 힘을 이끌어 내는 것이 중요하다. 자기결정권의 원칙은 단순히 클라이언트의 결정을 존중하는 것뿐만 아니라 클라이언트의 자기결정이 존중이 될 수 있도록 지지하거나 격려하는 것이 필요하다.

7) 비밀보장

비밀보장은 사회복지실천에서만 중요한 원칙이 아니라 모든 상담에서 중요한 원칙 중 하나이다. 다만, 비밀보장의 원칙이 지켜질 수 없는 몇 가지 상황들이 존재한다. 타인이나 자신의 생명에 위협이 된다고 판단되거나 법에 어긋나는 상황일 때에는 비밀보장을 지키기 어렵다. 사회복지사는 비밀보장의 원칙을 준수할 수 없는 상황일 경우에는 클라이언트에게 미리 고지를 하고 동의를 구해야 한다.

2. 사회복지실천의 과정

사회복지실천과정은 클라이언트의 문제해결을 돕고 대처역량을 향상한다는 목적을 달성하기 위한 원조 과정의 각 단계가 존재하며, 각 단계는 고유의 목표와 이를 위한 주요 과업과 기술이 필요하다(권중돈 외, 2022).

1) 초기 단계

(1) 접수

초기단계의 가장 첫 시작은 접수(intake, 인테이크) 단계이다. 접수 과정에서는 사회복지관을 찾아온 사람이 사회복지사를 처음 만나 자신의 욕구와 상황에 대한 기본적인 정보를 나누고, 사회복지사는 기관에서 그 사람에 대한 서비스를 제공할 수 있는지 여부를 1차적으로 판단하게 된다. 만약 해당 기관에서 그 사람에 대한 적절한 서비스를 제공할 수 없다고 판단되면, 필요한 서비스를 받을 수 있는 다른 기관으로 의뢰(referral)하게 된다.

(2) 자료수집

초기단계에서 사회복지사는 접수를 하면서 처음 만난 클라이언트가 어떤 문제와 상황에 처해 있는지를 파악하기 위해 자료를 수집하게 된다. 수집하는 자료는 일반적으로 개인에 대한 기본 인적정보, 개인력, 제시된 문제와 관련된 개인 및 사회적 자원과 한계점, 문제 상황의 배경과 맥락 등이 포함된다. 자료수집 과정에서 사회복지사는 우호적이고 인간적이며 전문적인 자세와 클라이언트에게 도움이 되고자 하는 진심어린 태도를 보여야 한다. 자료수집은 클라이언트 본인뿐만 아니라 문제 상황과 관련된 다양한 체계로부터 자료를 수집할 수 있다.

(3) 사정

사정은 수집된 자료를 해석하고 의미를 부여함으로써 클라이언트의 문제 및 욕구 상황을 종합적으로 규정하고 실천 방향을 정하는 과정이다. 자료수집이 클라이언트와 그의 상황을 이해하는 데 도움이 될만한 자료를 수집하는 작업이라면, 사정은 수집된 자료를 분석하고 심사숙고하여 문제를 규정해 내는 작업이다. 사회복지사가 미시적 사회복지실천방법에서 주로 사정하는 영역은 클라이언트의 정서 및 심리 상태, 역할 수행상의 어려움, 클라이언트의 개인력 및 가족력, 클라이언트의 강점과 스트레스 대처 방법, 가족의 구조와 기능, 사회적 지지 등이 된다.

클라이언트의 사회환경과 관련된 정보는 가계도(genogram)와 생태도(ecomap)를 활용하여 분석할 수 있다. 먼저, 가계도는 개인이 속한 가족관계에 대한 정보를 파악하기 위해 활용한다. 즉, 클라이언트의 양육환경, 특히 가족관계를 도식화함으로써 가족구조와 가족구성원에 대한 정보를 얻고 가족구성원 간의 관계를 기술하여 가족 상황을 일목요연하게 파악할 수 있다. 다음으로 생태도는 사회적 맥락에서 개인의 위치와 관계 특성을 파악하는 것이다. 클라이언트를 둘러싸고 있는 환경 속의 체계와 클라이언트 체계가 어떤 관계를 맺고 있는지를 파악함으로써 체계 내부에 대한 이해와 외부와의 연결 및 적응 정도를 이해하게 된다. 이러한 가계도와 생태도는 클라이언트와의 면접 내용을 근거로 해서 사회복지사와 클라이언트가 공동으로 작성하는 것이 원칙이다.

(4) 목표설정 및 계약

계획수립을 위해 사회복지사와 클라이언트가 문제에 대한 이해를 공유하면서 문제의 우선순위를 결정하고, 이에 근거하여 문제 해결을 위한 개입 목표를 설정하게 된다. 목표는 클라이언트의 상황과 역량을 고려하여 구체성, 실현 가능성,

측정 가능성, 성취 가능성, 시기 적절성 등을 고려하여 설정한다. 이러한 표적문제 또는 해결하고자 하는 욕구와 목표가 설정되면, 클라이언트 및 사회복지사 서로의 의무와 과업, 구체적인 실천활동을 상호 약속하는 계약을 맺게 된다. 계약(contract)은 사회복지사와 클라이언트가 이해한 내용의 본질을 요약하여 서로 검토하고 동의하는 과정이다. 계약은 계약당사자인 클라이언트와 관련된 주요 인물의 역할, 문제 또는 욕구 목록, 목표의 우선순위, 최종 목적 또는 목표, 사회복지사와 클라이언트의 과업과 책임, 개입 방법과 절차 및 평가방법 등으로 구성된다.

2) 개입단계

개입단계는 개입의 목표를 달성하기 위해 클라이언트와 클라이언트 주변 환경에 변화를 가져오는 개입 활동들을 수행하는 과정이다. 개입단계에서 이루어지는 사회복지실천이 클라이언트가 중심이 되어 클라이언트의 자기결정과 동기에 기반하여 이루어져야 실제적이고 지속가능한 변화가 일어날 수 있다.

이 단계에서 사회복지사의 개입 활동의 핵심은 문제를 해결하려는 클라이언트의 변화 노력을 지원하기 위해 생태체계이론 및 강점관점을 기반으로 구체적인 변화 전략을 수행하는 것이다. 이러한 개입은 필요에 따라 상담, 지역사회와의 자원연계, 새로운 자원 개발, 사회적 지지집단의 활용, 교육, 역할극 등 다양한 전략으로 구성할 수 있다. 또한 사회복지사는 계획대로 문제해결 과정이 적절하게 진행되고 있는지를 끊임없이 점검(monitoring)하고, 필요시에 계획을 수정하여 클라이언트의 내·외적 상황이 실제적으로 변화할 수 있도록 지지와 피드백(feedback)을 제공해야 한다.

3) 종결단계

사회복지실천과정의 마지막 단계인 종결은 클라이언트와 맺은 전문적 원조관계의 해체를 위한 체계적 절차를 의미한다. 목표가 달성되었을 때 종결단계에 이르는 것이 이상적이나, 간혹 목표가 다 달성되지 않았는데 개인적 또는 상황적 사유로 의도치 않게 종결되는 경우가 있다. 종결이 어떤 이유에서 이루어져야 하는지, 또 계획된 것인지 계획되지 않은 것인지에 따라 클라이언트와 사회복지사의 반응은 달라지기 때문에 상호 계획된 종결을 하는 것이 필요하다.

사회복지사는 종결과 관련해 클라이언트가 어떤 감정을 가지고 어떤 반응을 보이는지를 주의 깊게 파악하여, 클라이언트가 감정을 표현하고 처리할 수 있도록 도와야 한다. 이와 함께 종결에 대한 사회복지사 자신의 감정에 대해서도 검토해 보아야 한다. 또한 개입과정을 통해 얻은 성과의 유지와 강화를 위해 클라이언트가 문제 해결의 기본 원칙을 파악하도록 돕거나, 필요한 경우 사후관리(follow-up services)를 통해 클라이언트가 실천과정 이후에도 클라이언트의 삶 속에서 잘 적응하고 있는지를 점검해야 한다.

종결단계에서는 개입활동 전반에 대한 평가가 병행된다. 평가는 사회복지실천과정에서 계속해서 시행되는 활동으로 사회복지실천의 목적과 목표의 달성 정도를 확인하는 동시에 목적과 목표를 달성하기 위해 사용된 수단의 적합성을 검토하는 과정이다. 종결단계에서의 평가는 변화되기를 기대했던 결과들이 정말로 일어났는지를 확인하는 것이 가장 핵심이다. 즉, 완성된 개입과정을 관찰하고 사용된 특정 수단과 전략이 선택된 이유와 그 개입방법이 실제로 효과가 있었는지를 확인하는 것이다. 평가는 사회복지사와 사회복지기관이 클라이언트와 지지자원 그리고 사회구성원에게 책무성을 증명하기 위해 반드시 필요한 작업이다. 따라서 사회복지사는 목적 달성 정도를 평가하는 효과성 평가, 비용의 결과를 검토하는 효율성 평가, 결과를 중심으로 보는 총괄평가, 그리고 과정의 적절성을 중심으로 보는 형성평가를 함께 시행한다.

4절 사회복지 사례관리의 이해

1. 사례관리의 개념

사례관리는 최근 사회복지실천에서 가장 중요한 서비스 전달 방법으로 평가되며, 사회복지관은 물론 사회복지의 공공영역 및 다양한 민간영역에서 활발하게 수행되고 있다. 1970년대에 미국에서 시작된 사례관리는 이후 영국, 일본, 우리나라에 전파되었다. 우리나라에서는 1992년 『사회복지신문』에 사례관리가 처음 소개되었다(전혜성 외, 2022). 그 후 지금까지 한국 사회복지의 다양한 분야, 실천현장에서 효과적인 서비스 전달방법으로 인정을 받으며 발전해 왔다.

사례관리의 대표적 학자인 Moxley(1989)는 '사례관리는 복합적인 욕구를 가진 사람들이 그 기능을 최대한 발휘하여 건강하게 지낼 수 있게 하는 것을 목적으로, 공식적 및 비공식적 지원과 활동의 네트워크를 지속적으로 조직하고 조정하는 것을 의도하는 사람 또는 팀의 활동이다.'라고 정의하였다. 사례관리는 자립적으로 생활을 유지하기가 어렵고 복합적인 욕구를 가진 사람들의 기능 강화와 건강한 삶을 지원하기 위해, 그들에게 필요한 서비스를 적기에 지속적으로 제공하는 전달체계이자 실천방법이다.

사례관리를 필요로 하는 주요 대상은 복합적이고 만성적인 문제를 가진 사람들로 장애인, 노인, 빈곤아동, 물질남용 등 특수한 위기 상황에 있는 사람들이다. 사례관리자가 제공하는 사례관리 서비스는 인간이 살아가는 데 필수적인 자원들로 매우 복합적이며, 사례관리자가 상담 및 교육 등의 방식으로 직접 서비스를 제공하는 직접적 서비스와 필요한 자원들을 연계하는 간접적 서비스 형태의 서비스망으로 구성된다. 이러한 서비스는 자격을 갖춘 사례관리자 개인 또는 다양한 제공자로 구성된 사례관리팀에 의해 제공된다. 궁극적인 사례관리의 목적은 대상자의 사회적 기능 회복과 욕구 충족을 지원하여 그들의 지역사회에서의 생활 적응력과 삶의 질을 향상시키고자 하는 것이다.

최근 한국사례관리학회에서는 사례관리를 만성적·복합적 욕구가 있는 대상자와 가족의 사회적 기능 회복을 위해 운영체계를 확립하고, 이를 기반으로 체계적 사정과 지역사회의 다양한 자원을 활용하여 지속적이고, 효과적인 사회복지서비스를 제공하는 통합적 실천방법으로 정의한다(한국사례관리학회, 2020).

2. 사례관리의 특성

사례관리의 대표적인 특성은 다음의 다섯 가지 요소로 요약될 수 있다.

- 복합적이며 장기적인 욕구 및 문제를 가진 대상자가 주요 대상이다.
- 대상자가 제시하는 욕구 충족, 문제해결을 위해 복합적인 서비스를 제공한다.
- 단순한 대상자의 욕구 충족만이 아니라, 더 나아가 스스로 문제를 해결할 수 있는 사회적 기능을 향상시키기 위해 서비스의 연속성을 보장한다.
- 서비스의 효과성과 효율성을 높이기 위해, 포괄적인 서비스 제공과 동시에 서비스의 조정도 수행한다.
- 비공식, 공식 지원체계의 다양한 서비스의 활용을 극대화하고, 특수한 기능 문제를 가진 대상자를 위해서는 임상서비스도 제공한다.

1) 대상자 차원: 복합적인 욕구를 지속적으로 가진 개인 및 가족

사례관리는 복합적인 서비스 욕구를 지닌 대상자를 위한 보호책으로서 대상자가 적절한 시기에 필요한 서비스를 제공 받도록 보장하는 것이다. 사례관리의 주요 대상들은 복합적이고 만성적인 문제를 가진 사람들로 장애인, 노인, 빈곤아동, 물질남용 등 특수한 위기 상황에 처한 사람들이다.

2) 서비스 차원: 통합적 서비스를 비용 효과적으로 제공하는 전달체계

사례관리는 서비스 전달체계에서 탈시설화의 영향으로 발생한 서비스의 단편성, 분산, 불연속성, 비접근성, 중복의 문제를 해결하고 비용 효과적으로 서비스를 전달하고자 하는 방법이다.

3) 자원전달체계인 동시에 임상서비스의 제공 통로

사례관리는 효과적인 서비스 전달체계인 동시에 임상서비스를 제공하는 통로이다. 사례관리자는 조력자(enabler)로서 역할을 하며, 촉진자(facilitator)로서 사회적인 시설, 조직, 기관과 서비스 욕구가 있는 개인들 사이에서 상호교섭하고 연락체계를 제공한다.

4) 만성적인 질병 또는 기능상실의 대상자를 위한 직접서비스 중시

임상을 강조하는 사례관리 개념에서는 질병 또는 기능상실로 인한 대상자의 적응 문제를 지원하는 사례관리 기능을 강조한다. 사례관리에서 대상자와 사례관리자의 전문적 관계 형성을 기반으로 임상적이고 전문적인 서비스를 제공할 때, 사례관리가 대상자와의 지속적인 관계 속에서 대상자 및 가족의 변화하는 욕구를 충족할 수 있다.

5) 체계적인 서비스 제공과정

일반적인 사례관리 과정에는 초기단계-사정단계-계획단계-실행 및 점검단계-평가 및 종결단계-사후관리가 포함된다. 사례관리는 보다 계획적이고 체계적인 제공과정을 통해 서비스 효과성과 비용 효율성을 지향한다.

3. 사례관리의 과정

최근 우리나라에서 사례관리가 공공과 민간의 많은 사회복지기관들에서 핵심 사업으로 진행되면서, 사회복지 분야별로 사례관리 실천과정에 따른 사회복지사의 구체적인 직무가 매뉴얼화되고 있다. 공공 영역의 사례관리, 아동 사례관리, 청소년 사례관리, 노인 사례관리, 장애인 사례관리, 마을 사례관리 등 다양한 사회복지 분야에서 사례관리 실천과정이 조금씩 다르게 규정되기도 하나, 사례관리 실천과정은 일반적으로 다음과 같이 초기단계, 사정, 계획, 실행과 점검, 평가와 종결의 5단계로 구분할 수 있다(전혜성 외, 2022).

1) 초기 단계

사례관리의 초기단계는 사례관리자가 대상자를 발견하여 대상자가 새로운 도움 환경에 적응하고 문제해결을 위한 파트너십을 형성할 수 있도록 돕는 초기 접촉단계이다. 이 단계에서는 사례관리를 필요로 하는 대상자를 처음 만나 대상자가 호소하는 어려움들에 대해 공감하고 주변의 자원들을 탐색하면서 사례관리의 필요 정도를 확인하여(김세진, 2018), 대상자와 함께 사례관리서비스 시작 여부를 결정한다. 사례관리자는 기관의 사례관리대상자 선정기준 등을 고려하여 대상자에 대하여 사례관리서비스를 진행할지 혹은 다른 기관으로의 연계가 필요할지 혹은 비교적 단순한 서비스 지원이 이루어지면 될지를 파악한다. 이후 사례회의 등의 공식적인 절차를 통해 사례관리대상자 선정 여부를 결정하게 된다(한국사례관리학회, 2020). 사례관리의 초기단계에서는 대상자의 발견, 접수 및 초기상담(인테이크), 사례관리대상자 선정 및 동의가 주요 내용이다.

2) 사정 단계

사례관리의 사정단계에서는 대상자가 필요로 하는 서비스가 무엇인지, 대상자의 충족되지 못한 욕구는 무엇인지를 종합적으로 검토하고 사례회의 등을 통해 논의하여 대상자에 대한 사례관리 실행의 수준과 서비스 계획의 기본 방향을 제시하게 된다. 이에 사정은 구체적인 사례관리 서비스 계획에 대한 정당성의 근거가 된다.

사정단계에서의 과업은 크게 욕구사정과 자원사정으로 구분할 수 있다. 욕구사정이란 어떤 서비스가 필요한가를 결정하는 전 단계로, 대상자가 경험하고 있는 문제나 일반적으로 문제라고 인식되는 상황에 대한 정밀한 분석을 통해 변화의 방향이나 변화의 목표를 설정하기 위한 과정이다. 욕구사정의 주요 기능은 문제 혹은 서비스에 대한 요구를 욕구로 전환하는 것이다(한국사례관리학회, 2020). 자원사정은 사례관리대상자의 내적 및 외적 자원의 활용과 확장을 위한 분석이다. 자원은 대상자의 내적·외적 자원과 대상자의 변화를 위해 필요한 물적 자원, 도움을 제공하는 사람들과 사회적 기관 혹은 조직 등 모두가 포함된다.

3) 계획 단계

계획 단계는 사정을 통해 작성된 욕구목록을 실행으로 옮기기 위한 전략을 설정하는 단계이다. 계획 단계에서는 사정을 통해 밝혀진 내용에 기반을 두고 달성하고자 하는 변화목표를 분명히 하며 이러한 변화목표를 달성하는 데 필요한 전략, 방법으로서의 서비스를 구성해 가는 논리적 과정이다(한국사례관리학회, 2020). 이 단계에서 사례관리자는 대상자가 자신의 문제를 직면하고 해결하기 위해 적극적으로 참여할 수 있도록 독려해야 한다.

4) 실행과 점검 단계

실행과 점검 단계는 수립된 사례관리 계획의 목적달성을 위한 활동 과정을 의미한다. 이 단계는 사례관리의 전 과정에서 사례관리자의 수행 내용이 가장 눈에 보이는 과정이다. 대상자는 계획된 바에 따라 문제해결 과정을 주체적으로 추진한다. 실행 역할을 분담받은 자원망은 대상자의 목표달성을 위해 대상자에게 정해진 서비스를 제공하고 실행 계획상 함께 참여하는 다른 자원망 간의 원활한 소통을 위해 사례관리자의 점검과 조정에 협력하게 된다. 사례관리자는 대상자와 자원망에 대하여 각각의 계획 실행이 원만하게 이뤄질 수 있도록 관리하고 이들 간의 활발한 상호작용이 이뤄질 수 있도록 조정하는 역할을 수행한다. 또한 사례관리자는 사례관리대상자가 자신의 욕구를 충족시킬 수 있는 자신의 능력을 강화하도록 지원하기 위해 위기개입, 교육, 상담 등의 직접실천을 수행한다.

5) 평가와 종결 단계

사례관리대상자의 욕구나 문제가 다면적이고 복합적이며, 지속적이고 만성적인 경우가 대부분이기 때문에 일정 기간의 사례관리를 통해 대상자의 욕구와 문제가 충분히 해결되고, 자립과 자활의 능력을 갖추기 쉽지 않아 종결이 쉽지 않다. 그렇다고 해서 종결을 하지 않고 무한정으로 사례관리를 진행하는 것은 제한된 자원과 효율성 측면에서, 또한 대상자가 사례관리를 통해 이루어 낸 변화를 계기로 추후 외부의 도움 없이 생활할 수 있다는 가능성을 간과한다는 점에서 바람직하지 않다. 따라서 적절한 시기에 사례관리의 종결은 이루어져야 한다(전혜성 외, 2022).

사례관리의 종결은 평가와 사후관리가 포함된다. 사회복지실천과 마찬가지로 사례관리에서도 서비스에 대한 책무성(accountability)과 이를 확인하기 위한 평가활동이 강조된다. 사례관리 평가와 실행이 분리되지 않도록 목표달성 정도 및 대상자의 변화를 평가하며, 목표달성을 위해 제공된 서비스에 대해 대상자의 만족도와 적절성을 평가한다. 사례관리 종결 후에는 사후관리를 통해 대상자가 변화를 어느 정도 유지하고 있는가 모니터링하여 대상자의 변화된 상태를 유지할 수 있도록 지원하고 위기 상황으로의 재발을 예방한다.

9장

사회복지의 중범위 및 거시적 실천방법

학습목표

- 지역사회복지의 개념, 구성체계, 접근방법 및 실천과정에 대해 파악한다.
- 사회복지행정의 개념, 원칙 및 과업에 대해 이해한다.
- 사회복지정책의 개념 및 가치에 대해 이해한다.

1절 지역사회복지의 이해

지역사회복지는 지역사회를 기반으로 하는 사회복지 실천방법이다. 전통적으로는 지역사회복지에 대해 지역사회조직(community organization)이라는 용어가 사용되었다. 지역사회조직은 미국 사회복지실천의 역사에서 개별사회사업(case social work), 집단사회사업(group social work)과 함께 대표적인 방법론 중 하나로 분류되어 수행되어 왔다. 미국에서는 전문가주의에 기반을 둔 지역사회조직이라는 용어를 선호한 반면, 영국에서는 지역사회사업(community work) 또는 지역사회보호(community care)라는 용어를 사용하였다. 우리나라에서는 지역사회를 기반으로 하는 사회복지 실천방법에 대해 '지역사회복지'라는 용어를 주로 사용한다.

1. 지역사회복지의 정의

1) 지역사회복지의 개념

지역사회복지는 지역사회의 수준에서 지역사회의 문제들을 해결하고 지역사회에 살고 있는 구성원들의 안녕과 복지를 이루기 위해서 행해지는 일련의 전문적인 사회복지 방법이라고 정의할 수 있다. 사회과학적 개념들은 다양한 차원에서 정의내릴 수 있어, 지역사회복지 또한 넓은 수준의 의미와 좁은 수준의 의미로 나누어서 살펴볼 수 있다. 지역사회복지의 개념을 협의의 개념으로 좁게 정의할 때에는 지역사회복지는 지역사회를 활용하나 그 초점이 지역사회 구성원의 욕구나 문제해결에 초점을 두는 것이다. 광의의 지역사회복지는 지역사회 자체를 대상으로 하여 직접서비스보다는 체계와 환경의 변화, 제도의 개선 등과 같은 거시적 측면의 개입에 초점을 두는 것이다(홍현미라 외, 2010).

지역사회복지를 좁게 정의할 때는 지역사회를 활용하는 개입이지만 초점이 구성원 각각인 경우가 많다. 예를 들어 재가사회복지서비스를 담당하는 사회복지사는 지역사회에 거주하는 구성원들 중 독거어르신 가구 등 위기를 경험할 가능성이 높은 가정에 방문하여 필요한 서비스를 제공하게 된다. 이러한 재가복지서비스는 지역사회 자체를 변화하기 보다는 지역사회 자원들을 활용해서 가구의 심리사회적 위기들을 해결하여 지역사회 구성원들의 복지를 향상하고자 하기 때문에 협의의 지역사회복지의 예가 될 수 있다. 광의의 지역사회복지는 직접적으로 지역사회 구성원에게 서비스를 제공하는 것보다는 제도의 개선, 환경의 변화를 포함하게 된다. 지역사회의 조례를 제·개정하거나 새로운 예산을 편성하는 등의 활동은 지역사회의 전체적인 환경의 변화를 가져오기 때문에 광의의 지역사회복지의 예가 된다.

2) 지역사회의 개념

지역사회복지의 개념 정의를 위해서는 지역사회의 개념 정의가 중요하다. 모리스와 헤스(Morris & Hess, 1975)는 지역사회를 그 규모에 관계없이 지역주민의 소속감과 구성요소로서 공유하는 생활터전을 의미한다고 하였다. 지역사회는 '영역(area)', '공통적 연결(common tie)', '사회적 상호작용(social interaction)' 등의 구성요소를 포함한다. 지역사회의 개념에는 지역주민의 협력적인 공동체 또는 지역사회의 연대의식 등의 의미가 함축되어 있다고 볼 수 있다.

워렌(Warren) 등이 제시한 좋은 지역사회의 특징은 지역적 자치성, 서비스 영역의 일치성, 지역에 대한 주민들의 심리적 동일시, 수평적 유형이다.

▶ 지역적 자치성

지역적 자치성은 지역사회가 외부의 압력 없이 자립하여 자율적인 자기결정권을 확보할 수 있는 것을 의미한다.

▶ 서비스 영역의 일치성

서비스 영역의 일치성 지역사회 내에서 다양한 영역의 서비스를 이용할 수 있는 것을 의미한다. 어느 지역에 거주하더라도 보건의료서비스, 교육서비스, 문화예술서비스 등 인간다운 생활을 위한 다양한 사회서비스가 접근가능한 것이 좋은 지역사회의 특성이라고 본다.

▶ 지역에 대한 주민들의 심리적 동일시

주민들의 심리적 동일시 지역사회를 중요한 준거집단으로 생각하는 정도를 의미한다. 지역의 구성원이 자신의 지역사회를 중요한 준거집단으로 생각하는 정도는 지역에 대한 소속감과도 연관될 수 있다.

▶ 수평적 유형

수평적 유형은 지역사회 내 상이한 단위조직이 구조적, 기능적으로 잘 연결되어 있어 협력이 잘 되는 특성을 의미한다.

더 알아보기

- 여러분들은 자신의 지역사회가 얼마나 중요한가요?
- 여러분이 생각하는 건강한 지역사회의 특성은 무엇입니까?
- 여러분의 생활 속에서 건강한 지역사회의 특징을 경험한 적이 있다면 소개해 주세요.

2. 지역사회복지의 구성체계

지역사회복지의 구성체계는 지역사회복지를 하는 주체, 지역사회복지의 대상, 그리고 지역사회복지를 실천하는 방법 3가지로 구성된다.

1) 주체

지역사회복지 주체는 지역사회복지를 실천하는 주된 체계를 의미한다. 주체는 사회복지사, 가족, 종교단체, 시민단체, 지역사회복지관, 정부 등에 이르기까지 다양하다. 대표적인 지역사회복지 주체는 지역사회복지기관, 중앙정부 또는 지방자치단체에서 하는 경우가 가장 많고, 그 외에 교회나 시민단체에서도 지역사회복지 활동을 수행한다. 미국의 경우 민간조직이 활성화되어 있어서 종교단체나 시민단체에서의 활동이 활발하고, 영국이나 유럽의 국가는 정부 주도하에 지역사회보호 및 재가복지사업과 같은 지역사회복지 정책들이 집행되는 경우가 많다.

2) 대상

지역사회복지의 대상은 지역복지가 일차적으로 관심을 가진 체계가 된다. 문제에 봉착한 지역주민이나 문제를 야기하는 지역적 상황이 지역사회복지의 대상이 된다. 지역사회조직과 지역개발의 경우 주로 지역주민이나 이익집단이 대상이 되고, 지역사회보호의 경우 보호가 필요한 노인, 장애인, 아동 등이 대상이 된다(권중돈 외, 2022). 또한, 지역사회의 대상은 사람 뿐만 아니라 지역사회의 욕구와 문제가 되는 다양한 지역적인 심리·사회·경제적인 상황이 될 수 있다. 예를 들어, 범죄, 비행, 지역사회의 해체, 불평등 등의 상황 또한 지역사회복지의 대상이 된다.

3) 방법

지역사회복지에 대한 방법은 이상적인 지역사회를 이룰 수 있도록 하는 정책적인 접근과 실천적인 접근 모두 가능하다. 지역사회복지의 내용은 지역사회에 존재하는 자원을 적절하게 재분배하여 지역적 불리함이 없도록 하고, 잠재적인 지역사회 자원을 창조적으로 활용하고 개발하여 지역사회의 다양한 욕구들을 해결하며, 지역주민들 간 관계망이 형성되는 상황들을 만드는 노력들이 포괄적으로 포함된다. 특히 지역사회기관의 활용, 지역사회복지위원회와 같은 중간집단의 활용한 조정과 통합, 지역사회복지 프로그램 개발과 운영, 지역사회통합을 목적으로 지역주민의 의식변화를 촉진하는 교육 등의 방법, 지역사회복지의 재정확보 등을 중요하게 여긴다.

3. 지역사회복지의 접근방법

지역사회복지는 아래와 같이 다양한 방법으로 접근할 수 있다(백종만 외, 2015).

1) 제도적 접근

지역사회복지 접근방법 중 가장 거시적인 접근으로 공공부조 및 사회복지서비스 관련 제도가 지방자치단체의 사회복지 전달체계를 통해 제도적으로 집행되거나 개선되도록 하는 접근을 의미한다.

2) 전문적 접근

전문적인 지역사회복지 실천기술들을 활용한 접근을 의미한다. 지역사회복지 실천기술들은 지역사회조직화, 자원 개발, 지역사회교육, 지역사회 갈등 조정 등의 기술이다.

3) 사회운동적 접근

사회운동적 접근은 사회변화 또는 사회문제 해결을 위해 사회구성원의 참여로 이루어지는 집합적이고 지속적인 행동을 의미한다. 이는 사회문제에 대해 지역사회구성원이 집합적으로 대응하는 과정에서 이루어지며, 그 형태와 성격은 사회문제와 운동주체에 따라 다양하다.

4) 상조적 접근

상조적 접근은 지역사회구성원이 활동의 주체가 되는 점에서 사회운동적 접근과 비슷하지만, 그 목적이 구성원 상호 간의 자조 혹은 상부상조 활동에 있다는 점에서 차이가 있다. 우리 사회의 전통적인 두레, 계, 품앗이 등이 이 유형에 속하며, 최근에는 지역사회복지관 등에서 운영하는 지역주민 자조모임, 동아리 활동, 자치회 활동 등이 이 유형에 포함될 수 있다.

5) 지지적 접근

지지적 접근은 위의 다양한 지역사회복지 접근들을 보조 및 지원하거나 연계하는 성격을 갖는 접근이다. 사회봉사활동 및 모금 조직을 조직하거나, 협의회나 연합회 결성을 통해 지역사회복지실천을 지지하는 활동들이 이에 해당한다. 사회봉사단체, 사회복지공동모금회, 사회복지협의회, 분야별 사회복지서비스 협의기구 등이 이 접근에 속한다.

> **더 알아보기**
>
> **KBS 다큐멘터리 〈월요기획 - 현장기록: 사회복지사가 만나는 세상〉 2018. 4. 9.**
>
> - 기획 의도 : 스스로 감당하기 어려운 위기에 처한 사람들이 최소한 인간적 삶을 누릴 수 있도록 지켜주는 마지막 보루, 사회복지사. 소셜 워커라 불리는 이들은 도움이 필요한 사람들을 직접 찾아 어려움을 해결해 주고, 필요한 서비스를 연결해 주는 전문가다. 각 분야로 점점 확산되며 갈수록 중요해지고 있는 사회복지사의 역할, 이들의 고군분투를 만나본다.
> - 활동 질문 : 여러분은 지역사회복지실천에서 어떠한 접근방법이 가장 필요하다고 생각하시나요? 지역사회 상실 관점이 대두되고 개인화되는 사회 속에서 지역사회복지 실천은 어떠한 방향으로 접근해야 한다고 생각합니까?

4. 지역사회복지의 실천과정

지역사회복지의 실천과정은 일반적인 사회복지실천의 과정과 크게 다르지 않다. 기본적으로 문제가 무엇인지를 규명하고 확인하는 과정으로 시작되며, 다음으로 그 문제가 어디에서 비롯되었고 무엇이 주요 원인이며 가능한 해결 방법들이 무엇인지를 분석하는 사정 과정으로 이어진다. 이후 문제 해결을 위한 계획을 수립하고 실행하는 과정에서 지역사회의 특성을 고려한 계획을 수립하고 실행을 위한 다양한 전략과 전술들을 활용할 필요가 있다. 실행이 이루어진 후에는 계획과 실행과정의 적절성에 대한 평가 과정이 이루어진다.

1) 문제확인

문제확인은 지역사회에 내재해 있거나 표출된 문제를 규명하는 작업이다. 먼저 지역사회의 충족되지 않은 욕구와 문제를 찾아내는 일을 수행하게 된다. 발견된 지역사회의 욕구와 문제의 상황과 원인, 문제에 대한 지역주민들의 인식 등을 파악한다.

2) 지역사회 사정

지역사회복지 실천과정에서의 사정은 지역사회의 욕구와 자원을 파악하는 과정이다. 이 과정에서는 지역사회의 다양한 이슈와 문제를 포괄해야 하고, 지역사회에 대한 정보와 이용 가능한 자원에 대한 파악이 필요하며, 자료수집과 분석을 통해 공식적이고 체계적인 접근이 필요하다.

3) 계획 및 실행

계획 과정에서는 지역사회의 욕구와 문제를 분석하여 문제해결에 필요한 정책이나 프로그램을 개발하는 단계이다. 문제 해결을 위한 구체적인 목표를 설정하여 지역주민에게 제공될 서비스가 무엇인지, 어느 정도인지, 언제까지인지, 어떻게 제공될 것인지 등에 대한 세부적인 전략을 수립한다. 이때 지역사회의 특성을 고려한 실천계획이 수립되어야 한다.

실행단계에서는 계획에 맞춰 지역사회복지 정책이나 프로그램을 실행하는 단계이다. 실행단계에서는 목표를 달성하기 위한 지역사회복지실천의 다양한 개입전략과 전술을 고려하여야 한다. 지역사회복지의 주요 전략과 전술은 협력, 캠페인, 협상, 경쟁 또는 대항, 대중교육, 설득, 대중매체 활용, 대중호소, 대중집회 등이 있다.

4) 평가

지역사회복지의 마지막 실천과정은 평가이다. 이 과정에서는 지역사회의 변화를 위해 활용된 개입의 과정과 결과를 평가하게 된다. 평가방법은 목표달성평가,

사회지표평가, 현장인터뷰, 주요사건 분석평가 등을 활용할 수 있다. 목표달성평가는 계획 수립단계에서 세웠던 상위목표 및 하위목표의 달성 정도를 확인하는 것이고, 사회지표평가는 평가의 주요 기준으로 건강, 안전, 실업, 범죄 등의 사회지표를 고려하는 것이다. 현장인터뷰에 의한 평가는 참여자가 지역사회조직이나 실천과정에 대해 어떠한 견해를 갖고 있는지에 대한 정보를 수집하여 활용한다. 마지막으로 주요사건 분석평가는 성과 달성과 관련하여 지역사회복지 개입 기간 동안의 주요사건 등에 대하여 평가의 관점에서 분석해보는 것이다.

2절 사회복지행정의 이해

정책이 목적이라면, 행정은 정책적 목적을 실현하는 수단에 해당된다. 수단으로서의 행정은 주로 조직과 체계, 프로그램을 구조하고 관리하는 역할을 한다. 사회복지서비스의 실천 현장에서는 휴먼서비스 속성의 조직 기구와 인력을 어떤 방식으로 운용하는가가 서비스 실행의 효과성을 좌우할 만큼 중요하다(김영종, 2017).

1. 사회복지행정의 개념

사회복지행정은 정책과 실천을 잇는 가교역할을 수행한다. 즉 사회복지행정은 사회복지의 이념 및 정책과 서비스 실천을 양방향으로 잇는 역할을 한다. 정책의 목표나 내용이 실천 현장에 도달하게 만들고, 실천 현장의 실태와 요구를 파악하여 정책에 반영되게 하는 활동을 한다.

1) 협의와 광의의 개념

사회복지행정은 학자에 따라 다양하게 개념 정의를 하고 있는데, 크게는 협의의 개념과 광의의 개념으로 구분된다. 협의의 개념에서의 사회복지행정은 사회복지조직의 목표 달성을 용이하게 하기 위해 수행하는 상호의존적인 과업과 기능 및 관련 활동 등의 체계적 개입과정을 의미한다. 한편 광의의 개념에서는 행정을 조직의 모든 활동과정에 다양하게 기여하는 조직구성원의 협동적·조정적 노력으로 보는데, 이러한 의미에서 사회복지행정은 사회복지정책을 사회복지서비스로 전환하는 데 필요한 사회복지조직에서의 총체적인 활동으로 이해된다(최성재·남기민, 2006).

사회복지행정을 협의의 개념으로 접근하는 것은 사회복지행정을 사회복지실천의 하나로 이해하려는 견해이다. 좁은 의미의 사회복지행정은 사회복지서비스를 계획하여 전달하는 사회사복지조직(기관)을 대상으로 변화를 이루어 가는 과정이라 볼 수 있다(최성재·남기민, 2006). 반면, 사회복지행정을 넓은 개념으로 접근하는 것은 사회복지행정을 사회복지서비스가 클라이언트에게 전달되는 과정에 관한 총체적인 활동으로 이해하려는 견해이다. 즉, 사회복지행정이란 추상적인 사회복지정책을 구체적인 사회복지서비스로 전환하여 서비스가 필요한 클라이언트에게 전달하는 과정에 관한 총체적인 활동으로 본다.

2) 일반 행정과 사회복지행정

사회복지의 행정은 일반 기업이나 정부의 행정과 비슷한 것인지, 아니면 다른 것인지에 대한 견해가 엇갈린다(Lewis et al., 2011). 사회복지의 서비스를 실행하는 가치와 지식의 특성이 다른 일반적인 서비스와 확연히 다르다고 본다면, 사회복지행정의 원리가 일반 행정과 같을 수가 없다. 만약 다르지 않다고 보면, 두 서비스 모두 공통적인 행정 원리의 적용을 받는 것이다. 일반적으로 사회복지서비스는 기업이나 공공행정 서비스들과는 구분이 된다고 본다. 사회복지행정의 실천에 필요한 제반 기술과 지식을 일반 행정으로부터 적용할 수 있으나, 사회복지의 고유한 가치와 실천 특성을 전제로 이루어져야 한다.

사회복지행정은 주로 휴먼서비스가 사회적으로 수행되는 데 필요한 조직과 전달체계, 프로그램, 서비스를 기획 관리하는 것과 주로 관련되어 있다. 휴먼서비스의 핵심적 본질은 서비스 대상인 '인간 존재' 자체라는 점에 있다. 휴먼서비스는 '사람과 함께 사람에 대해서 직접적으로' 일을 한다는 점에서 다른 서비스와 다르다. 사회서비스를 기획하고 관리하는 사회복지행정은 휴먼서비스적 속성을 특별하게 고려해야 한다. 휴먼서비스는 서비스의 대상이자 생산 결과물이 '인간'이라는 독특함을 가진다. 휴먼서비스를 실천하는 사회복지행정의 원리 역시 인간에 대한 고유한 가치와 특성을 기반으로 성립된다(김영종, 2017).

2. 사회복지행정의 구조와 원칙

1) 사회복지행정의 구조

사회복지 행정의 활동에서 주된 수단은 '조직'이 된다. 조직(organization)이란 사람들이 모여 공통된 목적을 가지고 짜인 방식으로 일을 나누어 하는 것, 혹은 그렇게 하는 구조나 기구를 의미한다(김영종, 2017). 제도적 사회복지 활동은 조직을 정책이나 서비스들이 전달되는 기본 단위로 삼는다. 영유아들은 어린이집 등 보육기관, 노인들은 노인종합복지관 등에서 서비스를 이용한다고 할 때, 보육교사나 사회복지사 개인들이 서비스 실천의 핵심적인 역할을 하지만, 그럼에도 서비스 전달의 기본 책임 단위는 조직 차원에 있다.

사회복지 행정의 조직 단위들은 공공(public)과 민간(private) 부문으로 구분될 수 있다. 부문(sector)이란 제도적 특성이 유사하게 나타나는 집단을 말한다. 공공 부문에 속한 조직들은 공적인 규칙에 따라 작동하고, 민간 부문에 속한 조직들은 영리나 비영리 목적에 따른 제각각의 규칙들에 근거해서 작동한다(김영종·

김은정, 2022). 사회복지 행정의 실행에는 정부나 공단 등의 공공조직 단위들만 아니라, 수많은 민간조직 단위도 중요한 역할을 한다. 국가는 노령, 질병, 재해, 실업에 대응하기 위해 보건복지부, 고용노동부 등과 같은 정부 부처뿐 아니라, 국민연금공단, 국민건강보험공단, 근로복지공단 등과 같은 공식적 조직들을 운용한다. 지역사회 차원에서 사회(복지)서비스의 실천 기능은 민간 공식적 조직들이 많이 수행한다.

사회복지 행정에서 조직은 다양한 활동 양상으로 구성된다. 기관(agency)은 하나의 독립된 사업수행의 단위로서, 인적 및 재정적 차원에서 외부와의 경계를 형성하는 조직 양상을 뜻한다. 기관은 예를 들어 ○○종합사회복지관, ○○아동보호전문기관, ○○재가노인복지센터 등을 말한다. 프로그램(program)은 서비스의 흐름과 관련된 조직 양상을 나타낸다. 하나의 프로그램 단위란 최소한의 기획이나 재정, 관리의 독자성이 인정된 경우를 말한다. 전달체계란 다수의 조직 단위들이 연결된 형태를 띠지만, 그것 자체가 하나의 조직 양상도 된다(김영종, 2017).

2) 사회복지행정의 원칙

사회복지 행정은 강을 건너려는 사회복지의 목적을 실현하는 수단으로서 배로 비유할 수 있다. 사회복지 행정에서 배는 곧 조직이다. 어떤 형태의 배를 어떻게 운영할 것인지가 사회복지 행정의 과업에 해당한다(김영종·김은정, 2022).

사회복지행정의 활동은 역동적이기 때문에 어떠한 원칙을 구체화한다는 것은 한계가 있으나, 사회복지행정가가 나아가야 할 방향으로서의 주요 원칙은 다음과 같다(Giordano & Rich, 2001).

첫째, 사회복지행정가는 사회복지행정 실천의 장이 되는 조직의 기본 목적에 부합하는 임무에 대한 명확한 방향을 견지해야 한다.

둘째, 사회복지행정가는 윤리 기준에 따라 활동을 수행해야 한다.

셋째, 상황에 따라 리더십을 발휘할 수 있어야 한다.

넷째, 효과성과 효율성 모두를 추구해야 한다.

다섯째, 관리 및 리더십과 관련된 기술 및 능력을 획득할 수 있는 교육과 개발 기회를 적극적으로 활용하고 찾아 나서야 한다.

여섯째, 미래에 대한 비전을 가지고 있어야 하며, 미래지향적이어서 다소 위험해 보이는 의사결정도 기꺼이 내릴 수 있어야 한다.

3. 사회복지 행정의 과업

사회복지 행정은 조직적 기제를 수단으로 해서 사회복지의 목적과 정책을 실천 현장으로 운반하는 역할을 한다. 조직적 기제란 기관이나 프로그램, 전달체계 등을 말한다. 사회복지 행정의 과업은 이들을 적절히 구성하고 관리해서, 정책적 목적과 의도가 효과적으로 실천되도록 하는 것이다.

1) 조직 구성과 관리

사회복지 행정의 일차적 과업은 정책 수행을 위해 필요한 조직의 생성에서부터 성장, 유지, 해산에 이르는 과정을 담당한다. 이 과업 과정에는 일반 행정과 달리 휴먼서비스의 독특한 환경이나 가치 등이 개입된다. 따라서 사회복지 행정은 조직의 구성과 관리에서 기업이나 일반 공공조직들과는 차별되는 과업 체계를 가진다. 주요 과업들은 다음을 포함한다(김영종, 2017).

(1) 환경 분석과 조직 구성

사회복지 조직은 외부 환경과의 긴밀한 영향 관계를 가진다. 환경을 적절히 분석해서 조직 구조와 서비스 행태에 반영하는 일이 중요하다. 조직과 업무적으로 관련되어 영향을 주는 다양한 이해집단의 동향을 적절히 파악해서, 이를 기관이나 프로그램의 조직 구조나 인적 자원을 배치/재배치하고, 특정한 서비스 내용을 강화 및 축소하는 등의 일을 한다.

(2) 리더십과 슈퍼비전

리더십이란 사람들을 이끄는 것이다. 조직 관리란 궁극적으로 구성원들이 효과적으로 일하도록 하는 것이 목적인데, 리더십은 리더(eader)와 팔로어(follower) 간 인간적 관계를 통해 이에 기여한다. 휴먼서비스를 수행하는 사회복지 기관들에서는 특히 리더십 기반의 조직 관리가 중요하다. 슈퍼비전(supervision)은 리더십에 인력 관리의 성격이 결합된 것으로, 전문직 직원들로 구성된 사회복지 조직을 관리하는 데 중요하다.

(3) 인적 자원의 개발과 관리

인사관리 혹은 인적 자원 개발이란 기관이나 프로그램 조직의 직원들을 관리하는 일이다. 조직의 목적 추구에 적합한 인력을 모집, 선발, 채용하고, 훈련이나 평가, 보상 시스템을 제공하는 것 등이 이러한 과업에 해당한다. 비영리 사회복지 조직에서는 인사관리에서 자원봉사자 개발과 관리에 관한 과업도 중요시된다.

(4) 재정관리

재정관리는 조직의 목표 달성에 필요한 재원을 합리적인 기획을 통해 확보하고, 배분하고, 효율적으로 집행, 관리하는 과정의 전반을 말한다. 재정관리는 한 조직 단위가 추구하는 목표나 실행 방식에 관한 대부분의 의사결정을 대변한다. 사회복지 조직에서도 재정관리의 기본 취지는 같지만, 실행 방법에서는 비영리 또는 휴먼서비스와 같은 고유한 환경과 가치 특성들이 반영된다. 민간 사회복지 조직들은 외부로부터의 자금(fund)을 필요로함에 따라, 자원 확보에서부터 책임성 제시에 이르기까지 재정관리의 복잡성이 커진다.

(5) 정보관리

현대사회에서는 정보를 관리하는 것 자체가 조직 관리에 필수적인 일이다. 사회복지 조직의 경우에도 이는 마찬가지다. 정보관리가 전산시스템을 통해 이루어지기 시작하면서, 대인적 관계의 질적 특성을 기반으로 하는 휴먼서비스의 관리를 표준화된 시스템에 일괄적으로 적용하기 어려운 문제라든지, 클라이언트에 대한 비밀 유지와 같은 휴먼서비스 가치가 훼손될 수 있는 문제 등이 쟁점으로 나타난다. 사회복지 조직의 정보관리는 단지 기술적 차원이 아니라 윤리적 차원의 속성을 중시하는 과업이다.

2) 프로그램 기획과 실행, 평가

사회복지행정에서 프로그램의 기획과 관리도 주요 과업이다. 프로그램이란 특정 목적을 달성하기 위해 설계된 활동들의 조직화라고 정의할 수 있다(Royse et al., 2010). 프로그램의 과정은 계획 수립, 실행 및 관리, 평가에까지 이르기까지를 하나의 주기로 하며, 이어지는 주기를 통해 프로그램이 지속된다.

(1) 계획 수립

프로그램의 계획이 수립되는 과정은 문제 분석→사정→목적과 목표 설정→프로그램 계획의 순서로 진행된다. 문제 분석이나 사정을 통해 프로그램이 추구할 목적과 실행 목표들이 결정된다. 프로그램 계획이란 실행 목표들을 성취하기 위해 어떤 활동들이 언제, 누구에 의해, 어떻게 이루어져야 할지, 그리고 여기에 얼마만큼의 자원이 투입될지를 결정하는 것이다.

(2) 실행 및 관리

프로그램을 실행하고 관리하는 과업은 기관 관리의 내용과 상당 부분 중첩된다. 기관의 프로그램에 대한 인력과 재정, 정보를 관리하는 일이기 때문이다. 프로그램 차원의 실행과 관리 과업은 프로그램의 과정이나 성과 측면에서 인력, 재정 및 정보관리를 다룬다는 차이가 있다.

(3) 평가

프로그램의 평가는 내·외부적으로 요구되는 책임성 수행에 관한 과업이다. 평가란 프로그램이 의도된 목적을 성취했는지를 효과성이나 효율성을 기준으로 파악해 보는 것이다. 효과성(effectiveness)이란 프로그램 수행의 결과로 의도된 목적이 달성되었는지를 보는 것이고, 효율성(efficiency)이란 프로그램의 성과를 투입된 비용에 대비해서 보는 것이다. 평가의 과정에서 도출된 정보들은 대외적으로 책임성을 제시하는 데 쓰이거나, 향후 프로그램의 발전을 위해 사용된다.

3절 사회복지정책의 이해

1. 사회복지정책의 개념

정책이란 '무엇을 할 것인가'에 대한 대안 선택과 의사결정의 과정이자, 그 결과로서의 계획을 말한다. 사회복지정책은 사회복지 활동에 관한 정책적 의사결정의 과정과 결과를 말한다. 결과로서의 정책(policy)이란 의도하는 목적과 활동의 방법을 제시하는 것이다.

1) 사회복지정책의 정의

사회복지정책의 개념을 정의할 때에는 사회복지의 개념을 좁은 의미 혹은 넓은 의미로 설정할 것인지, 사회복지 주체가 공공기관인지 혹은 민간기관인지 등을 고려해야 한다. 사회복지를 사회경제적으로 취약한 아동, 노인, 장애인 등의 대상으로 한정하는 선별적 복지로 이해할 것인지, 아니면 모든 국민의 의료, 주거, 소득, 사회서비스 등을 포괄하는 보편적 복지로 이해할 것인지에 따라 사회복지정책의 개념은 달라진다. 또한, 사회복지를 제공하는 주체를 중앙정부 및 지방정부와 같은 공공사회복지 주체만을 대상으로 할 것인지, 혹은 비영리단체 등 민간사회복지 주체를 포함할 것인지에 따라 사회복지정책의 개념이 달라진다.

일반적으로 정책은 공공 부문의 활동을 뜻하는 경향이 있지만, 넓은 의미에서는 민간 부문까지를 포함한다. 특히 사회복지 분야의 정책에서는 민간 부문의 정책도 중요한 의미를 띤다. 사회복지정책의 대상 또한 요보호계층을 포함하여, 사회복지정책은 모든 국민이 직면한 의료, 주거, 소득, 고용, 사회서비스 등과 관련된 사회문제를 해결하기 위해 시행하는 일련의 계획, 원칙, 규칙, 지침 등을 의미한다.

2) 사회정책과의 연관성

사회복지정책은 일반적으로 사회정책(social policy)과 밀접히 연관되어 있다. 넓은 의미에서 사회정책이란 '인간관계에 영향을 주는 행위의 과정과 사회 안에서 삶의 질에 영향을 주는 모든 행위의 경과'로 규정된다. 이를 보다 일반적인 개념으로 정의하자면, 사회정책이란 '시민들에게 서비스나 소득을 제공해서 그들의 복지에 직접적인 영향을 미치는 것과 관련된 정부의 정책'을 뜻한다. 이러한 후자의 사회정책 개념은 보통 넓은 의미에서의 사회복지정책의 범주와 일치한다(김영종·김은정, 2022). 사회복지정책의 영역은 기본적으로 사회보장정책, 의료보장정책, 주거보장정책, 고용보장정책, 사회서비스정책, 교육보장정책을 포함하며, 조세정책까지 포함하기도 한다.

오늘날 사회복지정책의 양상은 20세기 중반 복지국가 체제가 등장하면서 본격화된다. 복지국가의 이념에 기반한 정부는 시민 생활의 여러 영역에 개입하는 사회 정책들을 갖춰 왔는데, 사회보장과 고용, 보건, 주택, 교육 등의 사회서비스에 막대한 규모의 공공 지출을 해 오고 있다. 이것은 통상 사회복지정책의 범주에 포함된다.

3) 경제정책과의 연관성

사회복지정책이 목적으로 하는 경제적 복지 증진에 필요한 주요 정책 수단들은 경제정책에서부터 도출될 수 있다. 정부의 경제정책은 주로 재정이나 통화 정책의 형태로 나타난다. 경제정책의 결과에 따라 고용이 증가하거나 감소할 수도 있고, 재화나 서비스의 가격이 안정될 수도 있고 불안정해질 수도 있다. 또한 사회 전체적인 부와 소득의 재분배 양상이 보다 평등해질 수도 불평등해질 수도 있다. 경제정책은 사회복지정책의 효과를 내포하고 있다고 볼 수 있다(김영종·김은정, 2022).

(1) 통화 정책

통화 정책(monetary policy)은 정부가 화폐의 공급, 즉 통화량을 조절하여 일정한 경제적 효과를 의도하는 것이다. 정부는 국채를 발행하거나 중앙은행의 이자율을 조정해서 시중의 통화량을 조절할 수 있다. 정부가 통화 정책을 통해 의도적으로 통화 공급을 늘리면 투자나 소비가 진작될 수 있고, 반대로 줄이면 인플레이션이나 경기 과열을 진정시킬 수 있다. 이처럼 정부는 화폐 공급을 수단으로 하는 통화 정책을 통해 경제의 건강성에 의도적으로 관여할 수 있다. 경제의 건강성 유지는 곧 그 안에서 살아가는 사람들의 생활 안정과 직결되는 문제이므로, 경제정책으로서의 통화 정책은 사회복지정책의 주요 수단이 될 수 있다.

(2) 재정 정책

통화 정책이 경제를 간접적으로 유도하는 방법이라면, 재정 정책은 정부가 보다 직접적으로 개입하는 방법이다. 재정 정책(fiscal policy)이란 특정 목적을 성취하기 위해 정부가 세입과 지출에 관한 결정을 내리는 것이다. 정부가 누구로부터 얼마만큼의 세금을 어떻게 거둘 것인지, 그리고 이를 어디에 얼마만큼 지출할지를 결정하는 재정 정책은 시장경제와 그 안에서 생활하는 사람들에게 큰 영향을 미친다.

정부는 사회복지 지출만으로도 막대한 재정을 소요한다. 사회보험 지원이나 각종 공공부조 급여, 사회서비스 공급 등의 지출을 위한 재원은 대부분 세금(사회보험료 포함)을 통해 확보한다. 누구로부터 얼마를 거두어들일 것인지에 대한 세금 부과 정책은, 누구에게 얼마를 지출할지에 관한 정책만큼이나 개인과 기업의 경제적 상태에 중요한 영향을 미친다. 정부의 세금 부과 정책은 크게 세 가지 유형인 누진세, 역진세, 정률세로 구분된다.

▶ **누진세(progressive tax)**

누진세는 보통 개인이나 기업의 소득세에 적용되는데, 소득이 많은 사람은 낮은 사람에 비해 더 높은 세율을 부과한다. 예를 들어, 연 1천만 원의 소득자는 소득세율이 0%에 가깝고, 1억 원의 소득자는 세율이 30%가량 되게 하는 것을 말한다.

▶ **역진세(regressive tax)**

역진세는 누진세와 반대로 작용하는데, 가난한 사람이 부자보다 소득 대 비 더 높은 비중의 세금을 내게 되는 것이다. 담배세나 주류세, 유류세 등과 같이 소비자에게 일률적으로 부과되는 소비세가 이에 해당한다.

▶ **정률세(proportional tax, 비례세)**

정률세는 소득 대비 동일 비율의 세금을 부과하는 것이다. 우리나라에서는 건강보험료 등이 비례세에 해당한다.

(3) 조세 지출

조세 지출(tax expenditure)은 정부가 일반적인 지출방식과는 다른 방법으로 자금을 사용하는 정부 지출의 형태이다. 일반 지출은 세금을 거두어들인 후 국회 등의 할당 시스템을 통해 집행되는 반면, 조세 지출은 세금을 부과한 개인이나 기업에게 일정한 목적을 위해 세금을 감면해 주는 것이다. 이러한 조세 지출은 정부가 특정한 사회적 목표를 달성하기 위해 개인이나 기업의 특정 활동을 장려하는 역할을 한다.

조세 지출은 개인이나 기업이 특정한 소비, 예를 들어 교육이나 문화, 주거, 가족 돌봄 등과 같이 사회적으로 바람직하다고 판단되는 소비를 행하도록 장려하기 위해 활용된다. 근로를 장려하기 위해 근로자의 신용카드 사용액에 대해 소득공제를 해 주고, 사회적으로 필요한 지출인 보험료나 의료비, 교육비에 대해 세액 공제를 해주는 등이 여기에 해당된다. 소득자의 자녀나 부모, 장애인 등 부양가족에 대한 세금 감면은 가족 기능을 증진하고 가족 돌봄을 강화할 수 있다. 사회복지 기부금에 대한 세액 공제, 장애인 고용 기업에 대한 세제 혜택 등이 모두 조세 지출 방식의 재성성책으로서 사회복지정책의 효과를 낸다.

2. 사회복지정책의 가치

사회복지정책의 가치는 사회복지의 이념 및 가치와 연결되나, 사회복지정책의 범위와 내용을 달라지게 하는 주요 사회복지정책의 가치를 설명하면 다음과 같다.

1) 자유

다른 사람의 간섭이나 의지에서 벗어날 수 있는 소극적 자유와 자신이 원하는 것을 얻을 수 있는 적극적 자유로 구분된다. 소극적 자유는 원하는 무언가를 적극적으로 쟁취하는 거라기보다는 자신에게 기회가 열려있는 것과 관련되며 다른 사람에 의해서 강제가 없는 상태를 의미한다. 적극적인 자유는 자신이 원하는 바를 획득할 수 있는 역량을 갖는 것을 의미한다. 소극적 자유는 기회(opportunity)를, 적극적 자유는 능력(capacity)을 강조한다.

소극적 자유는 기회의 평등과 연결되며, 적극적 자유는 비례적 평등이나 수량적 평등을 강조하는 형태의 정책과 연결된다. 예를 들어 장애인 고용과 관련하여 소극적 자유와 기회의 평등 가치를 중시한다면, 누구든 모든 인종과 장애와 성별, 연령의 차별 없이 취업 기회를 제공하는 정책이 추진될 것이다. 반면, 적극적 자유와 결과의 평등 가치를 중시한다면, 기회만 열어주는 것이 아니라 실제

취업을 할 수 있도록 돕는 장애인 우선 채용 제도나 의무고용제도 등을 적극 추진하게 될 것이다.

2) 평등

사회복지정책에서 자유와 함께 주요한 가치는 평등이다. 평등과 관련하여 누구를 평등하게 할 것인가, 어떻게 평등하게 할 것인가는 주요 쟁점이 된다. 평등의 본질은 '같음'을 의미한다(심선경 외, 2018). 평등은 수량적 평등, 비례적 평등, 기회의 평등으로 구분할 수 있다. 수량적 평등은 모든 사람에게 사회자원을 동일하게 배분하는 것을 의미하며, 비례적 평등은 개인의 능력·가치·욕구에 따라 사회자원을 차등 배분하는 것을 의미한다. 기회의 평등은 평등한 출발이나 평등한 위치에서 경쟁할 수 있도록 기회를 보장해 주는 과정상의 평등을 의미한다.

3) 효율성

효율성은 정책이 목표하는 대상자에게 자원이 얼마나 집중적으로 할당되었는지를 판단하는 목표(대상)효율성과 정책을 집행하고 운영하는 과정에서 투입되는 비용을 판단하는 운영효율성으로 구분된다. 공공부조는 목표효율성이 높고 사회보험은 운영효율성이 높다고 볼 수 있다.

4) 생존권

생존권은 기본적 인권의 하나로서 인간이 인간답게 살아갈 권리이며 국가에 대해 인간의 생존을 위해 필요한 서비스를 당당하게 요구할 수 있는 권리이다.

5) 소득재분배

소득재분배는 개인 또는 집단의 소득이 다른 개인 또는 집단으로 이전되는 것을 의미한다. 고소득자의 소득이 저소득자에게로 이전되는 수직적 재분배와 위험(질병, 실업, 산업재해 등)이 발생하지 않은 집단에서 위험이 발생한 집단으로 소득이 이전되는 수평적 재분배로 구분된다. 또한 한 세대 내에서만 발생하는 세대 내 재분배와 세대 간에 발생하는 세대 간 재분배로 구분된다. 공공부조제도는 수직적 재분배가, 사회보험제도는 수평적 재분배가, 국민연금기금 운용방식 중 부과방식은 세대 간 재분배가 발생한다.

제4부

사회복지의 정책분야와 실천영역

10장
사회복지정책

학습목표

- 사회복지정책의 개념을 이해한다.
- 사회복지정책의 영역을 이해한다.
- 사회복지정책의 형성 과정 및 사회보장에 대해 이해한다.

1절 사회복지정책의 개념

사회복지정책(social welfare policy)은 정부나 지방자치단체가 국민을 대상으로 국민의 기본적인 생활 보장과 안전을 위해 수립하는 일정한 계획이나 조직적 활동을 의미한다. 사회복지정책은 사회정책과도 일맥상통한다. 사회정책의 개념은 나라별로 차이가 있다. 이장에서는 사회정책의 대표적인 나라인 영국, 미국, 독일을 중심으로 살펴보겠다.

1. 영국의 사회복지정책

영국은 사회정책의 대표적인 국가이다. 사회정책 학자인 알프레드 마셜(Alfred Marshall)은 사회정책을 "시민들에게 서비스와 소득을 제공함으로써 그들의 복지를 향상시키기 위한 정부의 정책으로서 사회보험, 공적부조, 보건서비스, 주택정책을 포함하는 것"이라고 말했다. 또한, 국민의 삶의 질이나 복지에 영향을 미치는 정부나 지방자치단체의 공공정책으로 정부나 지방자치단체의 재정지출을 수반하는 것으로 정의했다(현외성, 2008). 피터 타운센트(Peter Townsend)는 국민의 안정된 소득보장과 건강, 교육, 주택 그리고 개별적으로 제공되는 사회서비스를 포함(지식백과, 2023)한다고 정의했다. 이와 같이 영국의 사회복지정책은 시민의 복지를 목적으로 하고 있으며, 사회정책의 개념과 사회복지정책의 개념을 거의 동일하게 사용하고 있음을 알 수 있다.

2. 미국의 사회복지정책

미국의 사회복지정책은 정부기관, 자발적 비영리 조직, 영리 추구 조직이 물적 자원과 서비스 자원을 개인과 가족에게 전달해 주는 역할을 하며, 제한된 자원을 욕구에 맞게 배분하는 것이라고 설명한다. 공공사회복지정책은 분배와 재분배, 사회적 정의와 같은 가장 복합적인 문제를 포함하고 있다(이문국 외, 1999). 돌고프와 펠드스테인(Dolgoff & Feldstein)은 "사회복지정책은 공공부문뿐만 아니라 민간부문을 포함하나 대부분은 정부가 결정하고 사회복지 관련자들의 행동을 규제하고 관료조직과 프로그램을 조직하며 급여를 배분하고 재정에 필요한 세금을 징수한다"라고 정의하며 조세정책까지도 사회보장정책의 영역으로 보았다(원석조, 2016).

3. 독일의 사회복지정책

독일의 사회복지정책은 사회보험의 도입으로 발전하였다. 사회복지정책의 학자인 와그너와 슈몰러(Wagner & Schmoller)는 사회정책의 개념을 분배 과정에 있어서 여러 가지 폐해를 입법 및 행정 수단으로 극복하려는 국가의 정책이라고 정의하였다. 또한, 사회개량으로 보아 계급 간의 우호적인 관계의 회복, 부정의 극복이나 경감 혹은 분배적 정의로 정의했다. 또한 독일은 사회보험을 최초로 도입하여 사회보험을 중심으로 다양한 사회복지정책을 발전시켰다(사회복지교육연구센터, 2013).

독일의 사회복지정책은 사회보험의 도입으로 발전하였다. 사회복지정책의 주요학자인 와그너는 이러한 사회정책은 독일의 사회보험의 시작인 국민연금, 건강보험 등 다양한 사회복지정책으로 발전해 왔다(사회복지교육연구센터, 2013).

〈표 10-1〉 각 국가별 사회복지정책 개념의 차이

구분	개념의 차이
영국	사회행정 및 사회서비스라는 용어와 혼용하여 사용 사회보장, 건강 교육, 대인적 사회서비스, 주택, 고용 및 가족정책 등을 포함
미국	공공부조와 사회보험, 사회서비스 포함
독일	사회보험을 포함한 각종 사회문제의 해결, 국가 및 사회정책 포괄적으로 지칭

이러한 내용을 종합해 보면 개인이나 집단이 인간다운 삶을 영위하기 위해 필요한 사회적 관계와 사회복지서비스의 확충, 자원의 재배분을 위한 국가적 행위로 볼 수 있다. 이렇듯 사회복지정책이라는 개념은 각 나라별, 시대별, 정책형성에 필요한 요인 등에 따라서 다양하게 정의하고 있다.

첫째, 사회복지정책은 개별적인 개념이 강하며, 정책의 대상자가 명확하다. 둘째, 사회복지정책은 대부분 국가의 개입으로 이루어지며, 소득재분배로 공정한 기회를 부여하기 위해 국가 개입 위주로 이루어진다는 부분이 있다.

셋째, 사회복지정책은 정책 대상의 삶의 권리 보장에 있으며, 국민의 삶의 질 향상과 보장을 위해 국가의 책임으로 이루어진다.

정리해 보면 현대 자본주의가 지향하는 복지국가는 국민의 삶의 질 보장을 추구하는 것이다. 이는 국가나 사회가 주체가 되어 개인 및 사회구성원이 인간다운 삶을 살아갈 수 있도록 지역사회 환경을 조성하는 등 계획적인 행동을 이르며 사회복지정책이라 정의한다.

2절 사회복지정책의 영역

사회복지정책의 영역은 사회복지정책의 개념 정의에 따라 다를 수 있다. 타운센트(Townsend, 1970)는 소득보장을 비롯한 건강, 교육, 주택, 아동 노인 장애인 등의 사회적 약자를 위한 비물질적 사회적 약자의 비물질적 욕구의 해결을 위한 개별 사회적 서비스(personal social services)를 영역으로 보았다. 티트무스와 칸(Titmuss & Kahn)은 사회복지정책의 개념을 조세정책과 고용정책을 추가한 영역으로 보고 있다. 한편 길버트와 테렐(Gibert & Terrell)은 사회보장, 고용과 훈련, 보건위생, 교육, 주택정책 등을 영역으로 보았다(정종고, 2007). 그리고 김태성·송근원(1995)은 소득보장정책, 건강, 의료보장정책, 교육정책, 주택정책, 개별 사회서비스 등의 영역을 주장하고 있다(김태성 외, 1995). 이러한 내용을 종합하면 〈표 10-2〉와 같이 사회복지정책의 영역은 소득보장, 건강, 의료 교육, 주택 개별 서비스를 포함하고 있음을 알 수 있다.

〈표 10-2〉 사회복지정책의 영역 및 내용

영 역		사회복지정책의 내용
주요 분야	소득보장정책	사회보험, 공공부조, 각종 수당제도 등
	건강보장정책	국민건강보험, 의료급여, 공공보건의료서비스 등
	개별사회서비스	아동복지, 여성복지, 장애인복지, 청소년복지, 노인복지 등
	주택정책	주택자금대출제도, 전세자금 대출제도, 공공임대주택 등
	교육정책	학자금 지원, 영유아보육 · 교육 지원, 학교급식 등
광의	조세정책	소득공제, 조세감면, 근로소득장려제도(EITC) 등
	노동정책	고용정책, 노사정책, 임금정책, 교육 · 훈련정책(적극적 노동시장 정책) 등

출처: 임종호(2023)사회복지학개론, 학지사, 인용

3절 사회복지정책의 형성 과정

사회복지정책의 형성 과정은 사회를 구성하고 있는 구성원의 문제를 사회적으로 이슈화하여 국가나 공공기관의 책임으로 법제화한다는 것이 일반적이다. 정책형성 과정에서는 사회구성원들이 가지고 있는 사회문제를 정책 문제로 인식하기 전 단계부터 국가나 공공기관의 사회복지정책 형성자에 의해 사회복지정책이 채택된다. 정책 형성 과정의 각 단계는 명확하게 구분이 없이 순환적으로 상호 영향을 미치고 있다.

이러한 사회복지정책형성과정은 학자에 따라 여러 가지로 정의되지만 대체로 아젠다형성과정−대안형성과정−대안채택과정−집행과정−평가과정−환류과정에 이르기까지 일련의 연속적인 과정으로 구성된다. 아래 〈표 1−3〉과 같다.

〈표 10-3〉 사회복지정책 단계

사회 문제	→	이슈화	→	정책의제 (어젠다) 형성	→	정책대안 형성	→	정책의 결정	→	정책의 집행	→	정책 평가

1. 사회복지정책의 의제 확인과 형성 단계

사회복지정책 형성의 원인(原因)은 사회복지 문제에 있으며, 정책이 추구하는 것은 사회복지 문제의 해결이다. 따라서 이러한 정책형성은 사회구성원이 인간으로서 기본적인 생활의 문제로 인해 고통을 느끼는 사람들이 이러한 상황과 조건들을 해결해야 하는 문제로 인식할 때 시작된다고 본다. 사회복지문제의 해결을 위해 정부에 요청하는 형식을 보인다. 이러한 요청을 정책활동가들이 받아들여 논의되는 문제나 요구를 의제라고 하며 의제들의 모음을 어젠다(agenda)라고 한다.

사회복지 문제나 요구가 정책 어젠다가 되기 위해서는 정치적 논점이 되어야 하며, 이를 부각시킬 필요가 있다. 이렇게 정치적 논점으로 부각된 문제나 요구를 이슈(issue)라고 부른다.

사회복지정책 문제를 이슈화하기 위해서는 첫째, 공공의 관심이 되어야 하며, 둘째, 공공정책의 논점으로 제시되어야 한다. 이러한 활동에는 사회복지 문제의 당사자인 클라이언트, 사회복지 전문가, 언론, 정치인들의 노력이 필요하다.

2. 사회복지정책 어젠다의 형성과정

사회복지정책의 어젠다 형성 과정을 사회복지 문제나 요구의 이슈화 과정이라고도 할 수 있다. 어젠다 형성이란 정부가 사회문제 해결을 위하여 사회문제를 정책 문제로 채택하는 과정 또는 행위를 말한다. 이는 사회문제가 정책 문제로 전환되는 과정이나 행위를 의미한다.

어젠다 형성에 영향을 미치는 요인은 첫째, 이슈 기업가, 이해당사자, 정책활동가, 대상자, 사회복지 전문가, 일반 대중 등이며 둘째, 정치체제, 셋째, 다른 이슈들의 존재 여부, 넷째, 선거 기간, 경제적 상황, 국제 정세의 변화 등의 기타 상황 등을 들 수 있다.

3. 사회복지정책의 대안(정당화) 형성 단계

정책 대안의 형성 과정은 우선 정책문제가 무엇인지를 파악, 문제의 상황을 파악하여 정책목표를 세운다. 다음은 목표를 달성을 위한 정책수단으로써의 정책대안을 개발한 후 바람직한 정책 대안을 분석하는 과정을 의미한다. 이러한 정책결정을 통하여 정부가 문제해결을 위해 제시한 대안 중 하나를 의식적으로 선택한다. 정책 대안 형성 과정은 문제의 해결방안 모색하는 과정이며, 정책결정자를 위하여 정보를 제공하는 과정이다. 또한, 문제해결을 위한 가장 효과적인 정책대안의 개발 및 비교, 검토하는 과정이다.

4. 사회복지정책의 결정 단계

정책 결정이란 문제해결을 위해 정책결정자가 제시한 여러 가지 대안 중 하나를 선택하는 행위 또는 과정을 말한다. 이러한 정책 결정 과정을 설명하기 위해 여러 가지 이론 모형을 선택하여 사용한다. 정책 결정을 위한 이론 모형으로 합리모형, 만족 모형, 혼합 모형, 최적 모형, 쓰레기통 모형 등을 들 수 있다(김태성 외, 1995). 이들 이론 모형의 장·단점을 파악하여 정책 결정 과정에 적합한 모형을 적절하게 활용하기도 한다. 이러한 이론이나 모형이 제시하는 정책 결정 과정은 첫째, 문제의 인지와 목표 설정, 둘째, 정보의 수집 및 분석, 셋째, 대안의 탐색 및 평가, 넷째, 최선의 정책 대안의 선택 등이 있다. 정책 결정의 과정에 영향을 미치는 요인은 참여자, 정책 결정구조, 정책 대안의 존재 여부, 다른 정책과의 관계, 정책 결정 당시의 정치·경제·사회적 상황 등이 있다.

5. 사회복지정책의 집행 단계

사회복지정책의 집행은 의도된 정책목표를 달성하기 위하여 결정된 사항들을 실행하는 활동의 단계를 말한다. 사회복지정책의 집행 과정은 공적인 적용의 모든 활동을 포함한다. 그러므로 사회복지정책의 집행에서 전문직의 중심 과업이다. 이러한 집행 단계에서 운영의 결점 요인을 확인하여 결점 요인이 무엇인지 파악하는 단계이다.

6. 사회복지정책의 평가

사회복지정책의 평가는 국가가 정한 사업의 목적을 달성함에 있어 정책에서 제시된 사업의 전반적인 효과의 사정과 보편적인 목적 달성을 평가하는 것이다. 즉, 정책평가는 정책활동에 관한 평가로서 정책실행 결과에 대한 정보를 수집하고 분석하며 해석하여 가치를 판단하는 것이다. 정책평가는 개입 비용과 급여, 목표달성 등을 확인하여 성공의 의의와 정도를 결정하는 체계적인 과정이다. 평가는 행정 활동으로 사회복지정책 형성 과정의 마지막 단계이다.

4절 사회복지정책 내용의 분석 틀

사회복지정책은 집행된 정책에 대한 효과적인 집행 또는 전달과정에 대한 분석과 집행된 정책에 대한 효율성 등에 대한 분석이 필요하다. 이때 사용되는 분석은 각 학자마다 그리고 관점마다 약간의 상이점이 있다.

길버트(Gilbert)는 사회복지정책 내용의 분석틀로써 첫째, 급여로 무엇을 제공해야 하는가, 둘째, 누구에게 급여가 제공되어야 하는가, 셋째, 어떻게 급여가 제공되어야 하는가, 넷째, 어떻게 재정이 충당될 것인가 등을 제시하고 있다(양정하 외, 2020).

1. 급여로 무엇(what)을 제공할 것인가.

급여의 형태로는 현금, 현물, 증거(voucher), 기회 등이 있다. 사회복지 급여는 현금으로 제공되는 국민연금, 공공부조의 생계보장비, 각종 수당 등이 있고, 증서는 특정 재화나 서비스의 소비를 권장하거나 억제하여 수혜자를 최대한 통제할 때 사용된다. 이는 일정한 용도 내에서 수급자가 원하는 재화나 서비스를 자유롭게 선택할 수 있는 방법이다. 증서로서는 상품권, 식품권, 건강보험증 등과 같이 다양하다. 예를 들어, 장애인에 대한 운전면허 교부조항을 변경하는 것과 같은 것이다(김영종, 1998).

2. 누구(who)에게 급여를 제공할 것인가

사회복지정책은 의도적인 재분배를 목적으로 하고 있으며, 재분배의 대상이 누구인가, 누가, 무엇을 어떻게 갖게 되는가에 있다. 이와 같이 누구를 서비스 대상자로 결정할 것인가에 대한 자격기준에 관한 것이다. 급여에 대한 자격 기준은 자격조건의 형태에 관한 문제이기도 하다. 급여의 수급자격 요건은 거주 여부, 거주 기간, 인구학적 조건, 기여의 여부, 근로 조건, 소득 수준 등이 있다.

3. 급여를 어떻게(how) 제공할 것인가.

사회복지정책을 통하여 제공되는 재화나 서비스는 종류나 영역이 다양하며, 서비스를 수급자에게 전달하는 방법 또한 다양하다. 중앙정부에서 급여의 자격, 급여 형태, 재원 등에 관한 모든 결정을 하여 전 국민을 대상으로 하는 것이 있다. 또한, 지방정부가 주 제공자가 되기도 하며, 중앙정부와 지방정부, 정부와 민간 등 다양한 형태의 혼합체계로 제공되기도 한다.

사회복지서비스 전달체계는 '지역사회적 맥락에서 사회복지 급여 공급자 간의 연계 및 공급자와 소비자 간의 조직적 연결' 등의 형태로 이루어지고 있다. 사회복지서비스의 전달은 다양한 조직의 연계 활동으로 클라이언트에서 서비스 전달된다. 이러한 과정이 사회복지서비스 전달체계의 속성이라 할 수 있다.

4. 어떻게 재원(resources)을 마련할 것인가.

사회복지 재정의 주체는 정부나 지방자치단체, 민간 사회복지단체 등이 있다. 그리고 사회복지 재원은 정부나 지방자치단체가 지출하는 공적인 자금과 민간자금 있다. 공공부문 재원은 조세로 구성되는 일반예산, 목적세 형태의 사회 보장성 조세, 조세 비용이 있다. 민간부문 재원은 사용자 부담으로 발생하는 재원, 자발적 기여에 의한 기여금, 기업이 출연하는 재원이 등이 있다.

5절 사회보장

1. 사회보장의 개념과 유형

1) 사회보장의 개념

사회보장은 국가의 책임하에 사회구성원의 생활 위험이 발생했을 때 사회적으로 보호하는 대응 계체이다. 즉 국민의 실업, 질병, 사고, 퇴직, 출산, 사망 등의 원인으로 상실, 결여로 특별한 지출을 감당할 수 있도록 소득을 보장하는 것을 의미하는 것이다. 우리나라는 사회보장기본법 제3조 제1호에 사회보장은 "질병, 장애, 노령, 실업, 사망 등 각종 사회적 위험으로부터 모든 국민을 보호하고 빈곤을 해소하며 국민생활의 질을 향상시키기 위하여 제공되는 사회보험, 공공부조, 사회복지서비스 및 관련 복지제도를 말한다."라고 규정하고 있다.

2) 사회보장제도의 원칙

사회보장제도의 운영원칙은 사회보장법 제24조에 아래와 같이 규정하고 있다.

① 모든 국민에게 적용

② 급여수준 및 비용부담 등에 있어 형평성을 유지

③ 정책결정·시행과정에 공익 대표자 및 이해관계인의 참여로 민주성 확보

④ 다양한 복지 욕구 충족을 위해 연계성·전문성 높이는 것을 원칙으로 하고 있다.

위와 같은 원칙 아래 사회보장제도는 아래 〈표 10-4〉와 같이 대상, 재원, 종류, 성격을 달리하고 있다.

3) 사회보장의 유형 및 범주

사회보장의 유형은 ① 사회보험제도 ② 공공부조 ③ 사회복지서비스이다. 우리나라는 사회보장기본법 제3조에서는 사회보장의 범주를 사회보험과 공공부조 및 사회복지 서비스 그리고 관련 복지 제도로 규정하고 있다. 우리나라의 사회보장체계는 〈표 10-5〉와 같다.

〈표 10-4〉 사회보장제도의 구성

구분	사회보험	공공부조	사회복지서비스
주체	국가	국가 및 지방자치단체	사회복지법인
대상	모든 국민	빈민	요보호자
재원	근로자의 기여금 사용자 부담금	조세	국가보조금 · 공동모금 등
종류	국민연금 · 건강보험 · 산재보험 · 고용보험 등	생계 · 의료 · 자활 · 교육 해산 · 장제 · 주거급여	아동 · 노인 장애인 여성 등
성격	보편주의	선별주의	보편주의+선별주의

〈표 10-5〉 우리나라의 사회보장체계

구분	제도 및 분야	근거법
사회보험	연금제도	공무원연금법, 군인연금법, 사립학교 교직원연금법, 선원보호법, 국민연금법
	산업재해보상보험제도	산업재해보상보험법
	고용보험제도	고용보험법
	의료보험제도	국민건강보험법
	노인요양보장제도	노인장기요양보험법

구분	제도 및 분야	근거법
공공부조	국민기초생활보장제도	국민기초생활 보장법
	의사상자생활보장제도	의사상자예우법
	재해구호제도	재해구호법, 자연재해 대책법
	부랑인보호제도	국민기초생활 보장법, 사회복지사업법
	의료보호제도	건강보험법, 국민기초생활 보장법
사회복지 서비스	노인복지	노인복지법
	모자복지	한부모가족지원법
	장애인복지	장애인복지법, 특수교육 진흥법
	아동복지	아동복지법, 영유아보육법, 아동특례법 유아교육진흥법
	교정복지	갱생보호법, 보호감찰법

출처: 보건복지부(2023) 홈페이지 참조 재구성

4) 사회보장의 목적

사회보장의 목적은 질병, 장애, 노령, 실업과 같은 사회적 위험에 대처하고, 강제저축으로 각 개인의 위험에 대비하며, 소득재분배로 사회의 평등을 지향하고, 개인의 손실을 보상하는 것이다(이상은 외, 2019). 우리나라의 사회보장 목적은 사회보장기본법 제3조에 질병 장애 노령 실업 사망 등의 사회적 위험으로부터 모든 국민을 보호하고 빈곤을 해소하며 국민생활의 질을 향상시키기 위하여 제공되는 사회보험 공공부조 사회서비스 및 관련 복지제도로 규정하고 있다. 이처럼 사회보장의 목적은 인간의 최저생활보장, 소득의 재분배, 사회적 연대감 증대 등이다.

(1) 인간의 최저생활보장

사회보장제도는 자본주의의 발전 후 발생한 각종 사회문제와 사회적 위험에서 초래되는 여러 가지 경제적 불안을 해결하고 국민의 기본적 생활을 보장하는 것을 중요한 목적으로 한다. 인간이 인간으로서 존중받고, 자기결정권을 보장받아 자립적인 생활의 보장, 사회참여·자아실현을 할 수 있는 환경조성을 통하여 사회에서 소외되지 않고 사회에 통합되어 삶을 살아갈 수 있도록 보장하는 것이다. 사회보장의 일차적 목적은 국민의 최저생활보장에 있다.

최저생활이란 인간의 기본적 욕구 충족을 통한 기본적 생활 보장을 의미한다. 또한 국민의 기본적 생활을 보장한다는 것은 국민의 기본적 욕구인 생존권 보장과 인간다운 생활을 보장하는 행복추구권 보장을 의미한다.

(2) 소득재분배

소득재분배는 사회보장 제도의 목적 중의 하나로 소득의 재분배에 있다. 소득의 재분배는 공적 소득분배와 사적 소득분배가 있다. 사적 소득분배는 민간부분의 자발적인 동기에 의해 이루어지는 현금의 이전을 말한다. 가족 구성원 간의 소득 이전이 가장 대표적인 사적 재분배이며, 친인척이나 형제간의 소득 이전도 포함된다. 각종 민간보험이나 기업복지도 사적 소득 이전의 한 형태가 된다. 공적 소득 이전은 정부에 의한 사회보험, 사회복지서비스, 조세가 이에 속한다(원석조, 2011).

소득재분배 유형은 시간이나 세대를 중심으로 세대 내 재분배 세대 간 재분배 형태가 있다. 그리고 동일세대 간의 수직적 재분배와 수평적 재분배로 구분될 수 있다. 수직적 재분배는 소득계층 간의 재분배 형태로서 누진적이거나 역진적인 형태를 취할 수 있다. 대체적으로 수직적 재분배는 소득이 높은 계층으로부터 소득이 낮은 계층으로 재분배되는 유형을 의미하며, 수평적 재분배는 집단 내에서 위험발생에 따른 재분배 유형이다.

(3) 사회적 연대감의 증대

사회보장정책은 사회문제에 대해 개인이나 가족의 책임이 아니라, 문제해결의 주체가 사회 및 국가가 문제의 본질을 해결해 가는 국민적 의식이라 할 수 있다.

볼드윈(Baldwin, 1993)은 위험 발생률 및 자립능력의 정도나 크기가 집단 간의 연대를 결정하는 중요한 요소이며 동시에 이러한 집단 간의 연대는 재분배를 위한 사회적 기반임을 지적하고 있다. 이는 국가의 재분배 정책은 위험 발생률이 높고 자립능력이 약한 집단 간의 연대를 강화시키는 역할을 수행하는 것이다.

6절 공적부조

공적부조는 국가나 공공기관이 도움의 주체가 되어 빈곤자, 장애인, 노령 등으로 사회적 보호가 필요한 국민의 최저생활을 보장하고 나아가 사회적 복지지원이다. 생활이 어려운 자에게 국가 및 지방자치단체의 비용부담으로 필요한 보호를 제공한다. 이들의 최저생활을 보장과 자립 촉진을 목적으로 한다. 공적부조에는 공공부조와 사회보험이 있다.

1. 공공부조

공공부조는 자본주의 사회의 모순이 심화됨에 따라 구조적 산물로 빈곤이 발생되었으며 국가의 책임하에 일정한 법령에 따라 공공의 비용으로 경제적 보호를 요구하는 자들에게 개인별 보호의 필요에 따라 제공하는 최저한도의 사회보장을 의미한다. 이와 같이 공공부조는 빈곤자의 생활보호의 기능을 의미하며, 생활보호는 최저 수준에 의한 국가최저(national minimum) 또는 사회최저(social minimum) 원칙으로 하고 있다. 따라서 공공부조는 빈곤계층의 기본적 생활욕구 해결을 돕기 위해 소득보장, 의료보호, 교육, 주택 등 기타 서비스를 제공하기 위한 것이다.

우리나라의 사회보장기본법 제3조 제3호에 의하면, "공공부조라 함은 국가 및 지방자치단체의 책임하에 생활 유지 능력이 없거나 생활이 어려운 국민의 최저생활을 보장하고 자립을 지원하는 제도를 의미한다"라고 정의하고 있다. 다음 공적부조의 원리로 첫째, 최저생활보장의 원리, 둘째, 생존권 보장의 원리, 셋째, 국가책임의 원리 넷째, 보충성의 원리, 다섯째, 평등보장의 원리, 여섯째, 자립자조의 원리이다.

2. 사회보험

사회보험은 사회보장을 위한 보험으로써 국가가 사회정책을 수행하기 위해서 보험 방식을 도입하여 만든 경제사회제도이다. 이러한 의미에서 사회보장기본법 제3조 제2호에 의하면 "사회보험은 국민에게 발생하는 사회적 위험을 보험방식에 의하여 대처함으로써 국민건강과 소득을 보장하는 제도를 의미한다"라고 정의하고 있다. 따라서 사회보험은 국민을 대상으로 질병, 사망, 노령, 실업, 기타 신체장애 등으로 인하여 활동능력의 상실과 소득의 감소가 발생한 경우 보험방식으로 보장하는 제도이다. 이와 같이 사회보험은 운영과 방법론에서 보험기술과 보험원리를 따르고 있다는 점에서 공공부조와 상이하다.

1) 사회보험의 개념과 특성

(1) 사회보험의 개념

사회보험(social insurance)은 사회보장제도의 주요 구성요소로서 보험형식으로 국민의 건강과 소득을 보장하는 제도를 말한다. 사회적 위험인 질병, 노령, 실업, 사망, 기타 신체장애 등으로 인하여 활동능력의 상실과 소득의 감소가 발생하였을 때 보험방식에 의해 사회적 위험을 국민 간의 합의에 의해 보장하는 제도이다. 우리나라의 경우 5대 보험체제로 국민연금, 건강보험, 고용보험, 산재보험, 노인장기요양보험이 있다. 우리나라에서도 2008년 7월 1일부터는 노인장기요양보험제도가 사회보험 형태로 시행되고 있다.

(2) 사회보험의 특성

사회보험은 보험이기 때문에 민간보험과 유사한 점이 많고, 또한 소득보장정책이라는 점에서 공공부조와 동일한 목적을 갖는다. 그러나 사회보험은 민간보험이나 공공부조와 다른 특성이 있다. 그 특성은 다음과 같다.

첫째, 강제적 프로그램

둘째, 사회적 위험에 대비하기 위한 소득보장제도

셋째, 개인적 형평성보다는 사회적 충분성을 중시

넷째, 급여는 권리이며 자산과 무관

다섯째, 재원조달방법은 사용자나 피용자가 지불하는 각출금 근거

여섯째, 소득재분배 기능

일곱째, 정부의 강제 프로그램으로 사전에 규정된 욕구에 따라 급여가 제공

(3) 사회보험과 민간보험

보통 사회보험이나 민간보험은 위협의 분산과 이전을 기하기 위해 급여자격과 총액에 대한 정확한 수리적 계산을 근거로 운용된다. 가입대상이나 급여, 재정 등과 관련된 조건들을 규정하여 프로그램 운영에 필요한 경비를 충당하기에 충분한 보험료와 보험금 지급을 전제로 사전에 결정된 급여를 보장하여 가입자의 경제적 보장을 목적으로 하는 데 공통점이 있다.

3. 연금제도

1) 연금제도의 의의와 필요성

연금제도는 노화, 불의의 사고 등 질병으로 인한 장해로 소득능력이 상실 또는 감소된 경우 본인이나 그 유족에게 일정액의 금전급부를 행함으로써 안정된 생활을 영위할 수 있도록 해주는 장기적 소득보장제도이다.

연금법은 1889년 6월 비스마르크에 의해 제정된 노령·폐질보험법이 시초이며, 각국은 자국의 실정에 맞게 연금법을 다양하게 재정·운영하고 있다. 우리나라의 연금제도는 1960년 공무원을 대상으로 공무원연금이 처음 시행되었고, 이어 군인연금, 사학연금이 시행되었다.

국민연금은 1988년 10인 이상 사업장 근로자를 대상으로 처음 시행되었다. 2006년에는 1인 이상 사업장까지 확대 적용함으로써 대상이 전 국민으로 바뀌었다.

2) 국민연금

연금제도는 특수지역연금제도인 공무원연금, 군인연금, 사립학교교직원연금과 국민연금이 있다. 전 국민을 대상으로 하는 국민연금제도에 대해 살펴보겠다.

국민연금은 기여와 급여가 획일적으로 법정화되어 있고, 노령·폐질·사망 등과 같은 사회적 위험에 대비한 사회책임성 · 급여의 적절성이 강조되고 있다. 기여와 급여의 과정에서 소득재분배의 효과가 발생하고, 가입은 강제적 원칙으로 사회보험적 성격을 가지고 있다. 이와 같은 점에서 민간보험인 사적 연금이나 퇴직연금과 구별된다. 그리고 노령 퇴직 또는 중도 퇴직 시에 근로자의 생활보장에 기여하는 퇴직금제도와는 구별된다.

현행 국민연금제도는 수정적립방식을 채택·운용하고 있으며, 제도의 조기 정착을 도모하고 일부분을 후세대가 부담하는 세대 간 소득재분배가 되도록 설계되었다.

3) 건강보험제도

(1) 건강보험제도의 의의와 특성

건강보험제도란 일상생활의 우연한 질병이나 부상으로 인하여 일시에 고액의 진료비가 소비되어 가계가 파탄되는 것을 방지하기 위하여, 보험원리에 의해 국민들이 평소에 보험료를 납부하여 보험사고가 발생할 경우 보험급여로 국민 상호 간에 위험을 분담하고 의료서비스를 제공하는 사회보장제도이다.

건강보험제도의 특징은 법률에 의한 강제가입을 원칙으로 부담능력에 따른 보험료의 차등 부담, 보험급여는 균등한 수혜, 보험료 납부는 강제성 있다.

(2) 건강보험제도의 법적 근거와 발전과정

우리나라 헌법은 제34조 제1항과 제2항에 국민의 인간다운 생활을 할 권리와 동 권리를 실현하기 위한 국가의 사회복지증진의무를 규정하고 있다.

사회보장제도 중 건강보험제도는 국민의 질병, 부상에 대한 예방, 진단, 치료, 재활과 출산, 사망 및 건강증진에 대하여 보험급여를 실시함으로써 국민건강을 향상시키고 사회보장증진을 목적으로 한다. 국민건강보험법을 제정하여 생활유지 능력이 있는 국민을 대상으로 "건강보험제도"를 실시하고 있고, 의료급여법을 제정하여 생활유지 능력이 없거나 어려운 국민을 대상으로 "의료급여제도"를 실시하고 있다.

(3) 건강보험제도의 역할과 기능

① 건강보험은 사회연대성에 위해 국민의 의료비문제를 해결해 줌으로써 국민의 건강과 가계를 보호하는 제도로서 전 국민을 당연적용대상자로 하는 사회보험 방식을 채택하고 있다. 따라서 국가 또는 개인의 책임이 아닌 사회공동의 연대책임을 활용하여 소득재분배 기능과 위험분산의 효과가 있으며, 사회적 연대를 강화하여 사회통합을 도모하고 있다.

② 소득재분배 기능의 수행으로 질병은 개인의 경제생활에 지장을 초래하여 소득이 감소하고, 다시 건강을 악화시키는 악순환을 초래한다. 따라서 건강보험은 각 개인의 경제적 능력에 따른 일정한 부담으로 재원을 조성하고 개별부담과 관계없이 필요에 따라 균등한 급여를 제공하여 질병 발생 시 가계에 지워지는 경제적 부담을 경감시켜주는 소득재분배 기능을 수행한다.

③ 비용부담과 적정한 보험급여로 보험료 부담은 형편에 따라 공평하게 부담하는 것으로 주로 소득이나 능력에 비례하여 부담하게 되며, 집단 구성원 상호 간의 사회적 연대성에 의하여 그 기능이 발휘된다. 또한 보험급여 측면에서는 피보험대상자 모두에게 필요한 기본적 의료를 적정한 수준까지 보장하여 그들의 의료문제를 해결하고 누구에게나 균등하게 적정수준의 급여를 제공한다.

4) 고용보험제도

고용보험이란 근로자와 공동부담하는 갹출금으로 실업의 예방 고용의 촉진 및 근로자의 직업능력 개발, 근로자의 생활에 필요한 급여를 지급하여 실직 근로자의 생활안정 및 재취업을 지원하는 사회보험 제도이다. 따라서 실업보험은 단순하게 실직자의 생계를 지원하는 사후적·소극적 사회보장제도이지만, 고용보험은 실직자에 대한 생계지원은 물론 재취업을 촉진하고 나아가 실업의 예방 및 고용안정, 노동시장의 구조 개편, 직업능력 개발을 강화하기 위한 사전적·적극적 차원의 종합적인 노동시장 정책의 수단이라고 할 수 있다. 우리나라는 1993년 12월에 근로자복지와 노동시장의 효율성 제고라는 목표로 고용보험법이 제정되어 1995년 7월부터 상시근로자가 30인 이상 사업장부터 시행되었으며, 1998년 10월부터는 1인 이상의 근로자가 있는 모든 사업주는 의무적으로 고용보험에 가입하여야 하며 사업주 또는 근로자의 의사와 관계없이 자동적으로 고용보험 관계가 성립한다.

고용보험제도의 기본구조와 사업내용은 다음과 같다. 고용안정사업은 근로자를 감원하지 않고 고용을 유지하거나 실직자를 채용하여 고용을 늘리는 사업주를 지원하여 근로자의 고용안정 및 취업 취약계층의 고용촉진을 담당한다.

직업능력개발사업은 근로자에게 직업훈련을 실시하거나 근로자가 자기개발을 위해 훈련을 받을 경우 사업주 및 근로자를 지원하는 사업이다. 또한 실업급여에서는 근로자가 실직하였을 경우 일정기간 동안 실직자와 그 가족의 생활 안정 그리고 원활한 구직활동을 위하여 지급한다.

5) 산재보험제도

산재보험은 공업화 및 산업화로 급격히 증가하는 산업재해 근로자를 보호하기 위해 1964년에 도입된 우리나라 최초의 사회보험 제도이다. 산업재해로 인해 부상 또는 사망한 경우는 그 피해 근로자나 가족을 보호 또는 보상해 주기 위해서는 산재보험이 중요한 의미를 지닌다고 할 것이다. 산재보험은 산재 근로자와 그 가족의 생활을 보장하기 위해 국가가 책임을 지는 의무보험으로 원래 사용자의 근로기준법상 재해보상책임을 보장하기 위해 국가가 사업주로부터 소정의 보험료를 징수하여 재원으로 사업주를 대신해 산재 근로자들에게 보상하는 제도이다. 산재보험은 다음과 같은 특성이 있다.

① 근로자의 업무상의 재해에 대하여 사용자의 고의·과실의 유무와 상관없이 무과실 책임주의다.

② 재원은 보험료를 원칙적으로 사업주가 전액 부담한다.

③ 산재보험급여는 재해 발생에 따른 손해 전체를 보상하는 것이 아니라 평균임금을 기초로 하는 정률 보상방식으로 행한다.

④ 자진신고 및 자진납부를 원칙으로 하고 있다.

⑤ 재해보상과 관련되는 이의신청을 신속히 하기 위하여 심사 및 재심사청구제도를 운영한다.

⑥ 타 사회보험과는 달리 산재보험은 사업장 중심의 관리가 이루어진다.

6) 노인장기요양보험제도

노인장기요양보험제도는 고령이나 노인성 질병 등의 사유로 일상생활을 혼자 수행하기 어려운 노인에게 신체활동, 가사지원 등의 장기요양급여를 제공하여 노후의 건강증진 및 생활안정을 도모함을 목적으로 하고 있다. 노인을 돌보는 가족의 부담을 덜어줌으로써 국민의 삶의 질 향상을 위한 제도이다. 노인장기요양보험제도는 2008년부터 실시되었으며, 건강보험 가입자 및 의료급여수급권자가 대상이 된다. 그리고 대상은 65세 이상 노인 및 65세 미만인 자로 치매 뇌혈관성 질환 등 노인성 질병을 가진 자도 대상이 된다.

노인장기요양보험은 국민건강보험공단 각 지사에서 담당을 하고 있으며, 장기요양서비스는 장기요양사업자인 장기요양기관에서 제공하고 있다.

보험제도의 이용절차는 다음과 같다.

① 장기요양 신청 및 방문조사(국민건강보험공단)

② 장기요양 인정 및 등급판정(등급판정위원회)

③ 장기요양인정서 및 표준장기요양이용계획서 송부(국민건강보험공단)

④ 장기요양급여 이용 계약 및 장기요양급여 제공(장기요양기관)

순으로 이루어진다.

장기요양 급여의 종류는 재가급여, 시설급여 및 특별현금급여로 구분되며 재가급여는 방문요양, 방문목욕, 방문간호, 주야간보호, 단기보호, 복지용구 등이 있다.

11장

사회복지실천 영역 - I

학습목표

- 사회복지 대상별 실천영역의 개념을 이해한다.
- 대상과 범주에 대해 이해한다.
- 각 실천현장의 사회복지사 역할을 이해한다.

사회복지에 대한 국민의 욕구는 다양화되고 사회복지 대상이 선별적 복지대상에서 보편적 복지대상으로 변화되고 있다. 또한, 생애 전 과정에서 사회복지 서비스를 필요로 한다. 따라서 각 사회복지 대상별 실천영역의 개념, 대상과 범주, 서비스의 종류와 실천현장에서의 사회복지사의 역할을 중심으로 살펴보겠다.

1절 아동복지

1. 아동복지의 개념

아동복지는 "부모가 아동 양육의 역할을 수행할 수 없거나 아동이 거주하는 지역사회가 아동과 가족이 요구하는 보호와 자원을 제공할 수 없을 필요한 서비스를 제공하는 것이 일반적이었다. 대부분 약화된 개별 가족기능의 보호에 초점을 둔 아동복지 전문기관을 중심으로 전문적인 사회복지 활동으로 이루어졌다. 이러한 아동복지실천 범위는 신체적, 심리적, 사회적 발달이 가능하도록 전 영역으로 확대되어, 아동뿐만 아니라 아동과 함께 생활하는 부모, 형제자매, 친척, 동거 보호자 등을 포괄함으로써 광의의 개념으로 확장하였다. 이와 같이 아동복지의 대상은 요보호 아동 및 아동의 기본적 욕구 충족과 아동의 신체적, 정서적, 사회적 측면에서 최적의 발달이 가능하도록 치료적·예방적 차원에서 아동과 가족을 지원하는 개념으로 정의할 수 있다.

2. 아동복지의 범주

아동은 미성숙하고 불완전한 상태에 있는 자로 아동의 연령은 법과 제도에 따라 연령이 다양하게 적용되고 있다. 아동에 대한 연령 구분을 법에 따라 구분한다. 「헌법」과 「아동복지법」, 「국민기초생활보장법」과 「한부모가족지원법」에서는 18세 미만인 자로 규정하고 있으며 「한부모가족지원법」의 경우 취학 중인 경우는 22세 미만으로 적용하고 있다. 「소년법」에서는 소년을 19세 미만인 자로 규정하고 있다. 「근로기준법」에서는 연소자란 이름으로 15세 미만인 자로 규정하고 있다. 아동을 다양한 연령으로 구분하는 것은 아동의 다차원적인 욕구와 특성을 반영 등 매우 복합적인 실천 영역을 포괄한다.

아동은 미성숙한 존재이기 때문에 아동뿐 아니라 보호자도 그 대상에 포함하고 있다. 아동복지의 대상은 일반 아동과 요보호 아동, 아동의 보호자로 나눌 수 있다. 일반 아동은 사회의 특별한 보호를 받지 않고 가정에서 양육과 보호를 받는 아동이며, 보편적 서비스를 제공한다. 요보호 아동은 부모의 보살핌을 받을 수 없는 가정환경에 있는 아동으로 빈곤가정, 결손가정, 부모부재가정, 신체적·지적·정서적 장애아동, 사회적·법적 보호를 요하는 가출 아동, 비행 아동, 특별보호를 요하는 학대피해 아동, 유기 아동, 미혼부모아동 등을 말한다. 아동의 보호자로 부모나 가족 등 보호자를 포함하는데, 아동이 스스로 자신의 권익을 위한 적극적인 행동을 하기가 어려우므로 부모나 가족 등 아동의 보호자를 통해 아동의 복지를 도모해야 하기 때문이다.

3. 아동복지시설 및 서비스

서비스 제공 장소, 방어선의 위치, 서비스 기능에 따라 세 가지로 구분하고 있다.(공계순 외, 2009)

재가서비스와 가정 외 서비스로 구분된다. 재가서비스는 원가족의 기능의 결핍을 가정 내에서 지지하거나 보충해 주는 것이며, 가정 외 서비스는 시설이나 위탁가정, 보육시설 등과 같은 가정 밖에서 서비스를 제공하는 것이다.

방어선의 위치에 따라 제1차 방어선인 원가정을 대신할 수 있는 대리가정과 제2차 방어선인 대리가정을 통한 서비스 제공에 어려움이 있는 경우 공공기관이나 민간복지단체가 운영하는 공동생활 가정(group home)이나 집단 보육시설과 같은 제3차 방어선으로 구분된다(권중돈 외, 2023).

지지서비스, 보충 서비스로는 소득 보충 프로그램, 가정봉사원 파견 서비스, 보육서비스 등이 있다. 대리 서비스로는 가정위탁서비스, 입양, 시설보호, 긴급보호시설, 아동치료보호시설 등의 서비스가 있다.

아동복지시설은 아동복지법 52조의 의거 설치된 시설로 다음 표와 같다.

〈표 11-1〉 아동복지시설의 종류

구분	기능
아동양육시설	보호대상아동을 입소시켜 보호, 양육 및 취업훈련, 자립지원 서비스 등을 제공하는 것을 목적으로 하는 시설
아동일시보호시설	보호대상아동을 일시보호하고 아동에 대한 향후의 양육대책수립 및 보호조치를 행하는 것을 목적으로 하는 시설
아동보호치료시설	아동에게 보호 및 치료 서비스를 제공하는 시설
공동생활가정	보호대상아동에게 가정과 같은 주거여건과 보호, 양육, 자립지원 서비스를 제공하는 것을 목적으로 하는 시설
자립지원시설	아동복지시설에서 퇴소한 사람에게 취업준비기간 또는 취업 후 일정 기간 동안 보호함으로써 자립을 지원하는 것을 목적으로 하는 시설
아동상담소	아동과 그 가족의 문제에 관한 상담, 치료, 예방 및 연구 등을 목적으로 하는 시설
아동전용시설	어린이공원, 어린이놀이터, 아동회관 등 각종 편의를 제공하여 심신의 건강 유지와 복지증진에 필요한 서비스를 제공하는 것을 목적으로 하는 시설
지역아동센터	지역사회 아동의 보호 · 교육, 건전한 놀이와 오락의 제공, 보호자와 지역사회의 연계 등 아동의 건전육성을 위하여 종합적인 아동복지서비스를 제공하는 시설
아동보호전문기관	아동학대 예방 및 학대피해 아동상담, 보호 서비스 제공하는 시설

출처: 아동복지사업안내 2023 참고 재구성

아동복지법이 전부 개정(2012. 8. 시행)되어 아동복지 정책에 대한 중기계획 수립 근거를 마련하게 되었고 제2차 아동정책기본계획은 실질적인 아동의 삶 변화, 일상 속에서 아동권리 적극 보장으로 아동 행복체감도 제고와 '아동 중심' 관점으로 정책 패러다임 전환을 마련하였다. 주요 내용으로 아동의 특성과 과제를 중심으로 권리의 주체로서 일상생활 속 아동의 권리 실현, 미래 주역으로서 건강하고 균형 있는 발달 지원, 아동의 공정한 출발을 위한 국가책임 강화 등을 제시하였다. 또한 5년 주기로 아동 실태조사를 실시하고 있으며, 아동인권 증진 지원을 위한 아동 권리 포럼 등이 개최되고 있다. 이에 따른 아동에게 적용되고 있는 각종 서비스를 살펴보겠다.

1) 아동수당 지급

아동에게 아동수당을 지급하여 아동 양육에 따른 경제적 부담을 경감하고 건강한 성장 환경을 조성함으로써 아동의 기본적 권리와 복지를 증진하기 위한 지원으로 「아동수당법」에 지원 근거를 두고 있다. 만 7세 미만 모든 아동에게 지원된다.

2) 입양

원가족의 양육이 어려운 상태의 아동을 위한 입양은 국내입양, 국내외입양과 후원서비스 지원가 있다. 국외입양인을 위한 모국방문, 한국어교육, 국내체류 쉼터 지원 등을 지원하고 있다.

3) 가정위탁 지원

보호대상 아동을 보호·양육하기를 희망하는 가정에 위탁 양육함으로써 가정적인 분위기에서 건전한 사회인으로 자랄 수 있도록 하기 위함이며, 위탁 아동 및 위탁 부모에 대한 경제적·사회적 지원 확대를 지향하고 있다. 주요 사업으로는 양육보조금 지원, 「국민기초생활보장법」에 의한 생계비 등 지원, 가정위탁아동 상해보험료 지원, 가정위탁 선정 절차는, ① 아동 위탁보호 신청→② 아동 및 위탁 가정 환경 조사→③ 위탁 결정 및 통보→④ 사례관리와 같다.

4) 아동복지교사 지원

지역사회 우수인력을 채용, 교육훈련하여 아동복지서비스 전문인력을 양성하여 취약계층 아동에게 다양하고 체계적인 교육 프로그램 제공, 아동의 건전한 성장 지원을 위해 지역아동센터에 기초학습, 외국어지도, 독서지도, 예체능지도, 다문화·장애아동지도, 기타 등 6개 분야 아동복지교사 파견 등이 있다.

5) 드림스타트

지원 대상은 0세에서 만 12세(초등학생 이하) 아동 및 가족, 만 13세 이상 아동 중 초등학교 재학 중인 아동이다. 드림스타트는 보건복지부가 총괄하고 아동 통합서비스 지원 기관인 드림스타트를 설치·운영하며 사업기관은 시·군·구 드림스타트이다. 주요 서비스 내용은 건강검진 및 건강관리, 기초학습 지원, 사회정서 증진 서비스 등 부모 양육 지원 등 아동 발달 영역별 맞춤형 통합서비스이다.

6) 디딤씨앗통장

아동의 경제적 자립지원을 도모하기 위하여 아동 발달 지원계좌(Child Development Account: CDA)를 지원(2007년 4월 도입)하여 아동이 보호자, 후원자의 후원으로 월 5만 원 이내의 금액을 저축하면 국가(지자체)에서 만 18세 미만까지 같은 액수(1:1 매칭 펀드)를 지원하여 만 18세 이후 사회 진출 시 학자금, 전세금, 창업 자금 등으로 사용토록 하는 방식으로 아동 형편에 따라 최대 월 50만 원 내에서 자율 저축이 가능하다.

4. 아동복지실천 현장의 사회복지사의 역할

첫째, 아동의 양육자 혹은 보호자로서 아동의 일상생활을 보조하며, 생활지도와 학습지도 및 상담 등의 행정업무 등의 역할

둘째, 아동에 대한 상태를 파악하고 정확한 실태를 조사하여 일시보호 아동의

가정복귀 및 타 시설 이송 여부를 결정 등 적절한 도움의 역할

셋째, 지방법원소년부지원에서 보호 위탁한 아동을 입소시켜 그들을 치료하고 선도하여 건전한 사회인으로 육성하도록 지원하는 역할

넷째, 아동의 자립을 지원하고, 진로 및 직업훈련에 대한 정보를 제공, 아동의 보호와 교육, 건전한 놀이와 오락의 제공, 보호자와 지역사회의 연계 등 아동의 건전육성 지원하는 역할

이와 같은 아동복지시설은 각각의 고유한 업무 외에도 지역사회 아동의 건전한 발달을 위하여 아동, 가정, 지역주민에게 상담, 조언 및 정보를 제공하거나, 부득이한 사유로 가정에서 낮 동안 보호를 받을 수 없는 아동을 대상으로 개별적인 보호와 교육을 통하여 아동의 건전한 성장을 도모한다.

2절 청소년복지

1. 청소년복지의 개념

청소년은 부모의 보호를 필요한 아동기에서 자립적인 생활을 지원하여 성인으로 되어 가는 전환기에 있다고 정의할 수 있다. 또한 9세 이상 24세 이하에 있는 사람으로 연령 기준을 정하고 있다. 사회 통념상 상당수의 청소년이 학생에 해당하며 우리나라에서는 중·고등학교 학령기인 13세에서 18세까지의 연령을 청소년으로 정의하고 있다.

청소년복지는 아동복지와 구별되며 청소년의 기본 욕구 충족과 건강한 성장과 발달의 촉진은 물론 청소년을 둘러싼 환경이 청소년의 성장을 돕기 위해 최적의 기능을 발휘할 수 있도록 청소년과 가정, 사회를 통해 직간접적으로 제공되는 모든 사회정책과 관련 제도 및 전문적 활동으로 정의할 수 있다(손병덕 외, 2021).

청소년복지는 청소년이 정상적인 삶을 누릴 수 있는 기본적인 여건을 조성하고, 조화롭게 성장·발달할 수 있도록 제공되는 사회적·경제적 지원"하는 것으로 정의할 수 있다. 청소년복지 대상를 위기청소년 및 일반청소년을 포함한 성장기의 모든 청소년에게 지원하는 것을 의미한다.

2. 청소년복지의 범주

일반 청소년과 위기청소년으로 구분할 수 있다. 일반 청소년은 심리적 환경적으로 특별한 문제가 없는 청소년으로 주로 예방적 서비스가 제공되고 있으며, 위기 청소년은 특별지원 대상 청소년으로 주로 보호서비스가 제공된다.

3. 청소년을 위한 지원시설 및 사회복지서비스

청소년 희망센터, 청소년 참여위원회, 청소년 수련원, 청소년문화의 집 등 운영되고 있다. 청소년을 위한 지원 시설은 여성가족부를 중심으로 전국지방자치단체에서 설치 운영하고 있다. 청소년 활동 지원을 위해 청소년아카데미, 전문체험활동, 자기개발활동지원, 청소년어울림마당, 청소년 수련활동인증제 등이 운영되고 있다.

1) 위기청소년 지원

청소년복지실천 활동의 초점은 주로 어려운 상황에 처해 있는 위기청소년에게 두고 있다. 위기 청소년은 해당 청소년이 속한 가구의 소득이 일정 기준 금액 이하인 청소년을 지원한다. 보호지원 대상자 중 비행·일탈 예방을 위하여 지원이 필요한 청소년, 「학교 밖 청소년 지원에 관한 법률」 제2조 제2호에 따른 학교 밖

청소년 보호자가 없거나 실질적으로 보호자의 보호를 받지 못하는 청소년 등 어느 하나에 해당하는 위기 청소년 중에서 선정한다. 이처럼 위기청소년이란 「청소년복지지원법」(제14조)에서 제시하고 있는 위기청소년에게 필요한 사회적·경제적 지원을 하고 있다.

2) 청소년활동시설

청소년활동시설이란 청소년수련활동, 청소년교류활동, 청소년문화활동 등 청소년 활동에 제공되는 시설이다. 청소년활동시설의 종류는 청소년수련시설과 청소년 이용시설로 구분할 수 있다.

① 청소년수련관은 다양한 청소년수련거리를 실시할 수 있는 각종 시설 및 설비를 갖춘 종합수련 시설을 의미한다. ② '청소년수련원'은 숙박 기능을 갖춘 생활관과 다양한 청소년수련거리를 실시할 수 있는 각종 시설과 설비를 갖춘 종합수련시설을 말한다. ③ '청소년문화의 집' ④ '청소년특화시설' ⑤ '청소년야영장' ⑥ '유스호스텔' 등이 있다.

3) 청소년보호시설

청소년보호시설에는 「청소년보호법(제35조 제1항)에서 명시하고 있는 청소년보호·재활센터가 있다. 청소년보호·재활센터는 청소년 유해환경으로부터 청소년을 보호하고 피해 청소년의 치료와 재활을 지원하기 위한 시설이다. 주요사업으로 학습·정서·행동상의 장애가 있는 청소년에 대한 보호·상담 및 치료·재활지원, 약물 또는 인터넷중독 청소년에 대한 보호·상담 및 치료·재활 지원, 청소년 유해환경으로 인한 피해 청소년 실태 파악 및 지원을 위한 조사·연구, 치료프로그램 개발 및 자료 구축·관리, 그 밖에 청소년 유해환경으로 인한 피해 예방, 상담 및 치료 재활을 위해 필요하다고 여성가족부 장관이 인정하는 사항 등의 사업을 진행하는 것으로 규정되어 있다(청소년보호법 시행령」 제32조).

4) 청소년복지시설

청소년복지시설은 「청소년복지지원법(제31조)에서 명시하고 있는 청소년쉼터, 청소년 자립지원관, 청소년 치료재활센터, 청소년회복지원시설 등이 있다.

5) 청소년복지실천 현장과 사회복지사의 역할

「청소년기본법(제17조)에 명시되어 있는 청소년시설인(활동시설) 보호시설, 복지시설과 현재 청소년복지 증진을 위해 서비스를 제공하는 시설은 다양하다. 이러한 시설에 종사하는 사회복지사의 역할로는 임상전문가, 교육자, 매개자, 조정자, 옹호자 등 다양한 역할이 있으며, 역할은 아래와 같다.

첫째, 복합한 문제와 욕구를 해결하기 위한 환경조성 역할

둘째, 개별 개입서비스 제공 역할

셋째, 청소년 1:1 대면 상담 역할

넷째, 집단, 가정 개입 및 지역사회 연계역할 등이 있다.

3절 장애인복지

1. 장애인 개념

장애인복지는 국가나 사회적 수준에서 장애인 인간으로서의 존엄한 권리를 보장하고 사회적으로 동등한 대우를 받도록 하는 제반 조치를 말한다. UN의 국제장애인권리협약 제1조에서는 "장애인은 다양한 장벽과의 상호작용으로 다른 사람들과 동등한 조건으로 완전하고 실질적인 사회참여를 저해하는 장기간의 신체

적·정신적·지적 또는 감각적인 손상을 가진 사람을 포함한다."(임종호, 2023). 1981년 「심신장애자복지법」이 제정될 당시에는 장해자(障害者)를 빌려와서 장애자로 사용하였다. 현재는 장애인이라는 호칭을 사용하고 있다. 또한 1980년에 국제장애분류가 발표되고 장애의 개념을 손상(impairment), 능력장애(disability), 사회적 불리(handicaps)의 세 차원으로 분류하고 있다. 또한 능력장애는 손상으로 인해 인간 행동의 장애로 간주하며 활동을 수행하는 능력이 제한되거나 결여된 것을 뜻한다. 국제기능장애건강분류(International Classification of Functioning, Disability and Health: ICF) ICF는 장애를 가지고 있는 사람들에 한정하여 적용되는 것이 아니라 모든 사람의 건강에 관련된 요소를 설명해 주는 보편적 적용이 가능한 틀이라 할 수 있다. ICIDH에서는 손상, 기능장애, 사회적 불리 간의 일방적인 관계를 전제로 손상의 전제 위에 기능장애가 논의되고 기능장애의 전제 위에 사회적 불리의 여부를 판단하는 체계였다. 특정 영역에서 개인의 기능수준은 건강 상태와 상황적 맥락의 상호작용의 결과라고 본다(김용득, 2002).

2. 장애인 범주

장애인의 범주는 국가에 따라 다르게 분류하고 있다. 우리나라는 1988년 11월에 장애인 등록사업이 전국적으로 확대 실시 되었고, 1989년 「장애인복지법」에서는 법적인 장애인을 지체장애, 시각장애, 청각장애, 언어장애, 정신지체의 다섯 가지 범주로 한정하였다. 정신지체는 지적장애로, 발달장애는 자폐성 장애로 개칭되었다. 신체적 장애와 정신적 장애로 나뉘고, 신체적 장애는 외부로 드러나는지의 여부에 따라 외부 신체기능장애와 내부기관장애로 나눌 수 있다. 이러한 장애를 15가지 종류로 분류하고 있다.

〈표 11–2〉 장애인의 분류

<table>
<tr><th>대분류</th><th>중분류</th><th>소분류</th><th>세분류</th></tr>
<tr><td rowspan="12">신체적 장애</td><td rowspan="6">외부 신체기능의 장애</td><td>지체장애</td><td>절단장애, 관절장애, 지체기능장애, 척추장애, 변형 등의 장애</td></tr>
<tr><td>뇌병변장애</td><td>뇌의 손상으로 인한 복합적인 장애</td></tr>
<tr><td>시각장애</td><td>시력장애, 시아결손장애, 겹보임(복시)</td></tr>
<tr><td>청각장애</td><td>청력장애, 평형기능장애</td></tr>
<tr><td>언어장애</td><td>언어장애, 음성장애, 구어장애</td></tr>
<tr><td>안면장애</td><td>안면부의 추상, 함몰, 비후 등 변형으로 인한 장애</td></tr>
<tr><td rowspan="6">내부기관의 장애</td><td>신장장애</td><td>투석치료중이거나 신장을 이식받은 경우</td></tr>
<tr><td>심장장애</td><td>일상생활이 현저히 제한되는 심장기능 이상</td></tr>
<tr><td>간장애</td><td>일상생활이 현저히 제한되는 만성 · 중증의 간기능 이상</td></tr>
<tr><td>호흡기장애</td><td>일상생활이 현저히 제한되는 만성 · 중증의 호흡기기능 이상</td></tr>
<tr><td>장루 · 요루장애</td><td>일상생활이 현저히 제한되는 장루 · 요루</td></tr>
<tr><td>뇌전증장애</td><td>일상생활이 현저히 제한되는 만성 · 중증의 뇌전증</td></tr>
<tr><td rowspan="3">정신적 장애</td><td rowspan="2">발달장애</td><td>지적장애</td><td>지능지수가 70 이하인 경우</td></tr>
<tr><td>자폐성장애</td><td>소아청소년 자폐 등 자폐성 장애</td></tr>
<tr><td>정신장애</td><td>정신장애</td><td>조현병, 조현정동장애, 양극성정동장애, 재발성우울장애, 뇌의 신경학적 손상으로 인한 기질성 정신장애, 강박장애, 투렛장애(Tourette's disorder), 기면증</td></tr>
</table>

출처 : 장애인복지안내 2023 참고 재구성

3. 장애인복지시설 및 서비스

우리나라 장애인 시설은 장애인복지법 제58조에 의거 장애인 거주시설, 장애인 지역사회재활시설, 장애인 직업재활시설, 장애인 의료시설, 장애인 생산품 판매시설과 피해장애인 쉼터 등이 있다. 장애인 시설의 종류와 기능에 대해 살펴보겠다.

1) 장애인 거주시설

장애유형별 거주시설, 중증장애인 거주시설, 장애영유아 거주시설, 장애인 단기거주시설, 장애인 공동생활가정, 여섯 가지 유형으로 분류할 수 있다.

〈표 11-3〉 장애인 거주시설의 종류와 기능

구분	기능
장애유형별 거주시설	장애유형이 같거나 유사한 장애를 가진 사람들을 이용하게 하여 그들의 장애유형에 적합한 주거지원 · 일상생활지원 · 지역사회생활지원 등의 서비스를 제공하는 시설
중증장애인 거주시설	장애의 정도가 심하여 항상 도움이 필요한 장애인에게 주거지원 · 일상생활 지원 · 지역사회생활지원 · 요양서비스를 제공하는 시설
장애영유아 거주시설	6세 미만의 장애영유아를 보호하고 재활에 필요한 주거기원 · 일상생활지원 · 지역사회생활지원 · 요양서비스를 제공하는 시설
장애인 단기거주시설	보호자의 일시적 부재 등으로 도움이 필요한 장애인에게 단기적 주거서비스, 일상생활지원서비스, 지역사회생활서비스를 제공하는 시설
장애인 공동생활가정	장애인들이 스스로 사회에 적응하기 위하여 전문인력의 지도를 받으며 공동으로 생활하는 지역사회 내의 소규모 거주시설

출처 : 장애인복지사업 안내(2023) 참고

2) 장애인 지역사회 재활시설

장애인 지역사회 재활시설에는 장애인복지관, 장애인 주간보호시설, 장애인 수련시설, 장애인생활이동지원센터, 수어 통역센터, 점자도서관, 장애인 재활치료시설 등이 있다.

〈표 11-4〉 장애인 지역사회재활시설의 종류와 기능

구분	기능
장애인복지관	장애인에 대한 각종 상담 및 사회심리 · 교육 · 직업 · 의료재활 등 장애인의 지역사회생활에 필요한 종합적인 재활서비스를 제공하고 장애에 대한 사회적 인식 개선사업을 수행하는 시설
장애인주간보호시설	장애인을 주간에 일시 보호하여 장애인에게 필요한 재활서비스를 제공하는 시설
장애인체육시설	장애인의 체력증진 또는 신체기능 회복활동을 지원하고 이와 관련된 편의를 제공하는 시설
장애인수련시설	장애인의 문화 · 취미 · 오락활동 등을 통한 심신수련을 조장 · 지원하고 이와 관련된 편의를 제공하는 시설
장애인심부름센터	이동에 상당한 제약이 있는 장애인에게 차량 운행을 통한 직장 출퇴근 및 외출 보조나 그 밖의 이동서비스를 제공하는 시설
수어통역센타	의사소통에 지장이 있는 청각 · 언어장애인에게 수어통역 및 상담서비스를 제공하는 시설
점자도서관	시각장애인에게 점자간행물 및 녹음서를 열람하게 하는 시설
점자도서 및 녹음서 출판시설	시각장애인을 위한 점자간행물 및 녹음서를 출판하는 시설
장애인재활치료시설	장애아동을 포함한 장애인에게 언어 · 미술 · 음악 등 재활치료에 필요한 치료, 상담, 훈련 등의 서비스를 제공하고 서비스를 이용한 자로부터 비용을 수납하여 운영하는 시설

출처 : 장애인복지사업 안내(2023) 참고

3) 장애인 직업재활시설

장애인 직업재활시설은 장애인 보호작업장과 장애인 근로사업장, 장애인 직업적응훈련시설로 분류된다.

장애인근로사업장은 직업능력은 있으나 이동 및 접근성 문제나 사회적 제약 등으로 취업이 어려운 장애인에게 근로의 기회를 제공하고, 최저임금 이상의 임금을 지급하며, 경쟁적인 고용시장으로 옮겨갈 수 있도록 돕는 역할을 하는 시설이다.

4) 장애인 의료재활시설

장애인이 질병으로 입원이나 통원이 필요할 경우 상담, 진단, 판정, 치료 등의 의료재활 서비스를 제공하는 시설이다.

5) 장애인 생산품 판매시설

장애인의 능력 및 지원으로 생산된 생산품의 판매 및 유통을 대행하고, 생산품 판매와 관련한 상담, 홍보, 판로개척, 정보제공 등 마케팅을 지원하는 시설이다.

4. 장애인복지 현장과 사회복지사의 역할

장애인복지는 장애의 특성상 태어나면서부터 노년기에 이를 때까지 전 생애에 걸쳐 서비스가 제공되어야 한다. 장애 유형별로 특성이 다양해서 그 접근에 있어 다양한 접근이 필요하며, 특히 장애인 생활보장, 사회참여 및 직업재활, 장애인 의료, 장애인생산품 등의 다양한 서비스가 제공되고 있다. 이러한 장애인의 존엄과 사회의 일원으로 살아갈 수 있도록 다양한 사회복지사의 지원활동이 필요하다. 장애인 복지분야의 사회복지사의 역할을 살펴보면 다음과 같다.

첫째, 장애인의 인권을 존중하는 사회구조 문화 조성 역할

둘째, 장애인 뿐만 아니라 가족의 우선 보호 역할

셋째, 장애인의 복합적인 욕구에 따른 서비스 제공 역할

넷째, 장애인의 주변 환경의 무차별적 환경 조성 역할

4절 노인복지

1. 노인복지의 개념

노인복지는 노화의 과정과 결과로 생물적 심리적 사회적 기능이 약화되어 자립적인 생활능력과 환경에 대한 적응 능력이 약화되고 있는 사람으로 정의한다(권중돈, 2022). 노인에 대한 정의는 다양하게 정의되어 있으며, 우리나라는 노인복지법에서 노인복지의 기본이념은 안정된 생활, 자아실현을 위한 욕구의 충족과 사회통합의 유지로 규정하고 있다(노인복지법 제2조). 이러한 노인복지의 대상을 65세 이상의 자로 규정하고 있으며, 노인복지의 대상은 시대적 변화에 따라 변천하고 있다. 노인복지의 목적은 모든 노인이 최저수준 이상의 생활유지, 사회적 욕구 충족, 생활문제 예방을 통하여 안정된 노후생활에 적응과 사회통합이다. 과학기술 및 의료기술의 발달과 노인의 건강에 대한 의식 변화 등으로 노인인구는 점차 증가하고 있으며, 전체 인구 중 노인인구비율에 따라 고령화사회, 고령사회, 초고령사회로 구분하고 있으며, 현재 우리나라는 고령사회를 지나 초고령사회를 진입을 앞두고 있다. 윌렌스키와 르보(wilensky & lebeaux, 1965)는 노인복지 대상을 선별적 대상과 보편적 대상으로 구분하였다. 현대사회는 복지대상을 선별적 대상에서 보편적 대상으로 범위가 확대되고 있다(권중돈, 2022).

2. 노인복지의 범주

노인복지의 범주는 나이에 따른 기준으로 만 65세 이상의 자를 노인복지 대상으로 하고 있으며, 서비스 대상 범위도 선별적 수준의 대상이 아니라 보편적 수준으로 하고 있다. 이러한 노인복지의 대상은 65세 이상의 자로 소득보장의 욕구 및 경제활동 참여의 욕구, 건강한 사회참여의 욕구, 자기실현의 욕구, 건강보호 및 안전생활 유지, 차별과 학대로부터 존엄 등 다양한 욕구를 가진 노인을 대상으로 한다. 그리고 노인복지서비스는 다양화, 세분화되어 길어진 노후생활의 지원을 통하여 풍요롭고 성공적인 노후생활이 될 수 있도록 지원하고 있다.

3. 노인복지시설 및 서비스

노인복지법 제31조, 제39조에 의거 운영되고 있는 시설은 노인주거복지시설, 노인의료복지시설, 노인여가복지시설, 재가노인복지시설, 노인보호전문기관으로 분류하고 있다. 노인주거복지시설로는 노인공동생활가정, 노인복지주택이 있으며, 노인의료복지시설에는 노인요양시설, 노인요양공동생활가정, 재가노인복지시설은 방문요양, 주야간보호서비스, 단기보호서비스, 방문목욕, 복지용구 판매 및 대여 서비스가 있다. 노인여가복지시설로는 노인복지관, 경로당 노인교실, 노인대학 등, 노인학대 예방 및 인권보장을 위한 전국적으로 노인보호전문기관(1389번)이 운영되고 있다. 이외에 소득보장 및 고용보장 지원 서비스로는 공공부조, 국민연금, 퇴직연금 등이며 있으며, 보충적 소득보장으로 노인 일자리 사업, 시니어클럽 등이 있으며, 건강보호 및 건강지원을 위한 노인 건강검진, 의료비 지원, 무료 틀니 지원 등이 있다.

〈표 11-5〉 노인복지시설의 유형

구 분		시설의 종류
생활시설	노인주거복지시설	양로시설, 노인복지주택, 노인공동생활가정
	노인의료복지시설	노인요양시설, 노인요양공동생활가정
이용시설	노인여가시설	노인복지관, 경로당, 노인교실, 노인휴양소
	재가노인복지시설	방문요양서비스, 방문목욕서비스(재가요양시설), 주 · 야간주간보호센터, 단기보호센터,
	학대노인보호시설	노인보호전문기관, 노인일시쉼터
	노인일자리지원기관	시니어클럽, 노인일자리전담기관

출처: 국가법령정보센터 홈페이지, 재구성

4. 노인복지실천 현장의 사회복지사의 역할

노인의 평균 수명의 연장 및 노인 인구의 증가로 노인복지 서비스에 대한 국민의 기대 수준은 높아지고 있으며, 이에 따른 서비스도 다양화되고 있다. 이러한 변화양상에 대응할 수 있는 사회복지사의 전문성과 기능 및 역할의 중요성은 강조되고 있다.

첫째, 노년기의 자아실현 활동을 지원하는 사회복지사의 전문성과 역할이다. 노인의 욕구와 수준별 자아실현 활동을 지원하는 역할

둘째, 노인의 건강수준별, 가족의 부양 수준별로 욕구에 적절한 서비스 연결을 연결하는 역할

셋째, 노인의 경제활동 및 사회참여 욕구별로 적절한 상담을 통한 서비스 연계자 역할

넷째, 사회 가족으로부터 인간으로 존엄을 보장받을 수 있도록 학대 예방 및 지원 활동자의 역할

다섯째, 성공적인 노후생활을 지원하여 노년기를 잘 마무리할 수 있도록 전인적인 휴먼서비스 지원자 역할 등이 있다.

5절 여성복지

1. 여성복지의 개념

여성복지는 성 평등의 성인지적(gender recognized) 관점에서 이해해야 한다. 먼저 과거 여성에 대한 인식이 남성에게 종속된 여성복지의 관점의 변화의 대상은 특정한 문제를 가지는 여성만이 아니라 여성의 생은 남성 중심의 사회에서 여성의 차별과 불이익에 대한 인식이 미비하였다. 여성복지에 대한 정의는 그 강조

점을 여성주의에 두느냐, 사회복지의 관전에 두느냐에 따라 다르게 정의된다. 또한 여성복지의 초점을 성 평등으로 보는지 아니면 여성의 인간다운 삶을 위한 실천적 노력으로 보는지에 따라 차이가 있다.

여성을 위한 복지는 첫째, 모든 여성이 인간다운 삶을 영위하도록 보장하는 것을 목적으로 삼으며, 이는 특히 양성평등의 실현을 통해 가능하다고 하는 여성복지의 궁극적 목적을 포함하고 있다. 둘째, 가부장제나 자본주의와 같은 여성억압의 기제를 제거하거나 개선하는 데 공동체의 힘을 모으는 것으로 이는 여성복지의 목적을 이루기 위한 하위 목표가 된다. 셋째, 여성복지의 실천 범위는 가부장제나 자본주의에 근거한 가치관, 법, 제도 등과 같은 거시적이고 구조적인 차원과 함께 여성 개인의 능력을 고양하기 위한 미시적이고 임상적인 차원까지 포함한다(김윤정 외, 2001). 따라서 여성복지는 국가나 사회로부터 남성과 동등하게 권리를 보장받을 수 있도록 제도적 개선이 필요하며, 여성 개인의 능력에 대해 여성이 인간다움 삶을 보장받기 위한 사회적·제도적으로 지원하는 것을 의미한다.

2. 여성복지의 범주

여성복지의 범주는 공통 욕구와 개별욕구로 나눌 수 있으며, 이와 관련하여 모든 정책적·실천적 영역을 포함한 특별한 문제와 보편적인 문제로 범주를 규정할 수 있다.

특별한 문제는 가정 내 폭력, 이혼, 사별, 실직, 빈곤, 장애 등과 같이 보편화할 수 없는 위기 사건에 대해 복지 차원에서 개입하는 것을 의미한다. 저소득 한부모가족에 대한 재정지원이나 성폭력상담소 미혼모 보호시설 등이 있다. 또한, 여성의 공통적 욕구와 보편적인 문제에 따른 욕구에 대한 개입이 여성복지의 범주이다. 공통의 욕구는 주로 보살핌의 역할과 가사와 가족을 돌보는 일에 대한 부적절한 보상, 여성의 고용기회 및 승진기회 차별, 직장여성이 겪는 가정과 직장을 병행할 때 생기는 문제 등이 있다.

3. 여성복지실천 현장과 서비스

우리나라의 여성정책은 1995년 「여성발전기본법」 제정을 기점으로 남녀평등 이념을 구현하기 위한 국가 및 지방정부의 책임을 규정함으로써 구체화되기 시작하였다. 이어 1998년 시행된 '여성정책기본계획' 수립되어 양성평등을 위한 국가 차원의 여성정책 환경이 조성되어 사회 전반에 확산되었다.

여성정책기본계획을 기반으로 양성평등 정책이 마련되어 여성의 사회참여 확대를 강화하고 여성친화도시 운영, 여상의 경제 참여율 향상을 위해 여성인력개발 정책, 인권보호 등의 정책이 수립되었다.

여성복지 서비스의 유형은 성폭력 피해자 지원, 가정폭력 피해자 지원, 성매매 피해자 지원 등이 있으며 폭력 피해자 및 성매매 피해자 및 그 가족을 지원하는 해바라기센터가 운영되고 있다. 또한 인권보호를 위한 폭력 예방교육, 여성긴급전화(1366번), '디지털 성범죄 피해자 지원센터' 운영을 통하여 디지털 성범죄 피해에 대한 상담, 피해 촬영물 삭제 지원, 수사 법률. 의료 지원연계 등 맞춤형 서비스 등이 제공되고 있다.

또한, 여성의 사회참여율 향상을 위해 경력단절 여성을 위한 여성 새로일하기센터, 취업상담, 직업교육훈련, 인턴십, 재취업 후 사후관리, 온라인 경력개발센터(꾼날개) 운영, 여성인재아카데미 등이 운영되고 있다. 여성을 포함한 가족 및 가족 구성원의 삶의 질 증진을 위해 아이돌봄지원사업, 한부모가족의 아동양육비 지원, 아동교육비 지원, 생활보조금 지원 등 가족센터에서 가족지원 사업이 이루어지고 있다.

〈표 11-6〉 한부모가족시설의 유형

유형	모자가족 복지시설	부자가족 복지시설	미혼모모자가족 복지시설	일시지원 복지시설	한부모 가족상담소

출처: 여성가족부 홈페이지 참조 2023년 9월 기준

4. 여성복지실천현장 사회복지사의 역할

여성복지는 여성의 전 생애를 통하여 지원되어야 한다. 따라서 현재 여성가족부에서 시행하고 있는 사업으로 한부모가족 지원서비스에는 모자보호시설, 부자보호시설, 모자자립시설, 일시보호시설, 미혼모자시설, 미혼모자공동생활가정, 미혼모공동생활가정 등이 있다. 또한 가정폭력 및 성폭력 피해여성 지원서비스로 가정폭력상담소와 가정폭력피해자 보호시설, 성폭력상담소와 성폭력피해자보호시설, 여성폭력 원스톱 센터가 운영되고 있다.

첫째, 한무보모가족지원서비스 기관에서의 사회복지사의 역할은 여성 및 가족 등 결손가족을 가족기능을 지원하여 건강한 가정으로 회복 지원자의 역할

둘째, 성매매여성지원기관에서 종사하는 사회복지사는 성매매피해자 구조 및 상담, 진학상담, 직업훈련 연계, 의료 및 법률 지원서비스의 연계, 현장 상담 및 자활프로그램 운영 등의 서비스를 제공자 역할

셋째, 맞춤형 가족지원서비스를 제공하여 가족의 안정성 강화 및 가족관계 증진을 지원하며, 다문화가족을 대상으로 한국어교육, 가족교육·상담, 통번역, 자녀교육 지원 등 종합서비스를 연계 지원자 역할 등이 있다. 2022년부터 가족센터로 명칭 변경되어 통합서비스가 제공되고 있다.

6절 가족복지

1. 가족복지의 개념

가족복지는 양육, 교육, 돌봄, 고용, 일 가정 양립에서 가족의 기능을 강화하고, 가족생활 전반에 부정적인 영향을 미칠 수 있는 빈곤, 알코올 중독 등의 가족

문제를 유발하는 원인을 찾아 건전한 가족기능을 할 수 있도록 지원하는 것으로 정의할 수 있다. 전통적 가족복지는 개인이 아닌 가족상황에 초점을 맞춰 도움을 제공했으며, 미국 사회복지실천의 선구자인 메리 리치먼드(Mary Richitmond)에 시작하였다고 볼 수 있다. 특히 「사회진단(SocialDiagnosis) (1917)에서 환경으로서의 가족의 중요성을 강조하였다(성정현 외, 2009).

2. 가족의 범주

가족의 범주는 가족의 기능으로 공동거주, 경제적 협동, 재생산보다 가족 간 정서적 유대와 관계의 중요성이 강조되고 있다. 가족복지는 대상과 문제, 욕구 등 복합적으로 존재하고 있다. 또한, 주거공간의 다양화는 사회적 활동의 플랫폼 역할을 한다. 혈연 중심의 정서적 유대관계를 중시하는 가족관계, 개인의 가치를 중시하는 개인화, 정서적 유대관계를 중시하는 진정한 관계 등 있다. 현대 사회는 1인가구의 증가 등 개인적 가치를 중시하는 방향으로 변화하고 있다.(권중돈 외, 2023).

3. 가족복지실천 현장과 서비스

1) 가족복지의 실천현장은 가족의 기능 지원을 위한 기관과 그 가정을 실천현장으로 볼 수 있다.

   가족서비스는 자식과 부모, 부부, 노부모와 성인자녀, 1인가구(독거)등을 대상으로 지원하고 있다.

   밀리((Miller, 2008)는 부부관계는 주요 의사결정 영역에서 부부가 공동으로 결정하고 집안일을 공평하게 분담하는 등 부부간 힘을 공유하려는 파트너십에 기초한다고 보고 있다(Miller, 2008).

2) 소득보장 지원을 위해 일방적인 수당 형식으로 직접적인 현금급여제도는 없으며, 간접적인 현금급여제도는 소득공제와 근로장려 세제 혜택이 있다. 다음은 양육 및 돌봄지원으로 국공립어린이집, 사회복지법인 어린이집, 법인 단체의 어린이집이 운영되고 있다. 그리고 임신유아로 인해 발생할 수 있는 경력단절 지원을 위해 유아휴직제도를 이용할 수 있다. 또한, 노부모 돌봄에 대한 지원으로 노인장기요양보험 제도를 활용할 수 있도록 지원하고 있다.

3) 다문화 가족지원은 다문화가족지원법에 위해 "재한 외국인 처우기본법 제2조, 3호의 결혼이민자의 국적에 따른 출생, 귀하 등으로 대한민국 국적을 취득한 자로 이루어진 가족을 의미한다. 이러한 다문화가족을 위한 기관으로는 다문화지원센터, 건강지원센터 등이 있다.

4. 가족복지실천 현장의 사회복지사 역할

가족복지의 목적을 달성하기 위한 사회복지사는 다음과 같은 점을 염두에 두고 실천 활동을 해야한다

첫째, 가족이 단위가 되어야 하며 가족이 제시한 욕구를 중심으로 가족 구성원 1명의 문제일지라도 가족전체를 실천단위로 하는 지원자의 역할

둘째, 문제해결은 가족과 전문가 간의 협력과 파트너십이 중요하며, 전문가는 전문지식과 기술을 기초하여 부모는 자녀 및 가족에 대한 정보 제공자 역할

셋째, 가족의 희망과 자유선택에 근거하여 가족의 선택을 최우선하는 지원자 역할

넷째, 가족은 가족구성원의 성장에 도움이 되는 강점을 활용하며 지원자 역할

다섯째, 가족 간의 상호역동에서 평등한 관계 유지와 민주적인 결정과 성평등이 이루어지도록 하는 지원자 역할 등이 있다.

7절 의료 및 정신건강 사회복지

1. 의료 및 정신건강 사회복지 개념

의료복지는 1900년대 전후로 미국에서 시작하였으며 질병의 유발 및 치료에 사회적 요인의 중요성을 인식하여 의료영역에서 사회복지사의 전문성을 인정받아 의료현장에 진출하게 되었고(윤현숙 외, 2011), 사회복지사의 주 활동무대는 병원이었다. 1970년 서구사회는 의료가 질병치료 중심에서 질병의 예방과 재활, 건강증진, 건강보호로 전환되기 시작하였다. 우리나라는 1950년부터 의료영역에 사회복지사가 활동하게 되었다. 주로 사회복지사는 구호활동과 사전활동을 담당하였다. 사회복지사의 영역이 확대되어 병원에서 장기이식환자, 암환자, 화상환자 등에 개입영역이 확대되고 있다. 이러한 점에서 의료영역의 사회복지사는 환자 본인과 그 가족, 지역사회를 대상으로 환자의 사회적 기능향상을 위해 실천활동과 정책적 활동을 하고 있다. 다음은 정신건강복지영역으로 정신질환이나 정신장애를 가지고 있는 사람 혹은 그 가능성을 지닌 사람들에 대하여 사회복지적 개입을 통하여 사회적 기능을 회복과 삶의 질 향상을 목적으로 실천하는 사회복지 실천분야이다. 정신건강복지는 재활사회복귀, 정신건강회복 및 정신장애 예방, 광역 및 기초 정신건강증진센터, 자살예방센터, 중독통합관리지원센터 등이 운영되고 있다.

2. 의료복지의 범주

1) 만성질환자의 병원 내 치료 및 재활, 퇴원지원, 질병예방 및 재활, 건강증진, 건강보호를 필요로 하는 사람과 그 가족을 의료복지의 범주로 하고 있

다. 또한, 퇴원환자의 지역사회복귀를 위한 준비와 지역사회 복지서비스와 연계 등을 통하여 퇴원 후 환자가 지역사회주민으로 생활할 수 있도록 지원하고 있다.

2) 정신건강복지는 일차적 개입 대상으로 정신장애인과 정신질환자를 포함하며, 주로 정신장애 증상의 완화와 재활사회복귀, 정신건강회복 및 정신장애 예방, 최근에는 일반 국민의 삶의 질 증진과 관련한 정신건강 등을 범주로 하고 있다.

3. 의료복지 및 정신건강복지 실천현장 및 서비스

1) 의료복지사의 주요 실천현장은 종합병원급 이상의 병원 중심으로 이루지고 있다. 향후 요양병원, 호스피스, 주간보호 영역으로 확대되어야 할 것이다. 의료사회복지사는 진료팀에 소속되어 환자의 원활한 진료와 생활관리, 퇴원 및 퇴원 이후의 지역사회적응을 지원하는 등 병원의 의료사회사업실에서 활동하고 있다.

2) 정신건강복지 실천현장은 정신의료기관, 정신요양시설, 사회복귀시설 등을 포함하여 광역 및 기초 정신건강증진센터, 자살예방센터, 중독통합관리지원센터 등이 있다. 그 외 사회복지시설도 일부 포함된다.

4. 의료 및 정신건강복지 실천현장 사회복지사의 역할

일반 사회복지 실천현장과 달리 질병의 치료와 예방을 담당하는 사회복지의 역할은 환자의 질환과 특성 파악이 중요하며 이에 따른 사회복지사의 전문적 역할이 기대되는 실천 현장이다.

첫째, 질병에 대한 환자 및 가족의 심리사회적 문제 개입활동, 심리사회적 문제와 자원에 대한 사정, 문제해결을 상담, 의료진과의 협의 등을 적절히 할 수 있어야 한다.

둘째, 질병치료와 관련한 경제적 지원자 역할

셋째, 자원개발 및 연계자 역할

넷째, 환자의 사회복귀 및 재활문제 지원자 역할

다섯째, 정신질환자의 심리평가 및 교육, 지역사회중독예방을 지역주민 교육 및 중독환자의 관리 및 지원자 역할 등이 있다(한국정신건강사회복지사협회, 2021).

8절 교정 및 군(軍) 사회복지

1. 교정 및 군 사회복지의 개념

교정복지는 범죄자와 우범자, 그들의 문제, 유해환경 등을 대상으로 사회복지실천방법의 지식과 기술, 사회정책, 법, 제도 등 제도적 장치를 활용하여 대상자의 재범 방지와 사회복귀, 환경 개선을 도모하는 사회적 노력과 활동으로 정의하고 있다(박영숙 외, 2013). 교정복지는 범죄자 및 비행청소년을 대상으로 교정, 교육을 통하여 재범을 막고, 사회복귀를 원조, 범죄에 취약한 지역사회의 유해환경의 개선 등의 활동을 하는 사회복지의 전문 분야이다. 다음은 군 사회복지의 개념으로 군인복지기본법에 의해 2008년부터 시행된 사회복지 실천 분야이다. 우리나라는 국가의 안보를 위해 징병제를 실시하고 있다. 사회환경 변화 등으로 군 복무기간은 상당히 단축되었지만 일정기간 사회와 단절된 환경에서 생활해야 하는 것이 분단국가에 태어난 한국 청년의 현실이다. 군 사회복지는 군 조직의 본래 목적인 국가안보와 국방력 강화라는 목적을 수행하는 2차 사회복지 실천현장이다.

2. 교정 및 군 사회복지의 범주

1) 교정복지의 범주는 범죄자 및 비행청소년에 대한 처벌보다 인간의 존엄성과 권리 존중에 중점을 두고 복지차원에서 이들의 사회적응과 재활을 목적으로 하고 있다. 소년사법의 철학인 국친사상을 기초하여 국가가 보호자를 대신하여 보호자로서 아동을 양육과 보호의무를 포함하고 있다. 교정복지는 공급 주체별로 공공부분과 민간부분이 있다. 공공부분은 경찰, 검찰 법원, 교도소, 소년원, 보호관찰소 등이 있으며, 민간부분은 법인, 단체 자원봉사조직, 개인 등이 있다. 교정복지의 실천대상은 범죄자, 비행청소년뿐만 아니라 가족, 일반시민을 포함하고 있다.

2) 군 사회복지의 범주는 직업군인을 위한 소득보장, 전적 지원, 주거보장 및 가족지원 등을 포함한다.
   군인의 복지욕구는 경제적 부분과 정신부분의 욕구로 나눌 수 있다. 매슬로우의 욕구 5단계와 같이 군인도 개인의 생리적 욕구, 안전의 욕구, 소속 및 사랑의 욕구, 자존감의 욕구, 자아실현의 욕구 등이 있다. 군 생활 미적응자, 군 이탈자, 군인 본인 및 가족을 포함한다.

3. 교정 및 군 사회복지 실천현장 및 서비스

교정복지의 실천현장은 소년원, 소년분류심사원, 청소년비행예방센터, 보호관찰제도, 갱생보호제도 등이 있다.

1) 소년원은 법무부 소속으로 특별 교정시설로서 가정법원의 소년부로부터 송

치된 소년을 수용하여 교정 및 교육을 실시하는 기관이다.

2) 소년분류심사원은 소년법 규정에 의해 위탁된 비행청소년을 분류하여 비행 청소년의 개별적인 요인을 해명 소년비행을 조기발견하여 치료하는 기관이다.
3) 청소년비행예방센터는 법원 검찰청, 학교 등에서 의뢰된 위기청소년에 대한 대안교육 및 부모교육 기관이다.
4) 보호관찰제도는 보호관찰, 사회봉사, 수강 및 법무보호 등 체계적인 사회 내 처우가 필요하다고 인정되는 자의 지도 및 원호하여 선선한 사회복귀를 도우며, 범죄예방활동 기관이다.
5) 갱생보호제도는 교도소나 소년원 등 교정시설에서 출소한 자의 정신적 물질적 원조활동을 포함하여 가석방 또는 가퇴원, 가출소, 집행유예 등을 선고받은 자를 강제적으로 보호관찰하는 기관으로, 건전한 사회복귀와 재범을 방지하는 기관이다(홍봉선, 2019).

4. 교정복지 및 군사회복지 실천현장 사회복지사의 역할

교정 및 군사회복지실천 현장은 특수 목적을 수행하는 기관으로 전체 조직 중 사회복지 전문직이 일부 활동하고 있는 실천현장이다. 기관의 특수 목적과 사회복지의 인간존중을 동시에 수행해야 하는 실천현장의 사회복지사의 역할과 전문성이 요구된다.

첫째, 비행청소년의 특성을 파악 및 진단 후 개입하고 치료 및 교화자 역할

둘째, 비행청소년을 선도할 수 있도록 경찰을 지원자 역할

셋째, 군 생활에서 군 구성원의 복지를 극대화하고 심리사회적 손상을 극소화할 수 있도록 하는 지원자 역할

넷째, 군대 내에서 사회서비스 기능 향상을 위한 지원자 역할.

다섯째, 군사회복지서비스를 전달하는 과정에서 최고의 전문성을 지닌 개입자 역할 등이 있다.

12장

사회복지실천 영역 - Ⅱ

학습목표

- 직능단체의 개념과 사회복지 직능단체에 대해 이해한다.
- 분야별 직능단체와 역할 및 주요사업에 대해 이해한다
- 기타 직능단체와 역할 및 주요사업에 대해 이해한다.

직능단체의 사전적 의미는 각종 직업과 직능 또는 직위에 따라 조직된 단체가 특정한 목적을 달성하기 위하여 질서 있는 하나의 집단을 이루는 일을 의미한다. 사회복지실천 영역은 대상별로 전 생애에 걸쳐 필요한 서비스를 제공하고 있다. 이러한 대상별 서비스 기관을 대표하여 정부나 지방자치단체에 필요한 정책을 제안, 이용자 복지서비스 대상의 인권보호 및 기관 종사자의 권익보호 등을 하는 단체를 사회복지 직능단체라고 한다. 이러한 사회복지직능단체[1]는 사회복지 실천을 목적으로 하는 기관과 사회복지업무 외 다른 모금업무, 사회복지기관 지원업무 등을 하는 기관으로 나눌 수 있다. 그리고 대상별, 실천현장별, 자격종류별

1) 사회복지 직능단체는 한국사회복지협의회 소속 단체를 기준으로 작성함. 한국지역아동센터협회는 소속 기관이 아님

로 나눌 수 있다. 이 장에서는 대표적인 사회복지 직능단체별 소속기관 종류, 주요사업 내용 등을 중심으로 살펴보겠다.

〈표 12-1〉 사회복지 및 지원 · 모금기관 유형

분 야	단 체 명
아동 및 여성	한국아동복지협회, 한국아동청소년그룹홈협의회, 지역아동센터협회, 한국한부모가족시설협회
장애인	한국장애인복지시설협회, 한국장애인복지관협회, 한국정신요양시설협회, 한국정신재활시설협회, 한국장애인주간보호시설협회
노인	한국노인복지중앙회, 한국노인인복지시설협회, 한국노인복지관협회 한국노인장기요양기관협회, 한국시니어클럽협회, 한국재가노인복지협회
지역	한국사회복지관협회, 한국지역재활센터협회, 한국자활센터협회
기타	지원 및 모금활동 기관

출처: 한국사회복지협의회 홈페이지 2023년 기준 재구성

1절 아동복지 분야 단체

아동의 권리 및 복지를 보장하기 위해 설립된 단체로 아동복지협회, 한국아동청소년그룹홈협회, 한국아동복지협회가 있다. 각 협회의 소속기관 종류, 기능, 주요사업 내용을 살펴보겠다.

1. 아동복지협회

아동복지협회는 아동복지법에 제1조의 목적을 위한 아동복지사업을 수행하기 위해 설립된 단체로 각종 아동복지사업을 수행하는 기관을 대표하는 기관이다.

소속기관의 종류는 아동양육시설, 아동일시보호시설, 아동상담소, 가정위탁지원센터, 아동보호치료시설, 아동자립지원시설 등이 있다. 주요사업으로 아동의 복지증진을 위한 정책제안을 통한 아동복지서비스의 질 개선을 위해 노력하고 있다.

주요사업으로 아동의 건전한 성장지원 및 자립능력 지원을 위한 가정친화적 아동양육 환경조성 사업, 종사자의 직무능력 향상을 위한 교육 및 연구사업, 아동복지증진을 위한 국제교류 사업, 아동의 복지향상을 위한 조사 및 홍보사업, 아동복지사업을 목적으로 하는 법인 및 아동복지시설의 행정지원 등의 사업을 통하여 아동의 복지증진에 기여하고 있다.

2. 한국아동청소년그룹홈 협의회

한국아동청소년그룹홈협의회는 아동의 학대, 방임, 부모의 이혼, 빈곤 등으로 사회적인 보호가 필요한 아동을 가정과 같은 장소에서 소규모로 보호하는 공동생활가정(그룹홈)의 협의체이다. 아동복지법 제52조에 의거 보호 대상 아동에게 가정과 같은 주거여건과 보호, 양육, 자립지원 서비스를 제공하는 것을 목적으로 운영되고 있다. 대표적인 시설로는 그룹홈이 있다. 주요사업으로 그룹홈 및 아동지원사업, 종사자 교육사업, 정책연구 사업, 홍보사업 국내외 협력사업 등을 하고 있다.

3. 한국한부모가족복지시설협회

한국한부모가족복지시설협회는 한부모가족의 복지 증진을 목적으로 설립된 기관이나 단체를 말하며, 한부모가족지원법 제4조에 의거 운영되고 있는 대표적인 시설로는 모자가족복지시설, 부자가족복지시설, 미혼모자가족복지시설, 일시지원복지시설, 한부모가족상담소 등이 있다(여성가족부, 2023) 주요사업은 한부모가족복지 관련 전문가 단체와 협력, 정책참여, 조사연구사업, 교육교육훈련사업, 자원개발 및 지원사업 등을 하고 있다.

2절 장애인 및 정신복지 분야 직능단체

장애인복지 직능단체는 장애인복지법 제58조에 의거 설립된 장애인기관으로 장애인의 권익옹호, 장애인의 돌봄 종사의 전문성 향상, 장애인복지서비스의 제도개선 등 위해 활동하는 직능단체로 한국장애인복지시설협회, 한국장애인복지관협회, 한국장애인주간보호시설협회가 있으며, 정신장애를 가진 장애인을 지원하는 한국정신요양시설협회, 한국정신재활시설협회가 있다.

1. 장애인복지시설협회

한국장애인복지시설협회는 각 시·도 단위의 협회가 있으며, 전국에 931개소가 운영되고 있다. 주로 장애인 거주시설로 장애유형이 같거나 유사한 장애를 가진 장애인들에게 주거 일상생활 지역사회생활 등의 서비스를 제공하는 시설이다. 이 협회에 소속된 시설의 종류에는 장애유형별 거주시설, 중증장애인거주시설, 장애영유아 거주시설, 장애인단기거주시설, 장애인공동생활가정(그룹홈)이 있다.

다음은 주요사업으로 장애인시설 운영의 전문화와 다양화 유도, 전문지식 및 기타 정보교환 민간자원과의 연계체계 확립 및 효율적인 시설운영 도모, 조사연구사업, 시설운영 및 직업재활사업 등을 하고 있다. 그리고 시설이용자를 위한 사업으로는 이용자의 인권과 복지증진, 서비스향상을 위한 지원사업, 이용자 및 퇴소자의 사회적응 지원 등이 있다, 시설이용자를 서비스를 담당하고 있는 종사자를 위해 전문성 향상을 위한 교육훈련 및 보수교육, 권익옹호와 복지증진 등과 같이 장애인 및 종사자의 복지증진, 제도개선을 위한 정책제안 등 다양한 활동을 통하여 장애인의 권익증진 및 서비스 질 향상을 위해 노력하고 있다.

2. 한국장애인복지관협회

한국장애인복지관협회는 한국장애인복지관협회와 시·도 협회가 있으며 전국에 251개소(한국장애인복지관협회, 2023)가 운영되고 있다. 복지관의 유형은 종합, 뇌성마비, 지적, 발달, 시각, 청각, 지체 등 있다.

다음은 주요사업으로 복지관 운영지원사업, 재선개선사업, 종사자교육 및 연수사업, 중증장애인직업재활지원사업, 복지기관 문화예술교육 지원사업, 조사연구사업, 교류협력사업 등을 하고 있다.

3. 한국장애인주간보호시설협회

한국장애인주간보호협회는 각 도 단위의 협회가 있으며, 전국에 장애인주간보호시설은 840개소가 운영되고 있다(보건복지부, 2023). 본 단체는 장애인의 완전한 참여와 보편적인 삶이 보장되는 포용사회실현이라 비젼을 가지고 운영하고 있다.

다음은 주요사업으로 정책제안, 사회복지 및 유관기관의 네트워크 구축, 시설운영을 위한 자원개발, 장애인복지정책 공유, 종사자를 위한 교육지원센터 운영, 제도 기선 및 서비스 선도모델 개발 보급 사업 등을 통하여 지역사회 거주 장애인 복지증진 및 종사자의 교육을 통한 전문성 향상 등을 위해 노력하고 있다.

4. 한국정신요양시설협회

한국정신요양시설협회는 정신장애인에 대한 편견없는 사회를 위해 노력하는 일하고 하고 있으며, 전국에 59개소의 정신장애인요양시설이 운영되고 있다. 본 협회의 주요사업으로는 입소자의 서비스 증진을 위한 건의 및 불합리한 제도개선을 위한 정책 제안, 종사자의 처우개선을 위한 건의, 종사자의 교육사업, 정신장애인 상담사업, 윤리위원회 활동, 국제협력사업 등을 통하여 정신장애인의 복지증진 및 처우개선을 위해 노력하고 있다.

5. 한국정신재활시설협회

한국정신재활시설협회는 정신재활시설의 육성을 통한 정신재활시설 운영의 내실을 기하여 정신질환자의 사회복귀 및 정신건강증진을 목적으로 설립된 단체이다. 각 시·도 단위로 협회가 운영되고 있으며 전국에 정신재활시설은 290개소(한국정신재활시설협회, 2023)의 시설이 운영되고 있다. 정신재활시설은 정신질환자를 시설에 입시시키지 않고 사회적응을 위한 각종 훈련과 생활지도를 하는 시설이다.

정신재활시설에는 생활시설, 주간재활시설, 공동생활가정, 지역사회전환시설, 아동청소년정신건강지원시설, 중독재활시설, 생산품판매시설 등이 있다. 주요서비스는 사회기술훈련프로그램, 직업재활프로그램, 기타 상단 가족교육 사례관리 등이 제공되고 있다

본 협회의 주요사업은 정신질환자의 재활과 사회복귀를 위한 정책제안, 전문지식과 기술 향상을 위한 교육훈련사업, 정신질환자와 그 가족의 권익옹호사업, 정신질환자에 대한 국민의식 증진을 위한 홍보사업, 재활프로그램개발을 위한 조사 연구 사업 등의 사업을 통하여 정신질환자의 권익옹호와 복지서비스 질 향상을 위해 노력하고 있다.

그 외 장애인의 사회참여 및 권익옹호를 위해 장애인보호작업장, 장애인공동생활가정, 장애인주간활동보조인파견센터, 장애인권익옹호센터 등이 운영되고 있다.

3절 노인복지 분야

노인복지 직능단체는 노인복지법 31조에 의거 운영되고 있는 기관을 중심으로 조직된 협회로 한국노인복지중앙회, 한국노인종합복지관협회, 한국재가노인복지협회, 한국노인장기요양기관협회, 한국시니어클럽협회 등이 있다. 이 단체들은 노인의 건강한 돌봄 및 예방, 보호 통합 등을 통한 노인복지증진을 위해 각종 활동을 하고 있다.

1. 한국노인복지중앙회

한국노인복지중앙회는 노인복지시설의 대표 직능단체로 노인장기요양보험제도가 시작하기 이전부터 양노시설, 요양시설, 재가노인시설 등이 소속된 단체이다. 현재 노인장기요양보험제도 시행으로 노인의 장기 돌봄사업 외 예방 사업 및 노인의 권익옹호, 기타사업을 수행하고 있는 기관 중심으로 운영되고 있는 단체이다.

2. 한국노인종합복지관협회

한국노인종합복지관협회는 노인의 복지증진을 위해 노인복지법에 의하여 설치된 전국노인복지관의 육성과 균형발전을 위한 사업을 수행하고 노인복지관 운영의 내실화와 노인복지증진에 기여하기 위해 설립된 단체이다. 전국에 16개의 지회가 운영되고 있으며 336개소(한국노인종합복지관, 2023)의 노인복지관이 소속되어 운영되고 있다. 본 협회의 주요사업은 대회협력 및 정책강화사업, 교육훈련사업, 조사연구사업, 정부지원으로 노인자원봉사 활성화 지원사업, 복지기관 문화예술교육 지원사업, 민간단체기금을 지원 받아 복지관 지원사업 등을 운영하고 있다.

3. 한국재가노인복지협회

한국재가노인복지협회는 재가노인복지사업 및 노인장기요양사업의 합리적이고 발전적인 운영을 위한 정책개발, 조사연구, 교육, 프로그램의 개발, 정보교환 및 권익증진 등을 통해 노인복지 발전을 설립된 단체이다. 전국에 15개의 지회가 운영되고 있으며, 전국에 협회 소속된 기관은 22,021개소가 운영되고 있다(국민건강보험공단, 2023). 주요사업으로 종사자의 전문성 향상을 위한 교육훈련사업 및 권익증진사업, 조사연구사업, 어르신 결연사업, 치매노인 배회감지기 보급지원사업 등을 통하여 재가노인복지사업을 수행하는 기관을 지원하여 재가에 계시는 어르신의 복지증진을 위해 노력하고 있는 단체이다.

4. 한국시니어클럽협회

한국시니어클럽협회는 고령사회 노인들의 일자리 창출 및 활성화와 시니어클럽의 균형발전과 상호연대 협력을 통하여 노인들의 활기찬 노후 정착을 목적으로 설립된 단체이다. 노인복지법 제23조에 의거 설립된 시니어클럽은 전국에 199개소(한국시니어클럽, 2023)가 운영되고 있으며 이런 기관을 지원하고 있는 단체이다. 주요사업으로는 각 시니어클럽 간의 정보교류, 정책개발 및 조사연구사업, 시니어클럽 프로그램 개발 및 보급, 종사자 교육 및 권익증진사업, 국민 계몽 및 출판 홍보사업 등을 통하여 노인들의 활기찬 노후 정착을 지원하여 노인복지 증진을 위해 노력하고 있다.

5. 한국노인장기요양기관협회

한국노인장기요양협회는 장기요양기관의 균형발전 어르신들의 삶의 질 향상을 위해 각종 프로그램의 개발 및 보급 정책제안, 종사자의 복지증진사업 등을 통하여 장기요양이 필요한 어르신들의 복지증진을 목적으로 설립된 단체이다. 전국 17개소의 지부가 운영되고 있다. 이 단체는 전국에 17개소의 지부가 운영되고 있으며, 전국 28,303개소의 운영되고 있다(건강보험공단, 2023).

다음은 주요사업으로 각종 프로그램의 개발 및 보급, 정책 건의, 교육 훈련 사업, 자원봉사자와 종사자 교육지원, 종사자에 대한 복지증진사업, 대외적인 학술교육 협력사업 등을 통하여 장기요양사업을 운영하는 기관을 지원하고 있다.

그 외 노인복지증진을 위해 노인학대의 예방과 학대노인의 보호를 위한 사업으로 노인보호전문기관이 운영되고 있다.

4절 지역사회복지 분야

지역사회복지의 직능단체는 한국사회복지관협회, 한국자활센터협회 등이 있다. 이 단체는 탈시설화 및 지역사회보호가 강조되고 있는 가운데 그 지역사회의 문제는 지역에서 생활하고 있는 지역주민이 참여하여 지역의 문제를 적극적으로 해결해 갈 수 있도록 복지서비스를 제공하는 기관들이 모인 단체이다. 이 단체에 소속된 기관을 대표하여 정책제안, 지역사회문제 발굴, 지역자원개발 및 연계,

종사자 교육 등을 지원하고 있는 단체이다.

1. 한국사회복지관협회

한국사회복지관협회는 전국 사회복지관의 육성과 균형발전을 기하고 사업수행에 따른 지식, 기술, 정보교류와 시범사업의 개발을 통해 사회복지관 운영 내실을 기함으로써 저소득층 및 지역사회 주민의 복지증진에 기여함을 목적으로 설립된 단체이다. 주요사업으로 각 복지관별 지원사, 교육 및 훈련사업, 전문위원회 구성하여 정책제안, 지역사회 주민의 욕구에 따른 신규사업 개발 등의 사업을 하고 있다. 전국에 447개소의 사회종합복지관이 운영되고 있다(한국사회종합복지관협회, 2023).

2. 한국지역자활센터협회

한국지역자활센터협회는 자율과 노동·나눔과 협동·소통과 연대의 이념과 정신을 기반으로 저소득 주민의 자활자립을 지원하는 지역자활센터의 균형적인 발전을 도모하여 인간의 가치가 우선하는 생산적이고 창의적인 사회를 만들어 가는데 기여함을 목적으로 설립된 단체이다. 국민기초생활보장법 제16조 및 사회복지사업법 제2조에 의거 설립된 전국지역자활센터를 지원하고 있다. 전국에 5개의 지부를 두고 있으며, 250개의 지역자활센터가 소속되어 있다. 주요사업으로 빈곤의 해소, 자활 정책개발 및 자활지원법 제정 추진, 제도 개편을 통해 저소득층과 회원기관의 권익을 옹호를 통한 정책지원사업, 각 조직 간 소통과 연대를 위하여 다양한 활동을 펼치며, 이를 바탕으로 자활사업의 발전 전망을 수립하여 이를 실현하기 위한 조직사업, 종사자의 교육 및 훈련사업, 무의탁 무료 야간간병사업을 통한 사회공헌사업, 부설사업으로 행복미래교육원 등을 운영하고 있다.

5절 기타

직접 서비스를 실천하는 기관 외 사회복지실천기관의 업무지원, 재정적 지원, 교육, 해외지원사업 등을 주로 하는 기관이다. 먼저 전국 규모로 운영되고 있는 기관은 굿네이버스, 세이브더칠드런, 동방사회복지회, 초록우산(어린이재단), 월드비젼, 굿피플인터내셔널, 기아대책, 공동모금회 등을 중심으로 살펴보겠다.

1. 굿네이버스

굿네이버스는 보호가 필요한 아동을 지원하는 단체로 기관의 설립목적은 한국에서 설립되어 굶주림 없는 세상, 더불어 사는 세상을 만들기 위해 전문사회복지사업과 국제개발협력사업을 활발히 수행하는 글로벌 아동권리 전문 NGO 단체이다. 이 단체의 주요사업은 국제구호개발사업으로, 지역개발사업, 교육보호, 보건의료, 식수위생, 소득증대, 아동권리보호, 인도적지원 등을 하고 있다. 다음은 국내복지사업으로 학대피해아동보호, 마음건강지원, 위기가정아동지원, 지역사회복지지원, 아동권리옹호 등을 지원하고 있다. 그 외 세계시민교육, 대북지원사업, 아동권리연구소 등의 사업을 하고 있다. 전구에 32개소의 지부를 통하여 각종 사업을 하고 있다(굿네이버스, 2023).

〈표 12-2〉 굿네이버스의 주요사업

<table>
<tr><th colspan="4">굿네이버스의 주요사업</th></tr>
<tr><td rowspan="7">국제구호
개발사업</td><td>지역개발사업</td><td rowspan="7">국내복지사업</td><td rowspan="2">학대피해아동보호
및 예방</td></tr>
<tr><td>교육보호</td></tr>
<tr><td>보건의료</td><td>마음건강지원</td></tr>
<tr><td>식수위생</td><td>위기가정아동지원</td></tr>
<tr><td>소득증대</td><td>지역사회복지지원</td></tr>
<tr><td>아동권리보호</td><td rowspan="2">아동권리옹호</td></tr>
<tr><td>인도적지원</td></tr>
<tr><td colspan="2">세계시민교육</td><td>대북지원사업</td><td>아동권리연구소</td></tr>
</table>

출처: 굿네이버스 홈페이지 참고 2023년 기준

2. 세이브더칠드런

세이브더칠드런은 1919년 아동이 미약한 '보호의 대상'이 아니라 '주체적인 인격체'로 존중받아야 한다는 믿음으로 설립된 단체이다. 주요 사업은 국내사업으로 아동보호, 발달참여, 보건의료사업을 하고 있으며, 국외사업으로 교육, 보건영양, 아동보호, 해외결연, 인도적지원사업을 하고 있다. 그 외 권리옹호활동을 국내, 국외에서 하고 있으며, 아동보호전문기관을 6개소, 가정위탁지원센터를 4개소, 쉼터를 2개소 운영하고 있다.

〈표 12-3〉 세이브 더 칠드런 주요사업

세이브 더 칠드런의 주요사업	
해외사업	교육
	보건영양
	아동보호
	해외결연
	인도적지원
국내사업	아동보호
	발달참여
	보건의료
권리옹호	국내 옹호활동
	국제 옹호활동

출처: 세이브 더 칠드런 홈페이지 참조 2023년 기준

3. 동방사회복지회

동방사회복지회는 모든 생명은 소중하므로 존중받아야 하며, 소외된 이웃의 만족을 위해 아름다운 미래를 만든다는 목적으로 설립된 단체이다. 아동입양사업을 시작하여 현재는 입양복지, 아동복지, 한부모가족복지, 장애인복지, 노인복지, 지역복지, 국제개발협력, 교육사업 등 다양한 분야의 복지사업을 운영하고 있다.

〈표 12-4〉 동방사회복지회 주요사업

동방사회복지회 주요사업	
아동복지	영아전문보호
	위기아동보호
	입양아동보호 및 교육
	아동정신보건
입양복지	입양사업
	입양인지원
	입양교육 및 인식개선프로그램
한부모가족복지	주거 · 심리안정지원
	자립 · 취업지원
	인식개선
장애인복지	아동재활
	직업훈련 및 자립지원
	재활지원사업
노인복지	노인여가활동지원
	노인사회활동지원
	지역사회돌봄
지역복지	사례관리
	지역사회 네트워크
	생애주기별 서비스지원
국제개발협력	교육지원
	의료지원
	지역사회지원
교육사업	특수교육
	교육문화프로그램
	장학지원

출처: 동방사회복지회 홈페이지 2023년 기준

4. 어린이재단(초록우산)

초록우산은 전쟁고아 구호사업을 목적으로 설립되어 아동 친화적인 환경조성을 위해 설립된 단체이다. 이 단체는 불우아동결연사업, 한국아동학대예방협회 설립, 아동복지연구소를 운영하고 있다. 주요사업으로 국내사업과 국외사업으로 나눌 수 있는데 국내사업은 아동지원사업, 아동교육사업, 공모사업 등이 있으며, 국외사업은 옹호활동, 아동교육, 아동지원(보건의료, 식수위생, 자립지원), 재난위험경감사업, 인도적지원사업 등을 하고 있다. 전국에 43개소의 기관을 운영하고 있다(어린이재단(초록우산), 2023).

〈표 12-5〉 초록우산 주요사업

<table>
<tr><th colspan="3">초록우산 주요사업</th></tr>
<tr><td rowspan="7">국내사업</td><td rowspan="3">아동지원</td><td>기본생활보장</td></tr>
<tr><td>아동보호</td></tr>
<tr><td>인재양성</td></tr>
<tr><td rowspan="2">아동교육</td><td>미래세대교육</td></tr>
<tr><td>감사편지쓰기</td></tr>
<tr><td colspan="2">임팩트</td></tr>
<tr><td colspan="2">공모사업</td></tr>
<tr><td rowspan="8">해외사업</td><td colspan="2">옹호활동</td></tr>
<tr><td colspan="2">아동교육</td></tr>
<tr><td colspan="2">아동보호</td></tr>
<tr><td rowspan="3">아동지원</td><td>보건의료</td></tr>
<tr><td>식수위행</td></tr>
<tr><td>자립지원</td></tr>
<tr><td colspan="2">재난위험경감</td></tr>
<tr><td colspan="2">인도적지원</td></tr>
</table>

출처: 초록우산 홈페이지 2023년 기준

5. 월드비전

월드비전은 한국 전쟁으로 고통받는 고아들을 돕기 위해 설립되어 현재는 국제구호개발을 목적으로 설립된 단체이다. 이 단체의 국외사업은 지역개발사업, 교육사업, 보건영양사업, 식수위생사업, 자연재난구호사업, 전쟁구호사업 등을 하고 있으며, 국내사업으로 꿈지원사업, 위기아동지원사업, 결식아동지원사업, 취약아동특화사업 등을 하고 있다. 전국에 13개의 지역사업본부를 두고 사업을 하고 있다.

〈표 12-6〉 월드비전 주요사업

월드비전 주요사업	
해외사업	지역개발사업
	교육사업
	보건영양사업
	식수위생사업
	자연재난구호사업
	전쟁구호사업
	구호사업 보고
국내사업	꿈지원사업
	위기아동지원사업
	결식아동지원사업
	취약아동특화사업

출처: 월드비전 홈페이지 2023년 11월 기준

6. 굿피플인터내셔널

굿피플인터내셔널은 국제구호개발 NGO로 소외지역개발, 빈곤퇴치, 아동보호, 질병예방과 치료 및 긴급구호 등 가난, 재난, 질병으로부터 구제, 자립지원을 통하여 행복한 세상을 만들어가는 것을 목적으로 설립된 단체이다. 이 단체의 주요사업은 국외사업으로 보건의료사업, 교육지원사업, 식수위생사업, 소득증대사업을 하고 있으며, 국내사업은 아동지원사업, 의료지원사업, 위기가정지원사업, 사랑의희망박스, 굿피플의료봉사 등의 사업을 하고 있다.

〈표 12-7〉 굿피플인터내셔널 주요사업

굿피플인터내셔널 주요사업	
해외사업	보건의료사업
	교육지원사업
	식수위생사업
	소득증대사업
국내사업	아동지원사업
	의료지원사업
	위기가정지원사업
나눔사업	히어로레이스
	사랑의희망박스
	굿피플의료봉사
인도적지원사업	

출처: 굿피플인터내셔널 홈페이지 2023년 11월 기준

7. 기아대책

기아대책은 아동을 중심으로 한 공동체로 모든 가족과 공동체의 근간에는 아동을 잘 돌볼 수 있는 환경을 만드는 것이며, 행복한 아동을 키워낼 수 있는 가족과 공동체 만드는 것이며, 기아대책은 기아를 '경제적·사회적·정서적·영적으로 빈곤한 상태'라 정의하고 여기에 해당하는 국내 및 해외 아동, 공동체의 전인적 회복을 지원하는 것을 목적으로 설립된 단체이다. 이 단체의 주요사업은 국내사업으로 아동복지, 가정회복, 지역공동체지원사업을 하고 있으며 국제구호개발사업으로 해외아동결연, 교육, 인도적지원, 보건의료, 영성과 관련한 사업을 하고 있다. 또한 북한사업으로 아동복지, 지역개발, 통일준비, 긴급구호 등의 사업을 하고 있다. 그 외 다문화지원사업, 환경사업 등을 하고 있다. 전국에 지역에 78개소의 지부를 두고 운영하고 있다.

〈표 12-8〉 기아대책의 주요사업

기아대책 주요사업	
국내복지사업	아동복지
	가정회복
	지역공동체지원
국제구호개발	해외아동결연
	생계지원
	교육
	인도적지원
	보건의료
	영성
다문화사업	기대드림
	기대나무
	기대하나

북한사업	아동복지
	지역개발
	통일준비
	긴급구호
행복한사업	재사용나눔가게
	싱글맘지원

출처: 기아대책 홈페이지 2023년 11월 기준

8. 공동모금회

공동모금회는 사랑의 열매는 어려운 이웃에 희망을 전하고자 '사회복지공동모금회법'에 의거 1998년 설립된 법정 전문모금·배분기관이다. 이 단체의 주요사업은 사랑의열매 사업으로 지원사업, 나눔문화 활성화, 나눔봉사 사업을 하고 있다. 전국 광역자치단체별로 지회를 두어 각 지역에서 모금된 성금은 해당 지역의 복지 사업에 사용하고 있다.

〈표 12-9〉 공동모금회 주요사업

사랑의 열매 주요사업	
지원사업	영역별 지원
	나눔과 변화 스토리
	지원안내
	서식자료실
	온라인 배분신청

나눔문화 활성화	소통과협력
	나눔문화연구소
	국제협력
	나눔교육
나눔 봉사	열매톡톡 서포터즈
	나눔봉사단

출처: 공동모금회 홈페이지 2023년 11월 기준

위의 내용에서 살펴보면 주로 해외 원조단체가 모체인 단체로 이루어져 있다. 이는 한국의 사회복지 실천 역사에서 알 수 있듯이 한국의 사회복지실천 초창기에는 주로 외국 원조 단체의 지원을 통하여 이루어졌음을 알 수 있다. 1970년 이후 외국 원조 기관의 지원이 줄어들었고 현재는 위의 단체들이 국내뿐만 아니라 국외까지 지원 활동을 하고 있음을 알 수 있다. 공동모금회는 전국적으로 사회복지 실천 현장의 사업의 전문성 향상을 지원하고 있으며, 사회복지협의회, 사회복지사협회 등은 사회복지 전반의 전문성 향상 및 사회복지사의 권익 활동 등을 통하여 사회복지 실천 현장의 발전에 기여하고 있음을 알 수 있다. 이러한 사회복지 지원단체는 사회복지사의 전문적 활동을 지원하고 있으며 나아가 국민의 삶의 질 향상을 위해 국가와 함께 사회복지 실천 현장을 지원하는 중요한 역할을 하고 있다.

13장

사회복지의 전망

학습목표

- 현대 사회의 사회적 가치와 제도의 변화 내용과 함의를 설명할 수 있다.
- 4차 산업혁명의 내용과 사회복지 현장에서 활용되고 있는 ICT기반 서비스를 설명할 수 있다.
- 새로운 사회적 위험과 4차 산업혁명으로 인한 기술 변화에 대한 사회복지의 대응방안을 설명할 수 있다.

1절 사회적 가치와 제도의 변화

사회복지는 사회변화와 밀접한 관계를 가질 수밖에 없다. 사회복지는 사회가 가지고 있는 다양한 현상(문제)에 대한 사회적 차원의 다양한 활동 중 하나이기 때문이다. 이러한 의미에서 기존 사회가 가지고 있는 패러다임으로는 해결하지 못하는 다양한 현상에 대한 새로운 노력을 통하여 해결방안을 모색하는 일이 사회복지의 과제가 될 것이다. 이에 인구구성의 변화, 세계화의 전개와 다문화사회의 도래, 가족구조의 변화, 삶과 일(노동)의 방식 변화, 규범과 가치의 변화를 전망해 보고자 한다.

1. 인구구성의 변화

오늘날의 대부분 국가는 인구구성에 있어서 저출산 고령사회의 영향에서 벗어날 수 없다. 합계출산율의 감소와 평균수명의 증가로 인하여 고령화가 급속하게 진행되고 있기 때문이다. 인구고령화(population aging)는 전체 인구 중 노인인구가 차지하는 비율이 증가하는 것을 의미한다. 인구고령화는 출산율(fertility), 사밍률(mortality), 그리고 이주(migration)의 세 가지 인구학적 현상에 의해 발생하게 된다(George, 2011; 오세영, 2023: 386-387 재인용). 첫째, 출산율 감소이다. 출산율이 감소하게 되면 전체 인구 중 젊은 인구가 차지하는 비중이 감소하고, 그 결과 노인인구 비중이 상대적으로 증가하면서 인구고령화가 나타나게 된다. 둘째는 사망률 감소이다. 사망률 감소는 인구의 연령 구성에 영향을 미치게 되는데, 영양 및 위생상태가 좋아지고, 의료기술이 발전하면서 이른 나이에 사망하는 사람들이 줄고 점차 노년까지 생존하는 사람들이 많아지게 되는 것이다. 셋째는 이주이다. 나라, 지역 간에는 수많은 이주가 발생하는데, 이주자들이 주로 어떤 연령층인지, 그리고 이들의 출산율이 얼마나 높은지에 따라 이주자들을 받아들인 나라의 인구고령화가 영향을 받는다.

저출산 고령화 현상은 젊은 경제활동인구의 감소와 함께 노인인구의 증가를 초래하게 된다. 노인인구 비율이 점점 높아진다는 점에서 이와 연계된 욕구의 양적·질적 증가는 필연적이라 볼 수 있으며, 이에 대응한 사회적 비용의 증가는 사회적 과제로 볼 수 있다.

한국의 고령화 현상은 세계에서 유례 없을 정도로 빠른 속도로 진행 중이다. 2002년 고령화사회에서 2017년 고령사회로 진입한 데 이어 2025년에는 8년 만에 초고령사회에 진입할 예정이다. 인구고령화와 평균수명의 연장은 노인 의료비 지출과 더불어 노인돌봄 및 노인장기요양보험의 돌봄관련 서비스 수요를 현저히 증가시키고 관련 비용도 증가시킬 것으로 예측된다(최성은·김우현, 2018; 문수열 외, 2022: 363 재인용). 베이비부머 세대의 출생과 교육, 직업 그리고 노후 문제, 도시와 농촌 간 노인인구의 격차, 남성 노인과 여성 노인의 불균형, 노인가구세대 증가 및 단독 노인가구 증가 등이 주요 노인문제와 관련된다. 또한 가족관의 변화로 노인 돌봄에 대한 사회적 돌봄의 기능과 역할 강화가 지속적으로 요구된다.

2020년 「저출산·고령사회 대응 국민 인식 및 가치관 심층조사」에서 인구 변화가 우리 사회에 미칠 것으로 예상되는 영역 1순위로 '사회보장 부담증가'(42.2%)와 '노동력 부족으로 인한 경제성장 둔화'(31.8%)가 상대적으로 높게 나타났다. 그 외 '국방력 약화'(8.2%), '세대 간 사회갈등 증가'(6.4%), '인구 감소로 인한 지역 위기'(6.2%) 순으로 높은 응답을 보였다.

인구고령화와 관련하여 주목할 만한 현상의 하나는 노인 인구 중 80세 혹은 85세 이상 초고령노인(oldest-old)의 비율이 급속히 증가하고 있다는 점이다. 85세 이상 초고령의 노인은 다른 어느 연령집단보다 급속하게 증가하고 있다. 초고령 노인의 경우 다른 어느 연령집단보다 건강상의 문제를 경험할 가능성이 높고, 배우자나 동년배의 사망 등으로 인해 사회적 관계 또한 급격하게 감소될 위험성이 높다. 즉, 사회적·의료적 보호 요구가 매우 높은 집단이라는 점에서 이들 인구집단의 급속한 증가에 주목할 필요가 있다(한경혜 외, 2019 : 46).

2. 세계화의 전개와 다문화 사회의 도래

세계화가 본격화된 것은 1990년부터였다. 세계화란 "정치적 결정뿐만 아니라 기술과 지식의 발전이 가져온 시간과 공간의 압축을 통해서 세계의 상호연결성이 증가하는 것이다." 이 정의에는 다음과 같은 몇 가지 요소가 포함되어 있다(George & Wilding, 2004 : 54-57; 오세영, 2023: 413 재인용).

첫째, 세계화의 과정이 다른 하위의 지리적인 수준에서보다 세계적인 수준에서 작동하는 경우가 증가하고 있음에도 불구하고, 국민국가는 여전히 생활영역과 정책영역에서 큰 영향력을 지닌다는 것이다. 즉, 세계화는 지구적, 국제적, 국가적 요인이 공존하는 과정이다.

둘째, 세계화는 세계적인 수준에서 이루어지는 활동의 증가도 의미한다. 이것은 커뮤니케이션의 방법이 다양해졌다는 것과 커뮤니케이션이 보다 빈번해졌다는 것을 의미한다.

셋째, 시간과 공간의 압축이다. 시간과 공간의 압축은 경제적, 문화적으로 다른 세계들을 더욱 가까이 함께하게 하는 결과를 낳고 있다.

넷째, 세계화의 경향에 대한 개인의 인식 변화이다. 세계에서 일어나고 있는 다양한 현상이 자신의 생활에 영향을 미치고 있고, 또 미칠 수 있다는 인식이 증가하고 있다.

세계화는 국가 단위의 경제를 하나의 세계 경제에 통합하려는 경향을 지닌다. 이러한 세계화의 영향으로 인하여 높은 임금을 찾아서 노동자들이 국경을 넘나들게 된다. 세계화는 결혼이민자와 외국인 근로자의 증가로 이어져 자연스럽게 다문화사회로 변화하게 되는 것이다. 다문화는 하나 이상의 복수의 문화를 의미한다. 즉, 다문화는 다인종, 다민족으로 구성된 사회에서 문화의 중심이 되는 주류문화에 대한 하위개념으로, 위계관계 혹은 다양성의 존중을 내포하는 개념으로 정의할 수 있다(이종복 외, 2013). 따라서 다문화사회는 서로 다른 문화에 대한 이해와 존중을 통하여 형성된다.

다문화(Multi-culture)라는 용어는 1990년대 후반부터 일부 사회단체에서 사용되었으나, 정부정책과 시민단체에서 본격적으로 사용되기 시작한 것은 2005년 결혼이민자들이 급증하면서 그들의 처우가 사회적 이슈로 다루어지게 되면서부터이다(이성기·원석조, 2023: 340).

다문화를 포함한 용어로는 다문화사회, 다문화가족 등이 있다. 다문화사회는 다인종, 다민족으로 구성된 사회를 의미하며, 다문화가족은 우리 사회에 거주하고 있는 외국인 근로자, 결혼이민자, 북한이탈주민, 난민 등의 외국인 근로자와, 외국인과의 사이에서 태어난 자녀들을 비차별적으로 부르는 용어이다(이성기·원석조, 2023: 340).

다문화사회 현상은 비단 우리나라만의 변화는 아니며, 모든 나라가 이러한 변화를 문제로 인식하는 것은 아니다. 하지만 우리나라의 경우 단일민족임을 강조해 온 전통적 사고로 인해 다문화사회로의 변화에 대한 대비가 상대적으로 소홀했던 것이 사실이다. 사회통합이라는 사회적 가치 그리고 우리 사회의 중요한 구성원으로서 그들을 이해할 필요성이 높아지고 있으며, 이를 위한 다양한 노력이 강조되고 있다. 다문화사회에 대해 우리는 이러한 변화를 먼저 '수용'해야 할 것이며, 이를 바탕으로 한 우리 사회의 '적응'을 통해 다문화사회로의 변화에서 발생한 다양한 욕구와 사회적 지원을 높일 수 있도록 해야 할 것이다.

제3세계의 빈곤과 세계의 빈부격차 문제는 국제사회복지의 출현을 가져왔다. 제3세계의 빈곤은 개선되지 않은 채 사하라사막 이남의 아프리카 등 일부 지역에서 한층 그 심각성을 더하고 있다. 또한 세계적으로도 선진국가들과 제3세계의 소득과 삶의 질의 격차가 벌어지고 있는 것이 현실이다.

3. 가족구조의 변화

급속한 산업화와 가치관의 변화는 가족구조의 변화를 가져왔다. 전통적인 농업사회에서의 대가족제도가 산업화·도시화가 이루어지면서 소가족, 핵가족제도로의 변화가 이루어졌다. 또한 혈연으로 구성된 가족이 아닌 다양한 형태의 가족이 출현하였다. 특히 1인 가구의 증가로 대표되는 가족 구조의 변화는 우리 사회의 가족 돌봄 기능을 약화시키고 사회적 돌봄의 필요성을 증대시키게 되었다.

4. 삶과 일(노동)의 방식 변화

소득 증대와 삶의 질 향상 등으로 인하여 힘들고 어려운 일보다는 부드러운(soft) 서비스 중심의 일을 선호하는 경향이 증가되었으며, 여가를 중시하는 문화 확산, 여성의 사회참여 확대는 워라밸(work & life balance)을 중시하게 되었다.

많은 사람들이 연봉의 높고 낮음보다 업무 강도, 정시 퇴근, 휴일 보장, 휴가 보장 등을 더 중요시하는 시대가 도래하였다.

정보통신기술의 발전과 코로나 팬데믹 현상, 생성형 인공지능(AI) 기술 등은 삶과 일(노동)의 방식에 변화를 초래하고 있다. 재택근무의 확산과 일과 쉼의 구분이 모호해지게 되었다.

5. 규범과 가치의 변화

전통적으로 공동체에 대한 지향이 높았던 한국사회가 최근에는 개인주의적 성향으로 바뀌고 있다는 것은 공공연한 사실이다. 물론 이러한 변화가 집단(공동체)에 대한 지나친 강조에서 상대적으로 소외받고 있던 개인의 자유와 권리를 향상시키는 방향으로 바뀌어 온 것은 환영할 만한 일로 볼 수 있다. 하지만 이와 별도로 개인주의적 성향으로 변화하는 과정에서 확인되는 문제 역시 상당한 것으로 우려된다.

지나치게 개인에게 초점화된 관심은 직접적으로 타인에게 해를 끼치지는 않는다 하더라도 타인과의 경쟁적 구조를 만드는 데 영향을 끼치고, 개인의 소외나 고립감을 높이게 되어, 최종적으로는 사회적 유대와 공동체 정신을 약화시키게 된다(류기형 외, 2016: 330).

6. 기후위기와 ESG 경영의 중요성 부각

화석연료 사용으로 인한 탄소배출 증가는 지구온난화와 오존층 파괴로 인한 기후 위기를 초래하게 되었다. 기후위기는 인류의 생존 문제로 대두되고 있다. 이에 유럽을 중심으로 탄소중립 실천을 비롯한 ESG 경영이 부각되고 있다. 특히 사회(social) 영역에서의 ESG 경영은 기업의 사회공헌 고도화로 이어지고, 사회공헌 고도화는 지역사회와 사회복지시설에 대한 지원 방식의 변화를 가져왔다. 현재는 환경 영역에 대한 관심만큼 사회 영역에 대한 관심이 미치지 못하더라도 향후에는 기업의 사회공헌 고도화와 지배구조를 중심으로 지속가능성을 추구하는 방향으로 변화할 것이다.

2절 4차 산업혁명시대의 사회복지

1. 4차 산업혁명

4차 산업혁명(Fourth Industrial Revolution)이란 정보통신기술(ICT)의 융합으로 이루어 낸 혁명의 시대를 의미하며, 2016년 스위스 다보스에서 개최된 세계경제포럼(World Economic Forum)에서 제시된 이후 크게 주목받게 되었다.

4차 산업혁명의 핵심은 인공지능(AI), 로봇공학, 사물인터넷(IoT), 무인 운송수단(자율주행차량, 무인항공기), 3차원 인쇄(3D 프린팅), 나노기술 등의 분야에서 나타나고 있는 새로운 기술 혁신이다(최현수·오미애, 2017; 문수열 외, 2022 : 364).

이러한 기술 혁신은 산업 영역에서의 혁신뿐만 아니라 일상생활의 패러다임까지 변화시키게 되었다. 이러한 변화는 이전의 산업구조 변화와는 완전히 새로운 양상으로 전개되면서 긍정적인 측면보다 새로운 위기에 대응해야 하는 혼란을 가져왔다. 강신욱 외(2017)에 따르면 산업구조와 기술의 변화에 따른 숙련 노동의 수요 감소 위험이 시장소득의 불안을 가중시킬 것으로 전망되고, IT 기반의 기술진화가 전 세계적으로 저숙련 노동수요를 줄임으로써 소득분배를 악화시켰다는 점은 이미 알려진 사실이며, 향후 기술변화는 고숙련, 전문지식 기반의 일자리도 위협할 것으로 전망된다. 또한, 노동 유형 및 구성의 다변화는 전통적 사회보장 방식의 포괄성을 약화시킬 가능성이 높으며, 청년층의 미취업 및 실업 증가로 인해 사회보험의 가입 경험이 없거나 경력이 짧은 저소득층 비중이 높아질 것으로 전망되며, 이 경우 사회보험 중심의 소득보장제도도 제한적인 기능만을 수행하게 될 우려가 있다(문수열 외, 2022: 365).

2. 사회복지 분야 내 기술 활용

정보통신기술 등과 같은 공학의 발달은 이미 인간의 삶의 질 향상에 필요한 기술개발에 적용되어 왔다. 특히, 장애인 재활 분야에서 재활공학 접근이 활발하게 이루어져 왔다. 이러한 재활공학 접근은 장애인뿐만 아니라 노인인구와 아동까지 그 서비스 대상을 확대하고 있으며, 기술 지원이 약자 계층의 자립과 사회참여를 확대시키고 있다(문수열 외, 2022: 366).

노인복지 분야에서도 노년공학(geron-technology) 접근은 활발히 이루어져 왔는데, 노년공학이란 노인의 일상생활에서 일어나는 여러 가지 신체적, 정신적, 기능적 적응 문제에 공학기술을 적용하는 것을 말한다. 인공지능(AI)과 사물인터넷(IoT) 등을 접목한 ICT 기반 서비스는 이미 노인 돌봄 분야에서 활발히 적용되고 있다. 예를 들어, 보건복지부는 2008년 독거노인 u-care 시스템을 구축한 후 댁내 센서 및 응급 호출 등의 정보를 지역 소방본부에 전송하여 응급 상황을 지원하는 사업을 실시하고 있다(이연희, 2018). 뿐만 아니라 SKT와 여러 지방자치단체가 공동 사업으로 독거노인 응급안전서비스를 위해 인공지능 스피커를 활용한 스마트 기술을 보급하고 있다. AI 스피커에는 음성 인식을 통한 긴급구조 서비스뿐 아니라 날씨, 생활·건강정보, 복약시간 알림, 음악 듣기 등의 기능도 탑재되어 있다(문수열 외, 2022 : 366-367).

이렇게 노인 돌봄에 활용되는 첨단 IT 기술은 발전을 거듭하고 있다. 특히 최근엔 인공지능을 탑재한 돌봄 로봇이 주목받고 있다. 노인의 심리 안정을 돕기 위한 목적으로 만들어진 대표적인 인공지능 돌봄 로봇은 강아지 로봇 페퍼(pepper), 물개 모양의 팔로(Palro) 등이 있는데, 센서를 통해 촉각, 빛, 음향, 온도에 반응하여 노인과 상호작용을 수행하면서 그 효과를 평가하는 여러 연구들이 이루어지고 있다(송영애·김현정·이현경, 2018). 이들 돌봄 로봇이 노인과 상호작용하며, 노인의 외로움과 스트레스를 덜어 주는 등 심리적 정서지원, 일상생활 지원의 역할을 수행할 것으로 기대하고 있다(조희숙·김지희·김새롬, 2019). 최근에는 AI 돌봄 로봇 '효돌이-효순이' 사례를 볼 수 있다. 효돌이-효순이는 음성과 터치 방식으로 작동되며, 식사, 약복용, 체조 알람 등 건강생활관리, 행동 움직임 감지를 통한 안전관리, 활기찬 안부인사, 노래, 말벗 등 정서관리 서비스를 제공한다. 여러 지방자치단체와 노인복지기관에서 효돌이-효순이를 독거노인의 돌봄 서비스에 활용하고 있는데, 김선화 외(2020)의 연구에서 한국형 소셜로봇인 효돌이-효순이가 지역사회 거주 독거노인의 우울증상 감소와 삶의 질 향상에 기여한다는 결과가 제시되고 있다(문수열 외, 2022: 367).

ICT를 활용한 비접촉 돌봄서비스가 큰 관심을 받고 있으나, 그 이면에 있는 또 다른 사실을 고려할 필요가 있다. 정보 취약계층 1순위인 노인에게 ICT 돌봄서비스는 근본적으로 한계를 지닐 수밖에 없는 서비스라는 점이다. 디지털 정보화 수준이나 스마트 기기 보급률이 가장 낮은 집단이 노인으로(과학기술정보통신부, 2019), 많은 고령자가 비대면 방식의 서비스에 거부감을 나타내기도 하고, 평균 연령 50대를 넘는 돌봄서비스 종사자들도 정보기술 활용에 대해 부담감을 갖고 있다(이선형·임춘희·김원천, 2020). 또한, ICT를 활용한 돌봄 서비스가 사람과 사람이 만나 이루어지는 돌봄을 대체할 수 없는 특성이 존재한다는 점도 간과할 수 없다(이선정, 2020).

3절 사회복지의 대응

현재 우리 사회와 인류가 직면하고 있는 사회적 위험과 4차 산업혁명으로 인한 기술 변화 등은 기존에 대응해 왔던 것과는 다른 형태의 변화가 요구된다. 따라서 사회격차 해소와 포용성 확대, 기본소득 등 보편적 사회수당 확대, 사회정책 패러다임의 전환, 지역사회와 지역공동체의 역할 강화, 돌봄서비스의 공공성 강화 등의 측면에서 사회복지의 대응을 모색해 보고자 한다.

1. 사회격차 해소와 포용성 확대

산업구조 변화로 노동시장은 서비스 산업 중심으로 재편되었고, 이로 인해 불완전 고용이 증가하였다. 또한, 최근 전 세계적인 코로나 팬데믹으로 불안정 고용 상태에 놓여 있는 노동자 등 노동 취약계층의 위험도가 훨씬 증가하였다. 불완전 고용의 증가는 사회보험을 중심으로 설계된 20세기 복지국가모형에서는 불완전한 역할을 할 수밖에 없다. 즉, 현재처럼 고용관계를 중심으로 한 기존의 사회보험체계의 지속가능성은 더욱 떨어질 것이다. 이에 고용에 기반한 사회보험 가입체계를 소득에 기반한 가입체계로 전환이 필요하다(정홍원 외, 2020).

빈곤, 불평등, 사회적 양극화로 대변되는 사회적 배제(social exclusion)에 대응하기 위한 사회적 포용(social inclusion)은 사회통합의 첫 번째 요소로 인정되고 있으며 사회적 차별 및 배제가 낮은 상황은 사회적 자본의 형성을 돕고, 또한 사회이동의 가능성을 높일 수 있다는 점에서 중요하다(한창근, 2017; 문수열 외, 2022 : 369).

2. 기본소득 등 보편적 사회수당 확대

보편적 사회수당 확대 또는 기본소득 도입과 다양한 사회서비스 확대가 필요하다. 인공지능으로 인한 일자리 양극화로 소득과 부의 양극화는 더욱더 심화될 것이다. 기본소득 논의를 보편적 사회보장 제도와 결합하여 인구계층별, 생애주기별 소득보장제도를 확충하는 방안을 고려할 필요가 있다. 우선적으로 아동수당 증액 및 기초연금의 보편제도화와 연금액을 인상하고 청년수당의 신설 및 아동을 양육하는 여성에 대한 지원 정책과 전 사회 인구에 대한 참여수당 도입 등을 고려할 필요가 있다(정홍원 외, 2020; 문수열 외, 2022 : 369).

3. 사회정책 패러다임의 전환

전통적 사회보장 제도가 빈곤층에 대한 사후 지원에 초점을 맞추었다면, 향후 사회보장제도는 개인의 역량을 강화하고 빈곤 위험에 처한 인구에 대한 사전 예방 정책을 적극적으로 추진해야 한다. 즉, 새로운 사회적 위험에 대응할 수 있는 개인과 사회의 능력을 향상시키기 위해 삶의 다양한 영역으로의 사회서비스 확대, 인적 자본 향상 및 사회참여 기회 확대 방안을 모색해야 한다. 나아가 사회 전체적으로 권리와 의무의 상호 존중, 행동 가치와 윤리 규범 중시 등 사회적 신뢰 기반 구축이 필요하다(최현수·오미애, 2017).

4. 지역사회와 지역공동체의 역할 강화

사회복지의 주체로서 지역사회와 지역공동체의 역할 강화가 필요하다. 코로나 팬데믹으로 인해 기존의 기관·시설 중심의 서비스가 아닌 일대일 중심의 서비스가 확대되고 비접촉 서비스가 확대되면서 지역사회의 역할 비중이 더 중요하게 되었다. 이에 복지주체와 대상이 일체화되고 주민조직화가 강화되면서 결국 주체역량이 강화된 공공과 민간의 협력적 거버넌스 강화가 필요하다(이재완, 2020).

5. 돌봄서비스의 공공성 강화

돌봄은 과거에는 상당 부분 가족 내에서 그 역할을 담당하였으나, 핵가족화와 여성의 사회참여가 늘어나면서 공공서비스로 많이 전환되었다. 현행 우리나라 아동 돌봄 정책의 대부분은 정규직 여성 근로자에게 집중되고 있으며, 여성 근로자들이 많이 종사하는 서비스업과 같은 비정규직 근로자에 대한 적용의 한계를 보이고 있다. 서비스직과 소규모 사업장의 여성 근로자들, 특히 비정규직과 같이 취약한 고용 안정성을 가지는 노동 시장의 특성이 여성 근로자들로 하여금 제도적 보호를 받지 못하게 하는 요인으로 작용하고 있다. 즉, 현 제도가 임신 및 출산에 대한 휴직과 휴직급여를 주요한 급여형태로 하고 있음에도 불구하고 적용 대상에 있어 사각지대가 발생하게 된다. 따라서 아동 돌봄이라는 사회적 위험에 대응하기 위해 제도의 보편적 보장을 강화하여 정책 실효성을 높일 필요가 있다(김주희·박병현, 2018). 급속한 고령화, 가족구조의 변화 등의 영향으로 인하여 노인돌봄에 대한 사회적 역할이 강조되고 있다.

참고문헌

참고문헌

강영실(2017). 사회복지정책 2판. 서울: 신정

고명석(2008). 사회복지개론. 서울: 동문사.

고명석·승금희·최성균·최우진(2012). 사회복지개론. 경기: 대왕사.

공계순·박현선·오승환·이상균·이현주(2009). 아동복지론. 서울: 학지사.

권선진(2007). 장애인복지론. 서울: 청목사

권오구(1996). 사회복지발달사, 서울: 홍익재.

권육상·조상윤(2010). 사회복지개론. 경기: 공동체.

권중돈(2022). 노인복지론. 서울: 학지사

권중돈(2021). 인간행동과 사회환경: 이론과 실천(2판). 서울: 학지사

권중돈·조학래·윤경아·이윤화·이영미·손의성·오인근·김동기(2022). 사회복지학개론(5판). 서울: 학지사.

김경희·강미경·노혜련 (2013). 강점관점 사례관리의 적용과 성과에 대한 탐색적 연구: 우리아이 희망네트워크 사업 수행 기관을 중심으로. 한국사회복지질적연구, 7(2), 175-203.

김상균(1989). 사회복지사 연구와 사회복지학의 이론. 하상락 편. 한국사회복지사론. 박영사.

김상균·김혜란·조흥식·최성재(2001). 사회복지개론. 경기: 나남출판.

김상균·최일섭(2011). 사회복지개론. 경기: 양서원.

김세진(2018). 복지관사례관리노트. 서울: 푸른복지.

김승의 외(2009). 현대사회복지개론. 서울: 공동체.

김영모(1982). 현대사회정책론. 서울: 한국복지정책연구소출판부.

김영순(1995). 복지국가재편의 두 가지 길: 1980년대 영국과 스웨덴에 관한 연구. 서울대학교대학원 박사학위논문.

김영순(2017). 복지국가 유형화 논의 현 단계와 그 이론적. 정책적 함의. **사회과학논집, 48**(1).

김영종(1998). **사회복지정책론**. 서울: 학지사.

김영종(2012). 한국 사회서비스 공급체계의 역사적 경로와 쟁점, 개선 방향. 사회보장기본법 개정에 따른 사회(복지)서비스 정책토론회 자료집. 한국사회복지학회 한국사회서비스학회.

김영종(2013). **프로그램개발과 평가**. 서울: 학지사.

김영종(2017). **사회복지행정론**. 서울: 학지사.

김영종·김은정(2022). **사회복지개론**. 서울: 학지사.

김용득(2002). **장애개념의 변화와 사회복지실천 현장 함의**. 서울: 한국사회복지학

김용득·김진우·유동철(2007). **한국장애인복지의 이해**. 서울: 인간과 복지

김윤정·남미애·노병일·박수정·윤경아·이윤화·조성혜(2011). **여성복지론**. 서울: 서울대학출판사

김융일(2003). **사회복지개론**. 서울: 동인.

김인숙·김혜선·성정현·신은주·윤영숙·이해경·최선화(2000). **여성복지론**. 나남

김정화·정선영·손덕순(2022). 사례관리자의 강점관점 사례관리실천과 슈퍼비전 및 교육경험, 자기효능감 간의 관계에 관한 연구. **한국가족복지학, 69**(3), 69-95.

김종서(1982). "평생교육의 모색". 교육문제연구 제2집. 명지전문대학 교육문제연구소. 유네스코한국위원회. 평생교육 세미나 보고서.

김태성·성경륭(2014). **복지국가론**. 경기: 나남출판사.

김태성·송근원(1995). **사회복지정책**. 한국행정연구

김태성·최일섭·조흥식·윤현숙·김혜란(1997). 사회복지전문직과 교육제도. 서울: 도서출판 소화.

김태일 외(2016). 복지국가연구의 과거 현재 그리고 미래. **정부학연구. 22**(3): 29-65.

남기민(2011). **사회복지개론**. 경기: 양서원.

남기민(2015). **사회복지정책론(3판)**. 서울: 학지사.

남찬섭(1994). **이데올로기와 사회복지**. 서울: 한울.

문수열·김병·박순미·김수정·김예경(2022). **사회복지학개론**. 서울: 창지사.

미쉬라·김한주·최경구 역(1987). **복지국가 위기론**. 경기: 법문사.

박경일·김경호·서화정·윤숙자·이명헌.(2008). 사회복지학강의. 경기: 양서원.

박광준(2004). **사회복지의 사상과 역사**. 경기: 양서원.

박기선(2011). 사회복무요원의 윤리성 및 사회복지비의식이 직무만족에 미치는 영향. 고려대학교 대학원 석사학위논문.

박시종 역(2007), **복지자본주의의 세 가지 세계**. 성균관대학교출판부.

박영숙·천정환·김주연·강영실·고명석·김수정·황희숙 (2013). **교정복지론**. 그린출판사.

박용순(2008), **사회복지개론(3판)**. 서울: 학지사.

박용순(2009). **지역사회복지론**. 서울: 학지사.

보건복지부(2023). 사회복지시설 사업 안내.

보건복지부(2023). 노인복지 사업 안내.

보건복지부(2023). 아동복지 사업 안내.

보건복지부(2023). 장애인복지 사업 안내.

보건복지부(2023). 장애인 주간보호센터 현황.

배기효·박영국·송정애·오현숙·이남순·이은영·이채식·이형렬·전영록(2021). **사회복지개론**. 서울: 창지사.

배임호·김경미·노혜련·박태영·유서구·이상은·이성규·이지하·이채원·정무성·한우재·허준수(2022). **사회복지개론**. 서울: 학지사

백종만·최원규·최옥채·윤명숙·홍경준·이상록·박현선(2001). **사회와 복지**. 서울: 나눔의 집.

백종만·감정기·김찬우(2015). **지역사회복지론(2판)**. 경기: 나남.

성정현·여지영·우국희·최승희(2009). **가족복지론**. 경기: 양서원.

손병덕·백은령·성문주·신승연·오혜정·이상무·이은미·황혜원(2021). **사회복지개론**. 서울: 학지사.

송호근·홍경준(2006). 복지국가의 태동. 경기: 나남출판.

사회복지교육연구센터 편저(2013). 사회정책론. 서울: 나눔의 집

심선경·김윤나·이서영(2018). 사회복지개론. 서울: 신정.

심의경·오봉욱·전동일·고경은·오미숙·정일영·주선영(2019). 노인복지론. 정민사.

양옥경(2006). 정신보건과 사회복지. 경기: 나남

양옥경·김정진·서미경·김미옥·김소희(2005). 사회복지실천의 이해. 서울: 학지사.

양정하·황인옥·신현석·유태완·윤기혁(2020). 사회복지정책론. 경기: 양서원

여성가족부(2023). 2023 청소년백서.

여성가족부(2023). 2023년 한부모가족시설현황.

오세영(2019). 사회복지정책론. 서울: 신정.

오세영(2020). 사회복지학입문. 경기: 양서원.

오세영(2023). 사회복지학개론. 서울: 신정.

오정수·류진석(2009). 지역사회복지론. 서울: 학지사.

오정수·최해경·정연택·류진석·유채영(2020). 사회복지개론. 경기: 양서원.

원석조(2011). 사회복지정책, 서울: 학지사.

원석조(2021). 사회복지개론. 경기: 양서원.

유태균 역(2005). 21세기 새로운 복지국가. 경기: 나남출판.

윤도현(2020). 복지국가론. 경기: 정민사.

윤선오·김우호·전대성·전미숙·김현경·목경열·서민호·오승하·이용환·송운용(2023). 사회복지개론. 경기: 양성원.

윤찬영(2013). 사회복지의 이해. 경기: 정민사.

윤철수·노혁·도종수·김정진·김미숙(2011). 사회복지개론. 서울: 학지사.

윤철수·노혁·도종수·김정진·김미숙·석말숙·김혜경·박창남·성준모(2011). 사회복지개론. 학지사.

윤홍식(2011). 가족정책, 복지국가의 새로운 역할: 보편성과 다양성에 대한 요구. 한국가족복지학, 33(9): 5-35.

윤현숙·김연옥·황숙연(2011). **의료사회복지 실천론**. 경기: 나남

원석조(2011). **사회복지정책론**. 서울: 학지사

원석조(2016). **사회복지정책론**. 경기: 공동체

이문국 외(1999). **사회복지대백과사전**. 서울: 나눔. 자유창조

이봉주(2011). 전문직 교육의 관점에서 본 사회복지교육, 과연 이대로 괜찮은가?. 이화사회복지연구회 제2회 학술대회 논문집. 이화사회복지연구회.

이상은·권혁창·김기태·김정근·남현주·손동기·윤상용·정인영·정찬미·정창율·최유석(2019). **사회보장론**. 서울: 학지사.

이성기·원석조(2023). **사회복지학개론**. 경기: 양성원

이인재·이문국·이선우·신명호·송인규·정원오·김용득·손병돈·남기철·정익중·강병노·김제선·조미경(2023). **사회복지개론**. 박영스토리.

이혜경(1993). 경제성장과 아동복지정책의 변용. **한국아동복지학**, 1, 199-223.

임송산(1983). **불교복지: 사상과 사례 1**. 법수출판사.

임종호(2023). **사회복지개론**. 서울: 학지사.

임종호·이영미·이은미(2002). **장애인복지론(4판)**. 서울: 학지사

장인협·이해경·오정수(2009). **사회복지학**. 서울대학교출판부.

전혜성·김정화·홍나미·강현주·권자영·정연수(2022). **현장 사례관리(2판)**. 서울: 학지사.

정관영(2019). **사회적기업론**. 경기: 공동체.

정종고(2007). **사회복지정책론**. 자유창조

정종우·권을식(1991). **사회복지학 개론**. 서울: 법종사.

조홍식·권기창·이태수·박경수·이용표·엄규숙·박기훈(2019), **사회복지학개론**. 창지사.

조흥식·김상균·최일섭·최성재·김혜란·이봉주·구인회·홍백의·강상경·안상훈(2015). **사회복지개론**. 경기: 나남.

최옥채(2010). **교정복지학(6판)**. 서울: 학지사

최혜지·김경미·남성희·류은정·박선영·박형원·박화옥·배진형·안준희·장수미·정순둘(2021). **사회복지실천론**. 서울: 학지사.

표갑수(2002). **사회복지개론**. 경기: 나남출판.

한국사례관리학회 편(2020). **사례관리론**. 서울: 학지사.

한국정신건강사회복지사협회(2021). **정신건강사회복지의 이해와 실제 1**. 신정

해밀을 찾는 소망(2012). **키다리아저씨의 약속**. 서울: 미다스북스.

홍봉선·아영아·이조경(2019). **교정복지론**. 공동체

홍현미라·김가율·민소영·이은정·심선경(2010). **지역사회복지론**. 서울: 학지사.

현외성(2008). **사회복시정책론**. 양성원. 2008 p33 재인용

황인옥·김남숙·김동욱·김현진·양정하·조재필(2022). **사회복지학개론**. 경기: 공동체.

Arblaster, A. (1984). *The rise and decline of western liberalism*, Basil Balckwell.

Ashford, D. E. (1986). *The emergence of the welfare states*. Basil Blackwell Ltd..

Atkinson, A., Rainwater, L., & Smeeding, T. (1995). Income distribution in European countries. In A. B. Atkinson (Ed.), Incomes and the welfare state (pp. 41–77). Cambridge Univ. Press.

Baldwin (1993).The Politics of Social Solidarity. Cambridgx: Univ. Press

Barker, R. L. (1995). The social work dictionary (4th ed.). NASW.

Bell, Morris D. (1983). Follow–up of a psychoanalytically–oriented long–term treatment program for schizophrenic inpatients. *American Journal of Orthopsychiatry, Vol 53*(4), Oct. 730–739

Biestek, F. B. (1957). *The Casework Relationship*. Loyola University Press, Chicago, Illinois

Bradshaw, J. (1972). *The Concept of Social Need*. New Society, N.496.

Bruce, M. (1968). *The coming of the welfare state*. B.T. Batsford.

Compton, B. K. & Galaway, B. (1984). *Social Work, Processes*. Homewood, The Dorsey press.

Danziger, S., & Weinberg, D. (Eds) (1986). *Fighting poverty*. Harvard University Press.

Dolgoff, R. & Feldstein, D. (1984). *Understanding Social Welfare*. Longman Higher Education; 2nd edition.

Doyal, L., & Gough, I. (1991). Physical health and autonomy: the basic needs of persons. A theory of human need, 49–75.

Erikson, E. H. (1950). *Childhood and society*. WW Norton & Co.

Esping–Andersen, G. (1990). *The three worlds of welfare capitalism*. Polity Press.

Esping–Andersen, G. (1996). After the golden age? welfare state dilemmas in a global economy, in G. Esping–Andersen (Ed.), *Welfare state in transition*. Sage Publications.

Esping–Andersen, G. (Ed) (1996). *Welfare states in transition*. 한국사회복지학연구회 역(1999). 변화하는 복지국가. 인간과 복지.

Esping–Anderson, G. (1990). *The Three Worlds of Welfare Capitalism*. Princeton: Princeton University Press.

Etzioni, A. (1976). *Social problems*. Englewood Cliffs, NJ: Prentice – Hall.

Flora, P., & Heidenheimer, A. J. (1981). The historical core and changing boundaries of the welfare state. In P. Flora & A. J. Heidenheimer (Eds.), *The development of welfare states in Europe and America*. Transaction Books.

Friedlander, W. A. & Apte, R. T. Z. (1980). *Introduction to Social Welfare*. Englewood Cliffs, NJ: Prentice–Hall.

Friedman, M. and Schwartz, A. (1963). *A Monetary History of the United States*. 1867–1960, Princeton: Princeton University Press.

Furnisss, N., & Tilton, T. (1977). The case for the welfare state– From social security. Indiana University Press.

Gates, D. M. (1980). *Biophysical Ecology*. Springer Verlag. New York.

George, V., & Wilding, P. (1994). *Welfare and ideology*. 김영화, 이옥희 역(1999). 복지와 이데올로기. 한울.

Germain, C. B. (1995). *The life Model of Social Work Practice*. NY. Columbia Univ.Press

Giordano, J. A., & Rich, T. A. (2001). *The gerontologist as an administrator*. Connecticut Greenwood.

Handel, G. (1982). *Social welfare in Western society*. Random House.

Hayek, F. A. (1960). *The Constitution of Liberty*. Chicago: Chicago University Press.

Jessop, B. (1993). Towards a Schumpeterian workfare state? preliminary remarks on post−fordist political economy. *Studies in Political Economy, 40*(1), 7−39.

Johnson & Schwartz & Tate. (1997). Social welfare: A Response to Human Need. Allyn and Bacon.

Johnson, H. W. (1982). *The Social Services an Introduction*. Itasca: F. E. Peacock Publishers, Inc.

Levy, C.S. (1976). Social work ethics. New York: Human Sciences Press. Lewis, H. (1984). Ethical assessment. *Social Casework, 65*, 203−211.

Levy. M. (1976). Lowenberg, F. & Dolgoff, R. (1974). *The Practice of Social Intervention*. Itasca, KL.:F. E. Peacock Publishers.

Lewis, J. A., Packard, T. R., & Lewis, M. D. (2011). *Management of human service programs*. Cengage Learning.

Macarov, D. (1978). *The Design of Social Welfare*. New York: Holt, Rinehart & Winston, Inc.

MacEwan, I. (1994). Differences in assessment and treatment approaches for homosexual clients. *Drug and Alcohol Review, 13*(1), 57 −62.

Martin, G. T., & Zald, M. N.(Eds.). (1981). *Social welfare in society*. Columbia University Press.

Maslow, A. H. (1971). *The farther reaches of human nature*. Arkana/Penguin Books.

Mauss, M. (1990). *The Gift: The form and Reason for Exchange in Archaic Societies*. Translated by W. D. Halls & W. W. Norton.

Mehr, J. & Kanwischer, R. (2004). *Human Services: Concepts and Intervention strategies*.(9th ed.). Boston& Allyn & Bacon.

Merton, R. K., & Nisbet, R. (Eds.). (1971). *Contemporary social problems* (3rd ed.). New York:Harcourt Brace Jovanovich.

Midgley, J. (1995). *Social Development*. Sage Publications.

Miller, R.B (2008) Who Istheboss? Powrer relationships in families.

Mishra, M. (1981). *Society and Social Policy: There&'s a Practice of Welfare*. 2nd ed. Boston: Allyn and Bacon.

Mishra, R. (1984). *The welfare state in crisis*. Wheastsheaf.

Moore, B. (1996). *Social origins of dictatorship and democracy*, Beacon Press.

Moran, Michael. (1988). "Crises of the Welfare State". British Journal of Political Science 18, no. 3 : 397-414.

Morris, D. J., & Hess, K. (1975). *Neighborhood power: The new localism*.

Moxley, D. P. (1989). The practice of case management. Sage Publications, Inc.

NASW. (1999). Code of ETHICS OF THE NATIONAL ASSOCIATION OF SOCIAL Workers.

OECD (2023). *Social Expenditure Database*.

Perry, J., & Perry, E. (1976). *Face to face: The individual and social problems*. Boston: Educational Associates.

Pierson, Chistopher. (1991). *Beyond the Welfare State?.* 현외성, 강욱모 역(2007). **전환기의 복지국가**, 학현사.

Plant, R., H. Lesser and P. Taylor-Gooby. (1980). *Political Philosophy and Social Welfare*. London: Routledge & Kegan Paul.

Popple R. & Leihninger. L. (2002). *Social Work, Social Welfare. and American Society*. Allyn and Bacon

Publications Ltd.

Reamer, F. (1994). Social Work Values and Ethics. In F. Reamer(Ed)., *The Foundations of Social Work Knowledge*. New York. Columbia University Press.

Reamer, Frederic G. (1998). *The Evolution of Social Work Ethics*. Social Work 43, no. 6: 488 – 500.

Richards, P. Scott. (1997). *A spiritual strategy for counseling and psychotherapy*, American Psychological Association.

Rimlinger, G. V. (1971). *Welfare policy and industrialization in Europe*, America and Russia. John Wiley and Sons Inc,

Robson, W. A. (1976). *Welfare state and welfare society: Illusion and reality*. Goerge Allen& Unwin,

Romanyshyn, J. M. (1974). *Social science and social welfare*. New York: Council on Social Work. 32(3), 231–234.

Royse, D. D., Thyer, B. A., Padgett, D., & Logan, T. K. (2010). Program evaluation: An introduction. Belmont, CA: Wadsworth Cengage Learning.

Rubington, E., & Weinberg, M. S. (1981). *Amerikan sosyolojisine*. bir bakış. Allyn and Bacon

Saleebey, D. (2013). Introduction: Power in the people. In D. Saleebey (Ed.), *The Strengths Perspective in Social Work Practice* (6th ed.). Boston, MA: Pearson Higher Ed.

Sennett, R. (2003). A Nation&s Narrative. *Index on Censorship, 32*(3), 32 – 34.

Sheafor, B. W., & Horejsi, C .R (2008). *Technique and Guidelines for Social Work Practice*(8th ed). Peason Education, Inc.

Shepard, T. M., & Voss, H. L. (1978). *Social problems*. New York: Macmillan.

Spector & Kitsuse. (1987). *Social problems and social issues*. Aldine de Gruyter.

Steers, R. M., & Porter, L. W.(Eds.) (1991). *Motivation and Work Behavior (5th ed.)*. New York: McGraw–Hill.

Titmus, R. M. (1974), *Social Policy: An Introduction*, George Allen Unwin Ltd.

Titmuss, R. M. (1974). *Social Work Administration: Principles and Practices*. New York: Association Press.

Weber, M, (1968). Economy and Society (G. Roth & C. Wittich, Eds.). University of California Press.

Weinberg, S. (1970). *Social problems in modern urban society*. Englewood Cliffs, NJ: Prentice-Hall,

Wilensky, H. (1975). *The welfare state and equality*. University of California Press.

Wilensky, H. (1976). *New corporatism, centralization and the welfare state*. SAGE

Wilensky, H., Lebeaux, C. (1965). *Industrial society and social welfare*, Russell Sage Foundation,

Wilensky, H.L. & Lebeaux, C. N. (1965). *Industrial Social and Welfare*. New York: The Free Press.

Yeats, N. (1999). Social politics and policy in an era of globalization: Critical reflections.

Zastrow, C. (2018). *Introduction to Social Work and Social Welfare: Empowering people*(12th ed). Cengage Learning.

Zastrow, C. (2000). *Social Problem: Issues and Solutions*(5th ed.). Belmont: Wadsworth.

Zastrow, C. (2006). *Social Work with Groups: A Comprehensive Workbook*(6th ed.). Thomson Brooks/Cole.

국민건강보험공단 홈페이지, 2023년 9월 기준, www.nhis.or.kr

굿네이버스 홈페이지 참고, 2023년 기준, www.goodneighbors.kr

굿피플인터내셔널 홈페이지, 2023년 11월 기준, www.goodpeople.or.kr

기아대책 홈페이지, 2023년 11월 기준, www.kfhi.or.kr

동방사회복지회 홈페이지, 2023년 기준, www.eastern.or.kr

월드비전 홈페이지, 2023년 11월 기준, www.worldvision.or.kr

초록우산 어린이재단 홈페이지, 2023년 기준, www.childfund.or.kr

한국노인종합복지관 홈페이지, 2023년 11월 기준, www.kaswcs.or.kr

한국사회복지협의회 홈페이지, 2023년 기준 재구성, www.bokji.net

한국시니어클럽 홈페이지, 2023년 11월 기준, www.silverpower.or.kr

한국정신재활시설협회 홈페이지, 2023년 11월 기준, www.kpr.or.kr

한국장애인복지관협회 홈페이지, 2023년 11월 기준, www.hinet.or.kr

저자소개

정주석

경희대학교 대학원 행정학 석사 · 박사
평택대학교 사회복지대학원 사회복지학 석사
(현) 신성대학교 사회복지과 교수/평생교육원 원장
(현) 당진시사회복지사협회 회장
(전) 당진시지역사회보장협의체 민간위원장

김정화

이화여자대학교 대학원 사회복지학 석사
이화여자대학교 대학원 사회복지학 박사
(현) 한경국립대학교 재활복지학부 사회복지학전공 부교수
(전) 숙명여자대학교 아동연구소 전임연구원
(전) 한림대학교성심병원 의료사회복지사

심의경

고려대학교 대학원 사회복지학 석사
서울여자대학교 대학원 사회복지학 박사
(현) 경복대학교 의료복지학과 겸임교수
(현) 한국삶의질연구소 연구소장
(전) 서울시사회복지사협회 정책위원회 전문위원
(전) 보건복지부 한국보건복지인력개발원 재직

이연복

이화여자대학교 사회학 석사
연세대학교 사회복지학 석사
연세대학교 사회복지학 박사과정
(현) 우송정보대학 사회복지학과 교수

조미경

일본동북복지대학 대학원 사회복지학 석사 · 박사
(현) 재능대학 사회복지과 교수
(현) 한국후견사회복지사회 이사
(전) 서울관악노인복지관 관장
(전) 서울수서명화종합사회복지관 부장

사회복지학개론

초　판 1쇄 발행 2024년 2월 28일
초　판 2쇄 발행 2026년 1월 7일

지 은 이 | 정주석 · 김정화 · 심의경 · 이연복 · 조미경
펴 낸 이 | 김기섭
편 집 인 | 이현남
펴 낸 곳 | 창지사 www.changJisa.com
08589 서울시 금천구 가산디지털 1로 83 파트너스타워 1차 9층
전화 (02)719-2211~3
팩스 (02)701-9386
등　　록 | 1977년 4월 28일 · 제1-421호

ISBN 978-89-426-1881-1 (93330)

값 21,000원